THE IMPOSSIBLE CLIMB

ALEX HONNOLD,
EL CAPITAN,
AND THE CLIMBING LIFE

Mark Synnott

就要付出一切

攀登者的世界

[美] 马克·辛诺特 著

李赞 译

文汇出版社

新经典文化股份有限公司
www.readinglife.com
出　品

献给托马斯、莉拉、马特、威尔，

以及汉普顿

目录

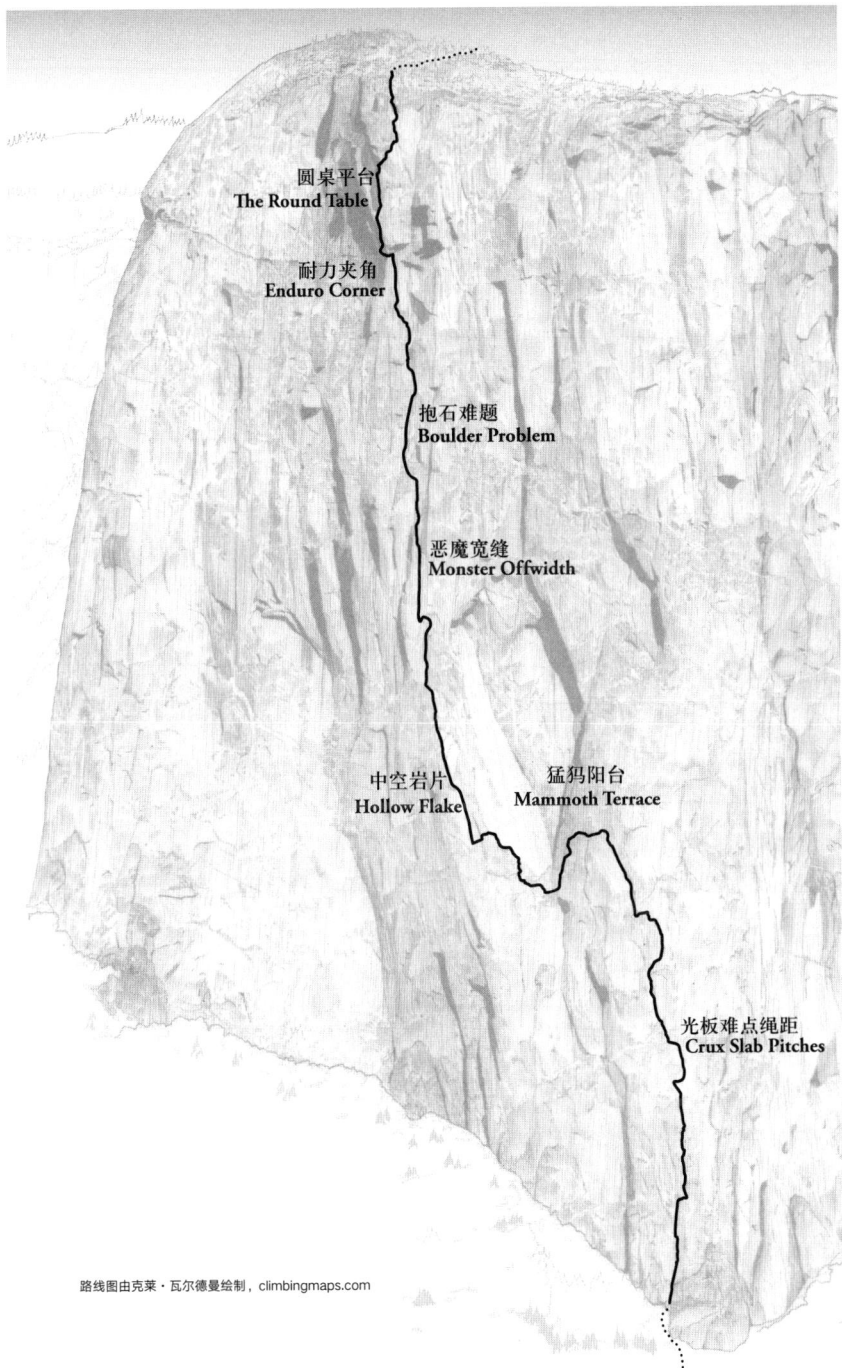

圆桌平台
The Round Table

耐力夹角
Enduro Corner

抱石难题
Boulder Problem

恶魔宽缝
Monster Offwidth

中空岩片
Hollow Flake

猛犸阳台
Mammoth Terrace

光板难点绳距
Crux Slab Pitches

路线图由克莱·瓦尔德曼绘制, climbingmaps.com

前言

9 月，优胜美地峡谷仍然像往年一样暑气未消，但一夜之间，冷锋不期而至。太阳无精打采地挂在东方的天空，被厚厚的云层遮挡，暗淡得几乎难以看到。微小的水汽让空气变得潮湿。亚历克斯·霍诺德沉浸在思索中：岩壁会不会很滑？岩石的摩擦力还算不错，可能强风正在把受潮的岩壁吹干。但是岩壁也因此变得冰冷，他的脚开始冻僵，脚趾有点麻木。42 码的攀岩鞋踩在被冰川打磨得极其光滑的花岗岩上，似乎大了点。他多么希望脚上穿的是 41 码的攀岩鞋。

多年以前，亚历克斯第一次萌生徒手攀爬酋长岩的想法时，就已理出"搭便车"线路上的所有困难路段。攻克这些路段需要细致的研究和大量的演练。"圆桌平台"前的横移、"耐力夹角"、"抱石难题"、进入"恶魔宽缝"❶的倒攀，以及一段距离地面 600

---

❶ "圆桌平台""耐力夹角"等都是"搭便车"线路上的路段名称，通常由首次完攀线路的攀登者依据该路段的地理特征、攀登风格或者攀爬过程中产生的灵感命名。如"圆桌平台"得名于该路段上一处圆桌形状的平台；"耐力夹角"表明这一段是夹角地形，攀爬时需要很强的耐力；"抱石难题"表示该路段难度陡增，攀爬十分困难。——本书脚注均为编译者注

英尺 **❶** 的光板路段。此刻,他正要进入这段光板。在这条3 000英尺高的线路的所有难点中,这一段最让他纠结,原因很简单:这一段只能依靠摩擦力攀爬,没有任何手拉脚踩的支点。就像攀爬玻璃。亚历克斯认为。

他忍不住想起自己在这个路段栽过的跟头。它的难度只有5.11 **❷**,尽管已经是高手级别的难度,但仍然低于亚历克斯的最高攀爬难度5.14。它与摩洛哥有带槽支点的仰角石灰岩线路有所不同,在摩洛哥,亚历克斯可以拼命抠住那些支点通过,而要通过这里,他需要完全信任一种叫"抹点"的脚点。正如这个名字所暗示的,抹点需要攀爬者把攀岩鞋的橡胶鞋底贴在岩壁上。鞋子能否抹住支点取决于多个因素,尤其是对岩壁施力的角度。最好的角度是要尽可能把身体推离岩壁但又不会往后翻倒,使脚更加垂直地压在岩石上,从而产生最大的摩擦力。攀岩者越放松,抹点踩得越牢。反之,紧张或胆怯会让攀岩者本能地靠向岩壁,摸索可以抓握的支点,但这样的支点并不存在。身体离开岩壁获得必要的摩擦力和过度远离滚下岩壁之间存在着微妙的平衡,在高风险的攀爬中,只能依赖这种平衡大概是攀岩者所能遇到的最恐怖的情形。

酋长岩的这个路段亚历克斯已经爬了20次,中间只掉过一次。高中以来,他记录了每次攀爬的数据,最近他注意到,自己在这个路段的所有尝试中,出错的概率是5%。这还是在低风险攀爬时的出错率:他系着绳子,绳索扣在腰部下方2英尺处的挂片 **❸** 上。

---

❶ 1英尺约等于0.3米。

❷ 对攀爬难度的解释见本书第37页。

❸ 在实际攀岩中,挂片和螺栓组合使用,用于在岩壁上悬挂攀岩绳索。

徒手攀登酋长岩的念头已经在亚历克斯的脑海中盘旋了 9 年，几乎占据他生命 1/3 的时间。到如今，他已经分析了所有可能的角度。"有些事就是太酷了，值得付出一切。"在摩洛哥时他告诉我。这是他清单上最后一个重大的徒手攀登计划，如果成功，也许他就能逐渐放松下来，可能会结婚成家，把更多时间花在打理他的基金会上。他热爱生命，绝不想英年早逝。因此，5% 是一个不可接受的概率。他需要让这个动作以及其他难点路段的成功率尽可能达到 100%。

　　不过亚历克斯此刻完全没想这些。通过训练，他已经能够做到在岩壁上时不分神，他以把恐惧"封箱"并置之脑后的能力闻名。人生问题、利弊分析，他会留待开着房车闲晃、徒步或骑行时思考。攀爬时，他只是享受攀爬的每个瞬间，除了攀爬和如何爬得更好，他不想任何事。

　　无论他是否有意识，细节肯定都是影响攀爬的重要因素，他必须妥善解决：大脚趾轻微麻木、右脚踩点不踏实的感觉该如何应对？左手食指指尖的硬茧在冰冷的岩石上似乎有点滑该怎么办？或者就像现在，头上戴着的兜帽限制了外围视线，让他难以发现微小的岩石波纹和浅坑又该怎么办？

　　20 世纪 60 年代，酋长岩的这面岩壁迎来首攀。首攀者在这个路段打了一个直径为 1/4 英寸❶ 的洞，敲进一个膨胀螺栓，挂上绳梯，然后借助绳梯越过了这片空白区域。那个螺栓（后来被替换为一个更粗的 3/8 英寸的不锈钢螺栓）还在，就在亚历克斯的脚踝旁。

---

❶ 1 英寸约等于 2.54 厘米。

亚历克斯左脚保持平衡，抬高右腿，大脚趾压在 75°的光滑岩壁上。接着，他把身体的全部重量转移到右脚的抹点上，他没感觉到鞋底的摩擦力，但相信会有。

抹住了。但只维持了一秒。

通常情况下，滑脚后可以通过抓牢手点止住身体下落。但亚历克斯的手掌平拍在光滑的、毫无支点的岩板上，没什么可以对抗重力的无情拉扯。亚历克斯失重了，加速下落中，他的右脚脚后跟撞到一处岩石凸起，脚踝重重地扭了一下。但在他觉察到疼痛之前，系在安全带上的绳子被拉紧，他左右摆荡着慢慢停了下来。这次本来应该像他上次滑脚一样，是一个短距离的常规冲坠，可亚历克斯拒绝使用那个为通过难点提供保护的螺栓。因为他想找找感觉，可能也为了让自己慢慢进入在"搭便车"这一路段徒手攀爬的状态。于是他悬挂在落点下方约 30 英尺处。

"哎哟，哎哟。"搭档桑妮呜咽着，她现在只比亚历克斯低 10 英尺，在右下方。亚历克斯掉落过程中，桑妮曾设法收一把绳，减小冲坠。她用左臂抽绳，右臂放在胯旁。亚历克斯 160 磅❶的体重落在绳子末端时，冲坠力猛地向上拉起桑妮。与保护站相连的扁带突然绷紧，她的左臂狠狠地拍在冰冷的花岗岩岩壁上。

"你怎么样？"亚历克斯问。

"没事，一点擦伤。"她呼吸急促地向上喊道，"你呢？"

"我觉得没事，但脚踝有点疼。"亚历克斯低头看到自己的右脚踝已经肿了起来。岩壁上留下了鲜红的血迹。他用手指按住膝盖，里面像有东西炸开似的，摸起来像吸了水的海绵，充满液体。

---

❶ 1 磅约等于 0.45 千克。

"我要试试还能不能受力。"他说着把脚放在一小块平台上，尝试向上迈步，腿上立即传来阵阵刺痛。"情况不妙，感觉非常严重。"

亚历克斯在那个攀岩季第一次挑战"搭便车"的结果原本可能更糟。如果是徒手攀登，他会掉到岩壁底部死掉。

第一部分

青年

第一章 "亚历克斯要徒手攀登酋长岩"

吉米·金（金国威）深吸一口气，鼓起腮帮子，然后慢慢呼气。"我要告诉你一件事，"他低声说，"你能保密吧？"我们在杰克逊洞的厢式缆车中面对面站着，和100多个脸冻得通红的滑雪者挤在一起。那是2016年2月，我跟我的两个儿子在大蒂顿山度假，他两分别17岁和14岁，正值2月份的学校假期。他们挤在几英尺开外，并不理会我们，努力透过满是雾气的缆车窗户打量外面的大山。几分钟前排队上缆车时我们遇到了吉米。我几乎有一年没见到他了。

"当然，"我低声回答，"什么事？"

他靠过来，脸距我只有数英寸，眼睛瞪得非常大。"亚历克斯今年秋天要去徒手攀登酋长岩。"他说。

"什么？你在逗我吧？"

"我发誓这是真的。"

我四下瞄了一眼，怕有人偷听到我们的谈话。每个人都沉浸在头顶扬声器播放的AC/DC乐队《黑暗中归来》的歌声中。吉米睁大眼睛看着我，嘴仍然张着。

"他告诉你的？"我问。

"是的，我和柴正在制作一部关于这次攀登的电影。知道这事的人都签了保密协议，所以不要外传。"伊丽莎白·柴·瓦沙瑞莉是吉米的妻子，跟他一样是一位拿过大奖的纪录片导演。

"他是要爬'搭便车'吗？"

"是的。"

"什么时候？"

"可能在 11 月初。"

我慢慢消化着刚听到的消息，心不禁颤抖起来。酋长岩，无绳攀爬，天哪。

我爬过"搭便车"。或者应该说，我曾试图攀爬它。经过数天艰苦努力，我登顶了，但中途脱落了无数次，全靠绳子和保护装备救命。在最麻烦的几个难点，我就是没法抓牢只能塞进指尖的细缝和无法卡紧手指的喇叭状裂缝。因此，我不得不使用"辅助"，依赖塞进岩缝中的一些机械装置。我作弊了。这条线路之所以被命名为"搭便车"，就因为它是一条"无辅助攀登"线路，只能靠自己的手和脚攀爬，不能借助任何外力，绳子只起到安全网的作用，以防掉落。优秀的攀登者可以不借助器械攀爬"搭便车"，但是我想不出有谁在攀爬过程中一次都没掉过。

亚历克斯到底在想什么？酋长岩是一面高 3 000 英尺、被冰川打磨得极光滑的陡峭岩壁。他打算独攀它，还不系绳。没有任何装备，没有兜底的安全保障。每一手抓点、每一步踩点都必须极其精确。一次滑手、脚趾踩高一厘米、一只鞋偏移几度、抓错一个点，亚历克斯都会掉下山去，以每小时 120 英里❶的速度砸向地面，或许还会尖叫着。如果他在线路的难点"抱石难题"处，也就是离地 2 100 英尺的高处掉落，他将在空中下坠 14 秒，相当于我从足球场的一头跑到另一头的时间。

我知道完成酋长岩的首次徒手攀登是亚历克斯的梦想，只是我从没想过它会变成现实。2009 年，我带他第一次出国去婆罗洲❷攀登时，他就向我透露他在考虑这件事。接下来的几年里，亚历克斯又跟我去乍得、纽芬兰、阿曼攀爬了更多次。在这些远征中，我多次领教了典型的"亚历克斯行为"，比如在婆罗洲的岩壁底下，他解释自己为什么攀岩时不戴头盔，即使岩壁很不结实（他没有头盔）；又如在乍得的恩内迪沙漠中，他坐在地上边打哈欠边检查自己指甲根部的表皮，而我和吉米则紧张地盯着 4 个手持匕首的歹徒（亚历克斯认为他们只是孩子）。或许，最典型的亚历克斯行为发生在阿曼那座 2 500 英尺高的海岩下方，他把我们的绳子绑在后背上，告诉我当他觉得"适合结绳攀爬时"他就会停下来（适合的时间点一直没出现）。亚历克斯和我还花了许多时间谈论各种话题，包括哲学、宗教、科学、文学、环境，以及他徒手攀登某个岩壁的梦想。

我经常给他泼冷水，尤其是在冒险这个话题上。我不是反对徒手攀登这个主意，我自己也偶尔为之。我只是想让亚历克斯考虑一下他离粉身碎骨有多近。跟大多数攀登者一样，我心里有一份非正式名单，上面列了一些把自己逼得太紧的人，亚历克斯·霍诺德名列榜首。我认识他时，名单上的许多人都已英年早逝（剩

❶ 1 英里约等于 1.6 公里。
❷ 即加里曼丹岛。

下的人也不会落后太多）。我喜欢亚历克斯，然而似乎没太多人愿意劝说他，所以我觉得由我来扮演"老父亲"的角色义不容辞。亚历克斯好像不太在意。事实上，他非常喜欢拉我谈论冒险，用他那应对指缝和仰角岩壁般的高超技术和天分在辩论中战胜我。归根结底，在亚历克斯看来，没有倾尽全力的人生不值得度过。

我看向两个孩子，他们仍然透过缆车的窗户盯着外面，眼里充满对滑雪的渴望。亚历克斯只有29岁。如果他活到我这个岁数，可能会为更多身外之物而活；他对冒险的欲望大概会降低，就像我一样。

但最重要的是，我在思索，既然吉米告诉我这件事正在发生，扔给我一个包袱，我该对此做些什么？我应该劝亚历克斯放弃吗？我能说服他吗？或者我应该支持这项疯狂的事业，帮助他实现梦想吗？

"跟我们一起来吧。"从缆车里出来时我对吉米说，"我们打算去罗克斯普林斯，那里的雪非常好。"

"我想去，"他回答说，"但我去不了。我现在忙得焦头烂额，出来就是想清醒清醒，还得回去工作。"

"我想写一写这个故事。"我们戴着手套的拳头碰到一起时我说。我很快拿定主意，我没有立场阻止亚历克斯。就算是我的儿子或女儿要做类似的挑战，我也同样应该尊重他们的决定。这很难，但我会努力。

"是的，我猜到了。我会给你打电话。"吉米说着，把雪杖插进雪地中，用力后撑滑走了。几秒之后，他消失在暮色中。

随后几个月，我和吉米经常通话。那时他和柴拍摄的《攀登梅鲁峰》已经上映一年。《攀登梅鲁峰》是他们联合拍摄的第一部电影，讲述喜马拉雅山脉最后一大攀登难题——"鲨鱼鳍"——的故事。该难题最终由吉米、康拉德·安克尔和勒南·奥兹图尔克在2011年破解。制作精良的登山电影通常会在攀登圈内广泛传播，然后归于沉寂。但在吉米和柴的打造下，《攀登梅鲁峰》成了一部热映影片，获得了圣丹斯电影节观众奖，入围奥斯卡决选名单，最终成为2015年票房最高的纪录片。

吉米和柴引起了好莱坞的注意。索尼、环球影业和21世纪福克斯想知道他们接下来的计划。有一天，吉米接到一个名叫埃文·海耶斯的陌生人的电话，这个人是一家电影制片公司的总裁。该公司曾连续三年出品三部奥斯卡获奖影片——《美国丽人》《角斗士》《美丽心灵》。海耶斯刚刚完成影片《绝命海拔》的制作，剧情基于乔恩·克拉考尔的《进入空气稀薄地带》中讲述的1996年珠峰山难。海耶斯喜欢攀登题材，希望再制作一部同类电影。《攀登梅鲁峰》在圣丹斯电影节上收获观众5分钟起立鼓掌时，他也在观众席上。

海耶斯抛出一些他对于登山题材电影的想法，但没有一个能够唤起吉米的兴趣。挂断电话前，吉米决定跟他分享过去数月一直盘桓心中的不成熟想法。

"嗯，我最近在琢磨一个点子。"吉米说。然后他跟海耶斯讲了亚历克斯的情况，介绍他是世界上最伟大的徒手攀登者。他没有提酋长岩，因为那时他还不知道亚历克斯正在考虑徒手攀爬它。认识亚历克斯这么些年，他一次都没问过这件事。亚历克斯也还没告诉任何人他在认真考虑它。

"就是它了，"海耶斯说，"就拍这部电影。"

吉米迟疑了。"好吧，嗯，好的，但我还不十分确定我真的想拍这部电影，我需要再想想。"

稍后，他找柴商量，他们商定应该由柴打电话给亚历克斯，以评估他是否有足够深度撑起一部纪录长片。正是在那次通话中，亚历克斯漫不经心地提到，他可能想徒手攀登酋长岩。柴不是攀登者，因此亚历克斯透露的消息没有马上引起她的注意。

"柴跟我说起酋长岩时，我马上打了退堂鼓，"吉米告诉我，"就是在那时我知道，我真的不想拍这部电影。你活在世上，回望前事的后果……死亡并不是那么荣耀。"之后的两个月，吉米一直躲着海耶斯，经常失眠。

他需要建议和方向，但没有跟任何师长透露这个想法，担心他们会因为他居然在考虑这件事而嗤之以鼻。后来，他在曼哈顿偶遇老朋友乔恩·克拉考尔。在他们沿着上东区的一条大街散步时，吉米告诉克拉考尔他想拍这部纪录片。他说影片将是一个"追逐梦想"的故事，并且关于人在生死面前所做的抉择。然后他提到亚历克斯说自己正在准备徒手攀登酋长岩，这会是电影项目的一部分。

据吉米说，克拉考尔回应道："徒手攀登酋长岩才是影片真正的主题吧。"

"没错，我想是的。"吉米回答。

"好吧，有没有你他都会干这件事，如果他想记录过程，你是最合适的人选。"

"所以呢？我应该拍吗？"吉米问。

"电影出来我会去看的。"克拉考尔说。

许多伟大的攀登必然要发生。许多已经发生。这个故事讲述是什么成就了一场不可能的攀登。为了理解亚历克斯即将尝试的事情，你需要了解他如何生活，了解那个让他成为他的世界。这是一个攀登的世界。并非人人都活在其中。但我很高兴，甚至很骄傲，自己仍然生活在这个世界里。我想我的确很幸运，能跟亚历克斯和吉米的人生轨迹相交，能和其他许多攀登者相遇，他们为即将到来的伟大攀登奠定了基础。

亚历克斯将攀越自身的极限，攀越人类的极限。

第二章　美国疯狂小子

"人死的时候会发生什么？"有一天我问我爸，他正坐在我们家老式砖房的阳光房中读《纽约时报》。

他放下报纸，盯着我的眼睛说："会变成虫子的食物，马克。"然后拿起报纸继续读。我站在原地，呆若木鸡。

那晚 10 岁的我躺在床上，在心里一遍遍重复那两句对话。我推想，如果世界的另一边什么都没有，如果天堂和地狱只是我们的集体想象，那么死亡肯定是绝对的——是没有回路的永恒空无。虫子的食物。永远消失。

从那时起，我就反复思索自己会不复存在这一事实。在未来的某一刻，一个人将停止存在，我非常好奇，他该如何跟这个想法和解？我该如何在地球上度过自己有限的生命？我努力用理性将自己从这个存在性难题中解脱出来，但这种思考开始无休止地在我心中循环——我找不到让它停止的开关。

我当时的偶像是埃维尔·克尼维尔❶。我爸送过我一个骑着杂

---

❶ 美国特技明星，本名罗伯特·克雷格·克尼维尔，以表演驾驶摩托车飞越障碍物而闻名。

技自行车的埃维尔玩具，我经常把这个塑料制成的超级英雄放到旧鞋盒纸板搭建的斜坡上，拧上发条，让他往下冲。我会沿路放置一些火柴盒小车或玩具士兵，看着他被这些障碍物放倒的狼狈相，我特别开心。我毫不犹豫地把这个场景搬到现实中。几户老年居民的屋后有一条废弃土路，我跟几个小伙伴用 2 英寸厚、4 英寸宽的木条和复合板搭建了一个 10 英尺高的斜坡跳台。跳台的高度大约是我们身高的两倍，骑自行车高速冲上去时，它经常塌。我摔了许多次，缝过很多针，牛顿 – 韦尔斯利医院的专家甚至怀疑我爸有虐童倾向。

夜里，我会等爸妈睡着后，从三楼的卧室爬窗户出去。先从石板屋顶滑下，挂在雨水槽边缘，然后轻轻跳到爸爸书房的平整铜屋顶上，再沿排水管快速溜到地面：我自由了。有时我会搞恶作剧：跑到邻居家门口按门铃，按完立刻躲到旁边的灌木丛中。我早已备好锯断的威浮球拍做成的简易汤米枪，趁睡眼惺忪的邻居开门查看是谁在午夜按响门铃时，准确地朝他们发射瓶子火箭。

我发现冒险渐渐成为我纾解存在性焦虑的出口，这引导我跟一些志趣相投的人建立起长久的友谊，但我那些小伙伴往往缺乏我那种冒失鬼的热情。有一天，我在父亲的书房里乱翻，发现了一盒漂亮的金头火柴，可能是他某次出差带回来的。我在家后面的树林中有一个秘密基地，我会在那儿烧各色物品：蜡烛、桦树皮、瓶子火箭、黑蛇牌小型烟花等等，于是我顺走了那盒火柴。

第二天，在去公交车站的路上，我觉得那些火柴非常贵重，烧着玩太可惜。在我举起一根我的新宝贝时，住在附近的其他孩子惊奇地看着。

"是真金的吗？"其中一个问。

"这还用问？"我回答说。

"能给我一根吗？"他请求道。

公交车站旁有个充满浮垢的小而浅的池塘。那时刚入冬，脏得发黑的浑水表面盖着一层薄薄的冰壳。离岸边大约50码❶的位置，一个一次性泡沫咖啡杯嵌在冰面上。

"取回那个杯子，"我告诉他，"这就是你的了。"

几秒钟后，他走向池塘，一边用拳头破冰，一边半游半蹚进冰冷的脏水中。那天他没能去学校，但得到了火柴——成了"黄金帮"的第一位成员。

接下来几周，在金头火柴的激励下，朋友们完成了我为"黄金帮"制订的一项重要目标——在街区每幢房子的烟囱上跳舞。我的每个朋友，无论胖瘦，纷纷找路爬上标志性的积雪屋顶，在屋脊上模仿《金唱片》❷里的舞蹈动作，逗得我们前俯后仰，大声欢呼。冒险的男孩会爬下来，脸上绽开灿烂的笑容，兴奋地等待着他的奖赏。我则在寒冷的夜晚举办一场颁发金头火柴的仪式。

我送出最后一根金头火柴时，就像《老雷斯的故事》❸中万斯勒砍倒最后一棵树时那样，每个人都收拾东西回家了。但还剩几栋房子没爬，于是我独自继续，攀上排水管，靠摩擦力爬上石板屋顶，双手交替通过屋顶的雨水槽。没人观看、没人鼓掌，在别人家屋顶上跳舞不再有之前那种兴奋劲。

---

❶ 1码约等于0.9米。

❷《金唱片》（*Solid Gold*）是美国20世纪80年代的系列音乐节目。

❸ 美国著名儿童文学作家苏斯博士于1971年创作的绘本作品，2012年被改编成动画电影。书中万斯勒为了赚钱，砍光了所有树木，最终落得孤身一人。

每周五下午，我妈都会把我和我姐赶进家里浅黄色的克莱斯勒旅行车中，在波士顿银行的地下车库里接上我爸。他会坐进驾驶座，开三个小时车，到达我们位于新罕布什尔怀特山脉中的度假屋。妈妈坐在副驾，主要任务是在我爸发泄对银行界的贪污腐败和烦心事的恼怒时予以回应。

姐姐和我在后座不系安全带，动来动去，百无聊赖，用尽各种方法惹怒对方。我知道，如果我闹腾到我爸所谓的"出口成'脏'"的程度，爸妈就会给钱让我闭嘴，我的常见策略是把可口可乐当时的广告语"就是可口"唱成"可口是屎"。他们只给我25美分，但这些钱够我到家附近的游戏厅玩一局《吃豆人》，或者到糖果店买一条巧克力。我敢肯定，爸妈完全没有意识到，我在多么认真地听他们谈话，或者这些交谈无形中对我产生了多么深远的影响。我爸那时是高级副总裁，他一生大部分时间都在银行做事，这么多年后，我仍然记得那些试图暗中打压他的人的名字。此外，死亡永恒的虚空令我着迷，让我清晰地意识到，如何活着至关重要。待在银行之类的地方显然不像能过好人生的方式。多年以后，我爸问我，大学毕业拿到哲学学位后，有什么打算，我很认真地告诉他："我决定不做固定职业。"

在新罕布什尔，我用"黄金帮"的模式组建了一个新的俱乐部，将它命名为"美国疯狂小子"，并很快吸引了一群竞技滑雪伙伴。俱乐部里有一些值得注意的人物：泰勒·汉密尔顿精力旺盛，眼中始终闪烁着狡黠的光芒，他后来成为兰斯·阿姆斯特朗在环法自行车赛中的得力助手；罗布·弗罗斯特有着与年龄不相称的瘦小身材，但比垃圾场的狗还好斗，他现在是一位高角度摄影师和电影制片人；当今的传奇极限滑雪运动员克里斯·达文波特也曾偶尔参加"疯狂小子"的活动，他有着猫一般的运动能力，吵嚷好动，胆大妄为，跟我们这帮人完美契合。

我从"黄金帮"学到的经验是，完成绝技的奖赏不应有上限，所以我为"美国疯狂小子"设立了"军衔"。但我没用上尉、中士、中尉，而是用了各种超级英雄的名号——蜘蛛侠、蝙蝠侠、罗宾、超人、海王、神奇女侠，超级英雄用完之后，我又加入了汤姆·索亚和哈克贝利·芬。每个军衔又细分为高、中、初级。根据任务的危险程度，你可以获得相应军衔。

我们的专长是撑竿跳过布满浮冰的河流，竹竿是我们从野猫山上滑雪队住的木屋中偷来的旗门杆。我和我的几名顶尖副将——包括一名高级海王和一名初级蝙蝠侠——都成了出色的撑竿跳河选手，能跳过15英尺宽的河面。当然，我们挑走了最结实的旗门杆，让其他人从剩下的里面选，那些竹竿很纤弱，在最糟糕的情况下甚至会折成两半。

每项任务都遵循类似流程。我和顶级的"疯狂小子"会在流经野猫基地木屋的小河边找一个跳跃点。我们会拼尽全力完成这项壮举；然后我会提出一些计划颁出的军衔，我和等级高的超级英雄会对等级低的孩子施加强烈的同伴压力，让他们努力跟着我们做。"完全能做到，哥们儿。"我会冲河对岸的一位初级神奇女侠喊，搓着两只手，期待一场壮观的失败。

许多刚加入俱乐部的"疯狂小子"都会参加这个"透心凉"游戏。曾有个新人穿着滑雪鞋（其他人都穿着雪地靴）来尝试高级别撑竿跳河，他要撑在一块覆盖着冰的光滑石头上跳过最汹涌的一段河流。我们知道，没提前练习就来冲击蜘蛛侠军衔就是犯蠢，但如果他想尝试，我们为什么要阻止？他跳得非常偏，整个人掉进河中，被往下游冲了一段之后才浮出水面，并像个合格的"疯狂小子"那样，爬回岸上。

我们的滑雪教练假装不知道队伍的课外活动，但他们肯定注意到，滑雪旗门杆消耗速度极快，而且我们总是在讨论谁升到了什么军衔。在结业晚宴上，他们默许我颁发我的"美国疯狂小子"奖。每个疯狂小子都得到一顶用汉堡王卡片制作的皇冠，我在皇冠上贴了我们的标识——一个小孩在河上撑竿跃起的铅笔手绘图案。等级最高的孩子得到一个伞兵模型，我们把它留到"教堂平台"顶上颁发，那是北康韦附近一座 500 英尺高的岩壁。

大部分父母都赞赏我对新罕布什尔少年文化的贡献——"要么自由地活，要么死掉"，诸如此类。但少数家长认为我很鲁莽，影响不好。至少有一个孩子在玩了"透心凉"、冻得半死回家后，被父母禁止继续参加俱乐部的活动。

"教堂平台"底部有一排松树，我爸坐在旅行车中，穿过高耸的松树之间的空隙，可以清晰地看到那面垂直的花岗岩岩壁。他面前站着两个 15 岁男孩。其中一个是我，是他活跃过头的儿子，因为爱咬人、不会算数、拼写单词以及系鞋带，幼儿园就留了级。

我爸拥有忽视很多事的神奇本领，但这一次，或是因为我脚上系紧鞋带的匡威运动鞋，或是因为整齐盘在我肩膀上、从五金店买来的白色晾衣绳，又或是因为我的好哥们儿杰夫·查普曼——一个经常和我结伴做坏事的顶级"疯狂小子"——站在我身边，他意识到有事发生。

"嘿，"他喊道，手臂耷拉在车窗外，"你们两个小鬼打算干什么？"

"哦，没什么，"我回答，"别担心。几个小时后回来接我们就行。"

他仔细看了我们一眼，然后拍拍木质嵌板车门。"好吧，"他说，"你们玩得高兴。"

我对攀岩的认知最初来自爸爸挂在我卧室墙上的一张海报。海报上一个下巴轮廓分明的男人用指尖吊住整个身体，挂在高空中一个仰角岩壁的边缘，除腰部连接了一根纤细的绳子外，没有其他任何保护。我一直不知道爸爸为什么送我这幅海报；他是个无聊的银行家，虽然喜欢滑雪、徒步这类户外运动，但并不乐于挑战极限。没人告诉我，这是一张描绘攀岩这项运动初期样貌的经典海报，那时安全吊带和芯鞘结构的绳索都还没被发明出来。我也无人可问。

参考海报这个仅有的操作指南，杰夫和我确立了我们的基本原则：领攀者一定不能冲坠。我们也商定，上面的人要用绳子给下面的人做好保护。如此一来，只有一个人要冒生命危险。

人生第一次攀岩，我们选择了岩壁中央一条长满苔藓的冲沟。沟中植被繁盛，看起来是登顶的理想线路。我们轮流先锋，在松动的石头和植被间穿梭，向岩壁高处攀爬。爬完整条绳长后，我们就把绳子从身上解开，在树上绕两圈，利用绳子和树皮之间的摩擦力保护跟攀者。越往高处爬，岩壁越陡峭，直到我们站在一棵粗壮铁杉两侧，这棵树长在一片满是苔藓和生锈啤酒罐的硬土里。再往上是一个难点，垂直的岩壁由松散的大石头堆叠而成，就像是真人大小的叠叠乐。

这段轮到杰夫领攀，但他不确定自己能否爬上去。我决不想碰头上这面随时会坍塌的岩壁，于是提出给他升级"疯狂小子"

的军衔。当时我在怂恿伙伴们去做危险的事情方面已经颇有心得，而且，我也很少给人赢取初级汤姆·索亚名号的机会。杰夫禁不住劝诱，几分钟后，他爬到我上方几个身长的位置，攀附在一片长满苔藓的松动石块上。在他伸手够一道水平裂缝时，一块电视机大小的石片动了一下，鹅卵石和泥土像雨点一样落到我头上。"我觉得我要掉下去了。"他大叫。

"坚持一下。"我冲上方喊，解开身上的绳子，然后把自己绑在铁杉上，就像要把人绑在树上烧死一样。绕了几圈后，我用几个半扣结将绳尾锁住，这些绳结是我之前反复试错学会的。现在，即使杰夫掉下来，也不会把我砸落；确保这一点后，我对他喊了一句极其欠揍的话："好了，你现在可以掉了。"

杰夫从双腿之间的空隙向下看，看见我把自己捆到了树上。有一点十分清楚：如果掉下去他会摔死（或者至少摔成重伤），而我会没事。这种情况似乎违背了我们的荣誉法则，我不会跟他一起摔到岩壁底部，一起流血受伤。这样的不公平反倒刺激他稳定心神，倒攀下来。

我们沿着冲沟下撤，但仍然下定决心要爬上这座悬崖，这时我突然注意到一个水平豁口，可能可以从这里横移到岩壁正面。我们沿豁口侧着摸爬过去，双手交替抓灌木，到达一个距离地面200英尺的小平台，周围都是光滑的花岗岩岩壁。我们仍然被晾衣绳连在一起，肩上各盘了几圈余绳，在平台上肩并肩坐下，俯瞰深深的峡谷。我和杰夫心领神会地对视一眼。我俩已经将"美国疯狂小子"的精神提升到一个全新的水平，感觉棒极了。

我们的白日梦被一阵金属的叮当声打断，几秒之后，一只手出现在我们脚下的平台边缘，随后，一个人攀上了平台。我们互相看着，露出不可思议的表情。他可能 20 多岁，留着胡须，手指长满老茧，粗壮的手臂上全是肌肉，青筋暴起。我注意到，他肩上绕着子弹带，上面挂着一堆像是太空时代的物件。他的绳子跟我们的不同，不是由三股细绳拧成，而是有一层光滑的鞘皮，装饰着印第安风格的黄黑几何图案。

"哇，你的装备很酷啊。"我说。

那个健壮的男人看着我们，满脸惊奇，好像在说："你们这两个傻瓜是怎么上来的？"

杰夫和我一边挪开为他让路，一边聚精会神地看他操作。他从安全带上取下几把快挂❶，把自己固定在岩壁上的挂片中。"下次我们应该带上点这个。"我对杰夫说。

这位攀岩者的搭档到达平台后，看见我们坐在他朋友旁边，同样十分困惑。但他们迅速将绳子穿过岩壁上的一些铁环里，装上我后来才认识的下降器。我热切地观察着他们的每一步操作，暗自希望这两位新朋友能给我们一点下降的建议，或者，最好能帮我们下去。用绳子把自己放下去看起来是个好主意，但看他们安装装备时，我就明白，没有安全带、快挂，以及那些他们正在往里塞绳子的漂亮 8 字环，很难那样下降。但至少我想得到他们的一些支持，一两句肯定的话——我们是一路人。

然而，他们跟我爸那天早上一样，对我们的命运漠不关心。他们离开平台，踏着下方陡峭光滑的岩壁，从绳子上滑下，留我们两个孩子独自想办法下去。

到达地面后，他们将绳子从我们脑袋旁边的保护站里抽掉，

---

❶ 一种钩环类工具，由一根织物带及其两头连接的锁扣组成。

空出保护站。于是我们效仿他们，把自己的晾衣绳穿进环中。但因为除了绳子，我们没有其他装备，所以只能学蝙蝠侠徒手下降。我用这种方式成功下到绳子末端，却发现自己吊在光秃秃的岩壁中间，离地还有 100 英尺。幸运的是，脚蹬岩壁，我摆荡到了冲沟里。杰夫也跟着我做。我们从那儿轻松爬回地面。

既然我是个攀岩者了，就应该从正经学徒做起。所以，发现韦尔斯利公共图书馆有攀岩和登山类书籍时，我十分激动。从小我就经常出入这家图书馆，这么多年里，宝藏一直在我眼皮底下：加伦·罗韦尔的《优胜美地的垂直世界》(*The Vertical World of Yosemite*)、登山协会的《登山圣经》、伊冯·乔伊纳德的《攀冰》(*Climbing Ice*)、海因里希·哈勒的《白蜘蛛》(*The White Spider*)、埃里克·希普顿的《地图上的空白》(*Blank on the Map*)、莫里斯·赫尔佐格的《安纳普尔纳》(*Annapurna*)，以及彼得·博德曼的《闪亮的山》(*The Shining Mountain*)。我把它们一本本借出来，贪婪地读完。这些书为我打开了一个前所未知的高山探险世界，以及作者们提到的攀登和探险的"黄金时代"。从阅读中我了解到，黄金时代是地图仍有空白的年代，世界上所有高山都还未被攀登，任何有胆量、有决心、有毅力的人都可以到地球上无人去过的地方插上旗帜。

《闪亮的山》中有一幅插图，图上满脸胡须的乔·塔斯克躺在吊床中，吊床悬挂在喜马拉雅冰封的白色花岗岩垂直岩壁上，数千英尺之下是一条冰川，这座高山名叫强卡邦。我盯着那张图片看了好多天，直到最后甚至能感到自己背靠冰冷的花岗岩，尼龙绳勒疼了我的肩膀，寒风冻僵了我的脸庞。相比顶峰，我对露营更着迷，在这些史诗般的攀登中，这是放松休息的部分，这时，你可以吃顿像样的饭，缩进温暖的睡袋，在空气稀薄、极其寒冷的冰岩世界中享受短暂的舒适和安全。

一座高山像灯塔一样从群峰中脱颖而出——川口塔峰❶。第一次看到它超凡脱俗的形象时，我正坐在图书馆的一张单人书桌边。这座直入云霄的尖塔造型优美，完全符合我对一座山的想象。总有一天……

虽然我的新英雄们无法走出书本，诉说他们的传奇，但我知道，登山的黄金时代是人类历史上最伟大的时代之一。可我已经错过它了。当时的我是一个好动的小孩，正在拼命寻找能够赋予生命意义和方向的事物。然而，就在我找到指引道路的英雄时，他们也打碎了我对伟大的幻想。我为什么没有早生一个时代？

我为此闷闷不乐了一周多，然后又忽然想到：要是黄金时代没有完全结束呢？要是地图上还有鲜为人知的未被填满的空白呢？要是我能找到某座没人听过的小山峰，一座被我的英雄们忽略了的山呢？

于是，在家乡图书馆陈旧的借阅室里，我为自己牢牢铺就了一条人生轨道。

---

❶ 位于巴基斯坦境内。此处应指川口塔群峰中的大川口塔，川口塔群峰由大川口塔峰和无名峰组成。

第三章　岩石大师的光芒

亚历克斯·霍诺德搞砸了。

一开始，雪坡平缓而柔软，将他诱入冲沟，现在，他已经在冰封的沟里爬了几百英尺。踩着前一天在父亲的壁橱里翻出的REI[1]雪鞋，他继续往上，冲沟渐渐收窄、变陡，最后他只能赤手在坚硬的冰面上抓来抓去。如果他对攀爬冰雪坡稍微有所了解，早就会把雪鞋收到包里，换上带金属齿尖的冰爪。但亚历克斯没有冰爪，也没有冰镐。这是他第一次在冬季徒步，只身一人。

稍有经验的登山者可能还会像爬下梯子那样踏着冰面上仅容脚趾的台阶下撤自救。但亚历克斯发现自己别无选择、只能下撤时，他转身看了眼下方的陡坡，像个在规划滑行线路的滑雪者。转眼之间，他已经在躺着往下滑了。加速中，他看到坡底有一大片棱角分明的花岗岩石块。撞上去之前，他最后的念头是，我要死了。

---

[1] 美国知名户外用品制造和零售品牌。

电话铃响起时，迪尔德丽正在厨房煮茶。

"谁呀？"

"是我，妈妈。"

"亚历克斯？"听着像他，但又不太对劲。他的声音含糊不清，嘴里好像塞着棉球。

"我在哪儿？为什么浑身是血？"

迪尔德丽冲到后面的卧室，叫醒比亚历克斯大两岁的女儿斯塔西亚，把电话交给她，叮嘱道："跟他讲话，别停，我去打911。"

埃尔多拉多县治安办公室的警员让迪尔德丽问亚历克斯能看见什么，有没有可以定位的地标。她从斯塔西亚手里抢过电话。

"你能看到什么？"

沉默。他昏过去了吗？"亚历克斯，亚历克斯，还在吗？醒着吗？"

"你是谁？"

"我是妈妈。"

"哦，你为什么说英语？"亚历克斯回答，听着有点恼火，"我还以为是别人。"

的确，亚历克斯出生十几年以来，这是迪尔德丽第一次用英语跟儿子讲话。她是位教法语、西班牙语和英语的教授。她希望孩子在双语环境中成长。亚历克斯大部分时间用英语回话，以此向她表明，他认为整件事非常愚蠢。

"Ne bouge pas, les secours arrivent（待着别动，救援人员马上去救你）。"她切换回法语。

亚历克斯拿到手机还不到24小时，这是妈妈送的圣诞礼物。

迪尔德丽差点把它退掉，因为威瑞森公司❶发错货，寄来一款内置相机、外观花哨的手机。但正因为有相机，亚历克斯那天才想着带上手机。幸好，在他滚下山时，手机没摔坏。

他时而清醒，时而昏迷。在比较清醒的时候，他朝北望去，依稀能认出塔霍湖，但仍然不知道自己为何躺在雪坡底部的一堆石头上。上方的坡面有一道血迹。他低头看到血肉模糊的双手，右手拇指从手套里脱了出来，感觉骨折了。脑袋一侧麻木肿胀。脸上破了个洞，呼吸时胸口疼痛难忍。羽绒服像被老虎撕过，羽毛粘在周身的血上，身上像涂了层沥青，插满羽毛。他越检查自己的身体，发现受伤的部位越多。

警方派出的第一架空客 H135 直升机发现了亚历克斯，但因为风太强，无法降落。飞行员用无线电向治安办公室报告亚历克斯的位置，办公室警员告诉迪尔德丽，他们只得派救援小组徒步进山。这将耗费数小时，而一场强劲的暴风雪正在内华达山脉酝酿。他会被冻死的，迪尔德丽心想。然后她收到些好消息，加利福尼亚高速巡逻队派出的一架小型直升机大胆降落在了东南沟槽的底部。救援人员把亚历克斯包裹好运出去时，他再次失去意识。

当天深夜，妈妈把亚历克斯从里诺的医院接回家。他的手和脸缝了针，鼻窦被扎破，牙齿豁了口，右手骨折，还有严重的脑震荡。第二天，亚历克斯躺在床上，眼睛肿得几乎睁不开，他在日记本里记下这次痛苦的经历，一个月前他刚开始写日记。他左手握笔（他是右撇子），简洁地写道：

---

❶ 美国无线通信服务供应商。

塔拉克

滑坠，摔断手……被直升机救援。

应该冷静一点，自己走下来。没种。

接下来几个月，亚历克斯在萨克拉门托郊区卡迈克尔的家中休养。一款叫《魔兽世界》的电子游戏刚刚发布，游戏背景是亡灵、狼人、狮鹫等种族居住的异星世界艾泽拉斯，玩家的目标是完成特定任务，获取购买武器、超能力的经验点和货币。亚历克斯每天都会躲进艾泽拉斯几个小时。在游戏里，他可以迷失在魔幻世界中，忘记最近不太顺利的个人生活。

跟他非常亲密的爷爷一年前去世了。以前，骑车去岩馆的路上会经过爷爷家，亚历克斯常顺道跟老人下棋、玩牌。爷爷去世几个月后，亚历克斯高中毕业，父母宣告离婚，但其实亚历克斯和姐姐早就知道了，他们在家里的电脑上读过妈妈的电子邮件。那年夏天，老爸查理·霍诺德从家里搬了出去。不久之后，亚历克斯去加州大学伯克利分校报到入学，打算读土木工程专业。读书期间他住在校外一个家族朋友的公寓里。亚历克斯常穿着运动裤和超宽大运动衫，拉上兜帽，默默地四处游荡。他一向不爱社交，现在，没了发小本·斯莫利和女友伊丽莎白的帮助，他更是退回自己的小世界里，这是一个他非常熟悉的世界。

据斯莫利说，亚历克斯高中时就有严重的社交恐惧症。他从不参加聚会，完全不尝试融入团体或力图受人欢迎。午餐时间，爱耍酷的小团体会聚在他们专属的就餐区，亚历克斯则经常去代数课教室，"跟一群失败者厮混"。

"遇到让他不舒服或紧张的事，他就会避开。"斯莫利说，"他偶尔会漫不经心地评论那些张扬而又快乐的人，但从来不会说'哇，真希望我是其中一员，希望他们喜欢我'之类的话。他的评论更像是承认，他们存在，但自己不属于他们。他和他们太不一样了，因此决定，不浪费丝毫精力接近他们。"

不过，虽然亚历克斯是公认的怪人，大家仍然尊敬他，因为他非常聪明。他是学校国际文凭项目的尖子生，但对学术毫无热情。他花最少的时间学习，应付考试。亚历克斯的妈妈是门萨俱乐部成员，这是一个由高智商人群组成的社团。亚历克斯也参加并通过了他们的测试。按照门萨俱乐部的说法，他的智力至少排在全球总人口的前2%。

在加州大学伯克利分校，亚历克斯被更多热情张扬的人包围，但他太羞怯，太害怕社交，有时几个月都不跟任何人面对面交流。他说他一整年没交一个朋友。下半个学期，他开始翘课攀岩。他最喜欢位于校园以北2英里的伯克利山的印第安岩场。他会骑车过去，在火山岩礁上横移数小时。休息时，他坐在岩石上啃面包，紧挨着美洲原住民留下的用来舂橡子的石臼，目光越过民居眺望南边的校园。向北，他能看到旧金山湾，那里常常雾气弥漫，只有金门大桥的桥塔露在云雾之上。

攀岩成为他的救赎，他几乎没有一天不去攀岩。不去岩馆、印第安岩场，也不攀爬校园的石造建筑时，他就换上拳击裤玩电子游戏，或者扒着房间的门框做引体向上。同学们几乎意识不到他的存在，更不知道这个安静的天才正不知不觉蜕变为一名世所罕见的攀岩者。

2004年7月，在伯克利的第一个学年结束后，亚历克斯参加了美国攀岩锦标赛，在攀岩圈崭露头角。比赛在萨克拉门托的管道岩馆举办，自 2000 年开业以来，亚历克斯一直在该岩馆训练。主场作战，亚历克斯发挥出色，获得青年组（14 到 19 岁）第二名。这让他获得了两个月后在苏格兰举办的世界锦标赛的参赛资格。但在全国锦标赛后不久，亚历克斯的父亲在菲尼克斯国际机场赶飞机时突发心脏病死亡，时年 55 岁。过去 8 年，父亲开车带他去加州各地比赛，花费无数时间在他攀岩时为他提供保护，就像他的单人保障团队。

在 9 月份的世锦赛上，亚历克斯调动不起一点比赛的积极性和热情，最终排名第 39 位。

一想到要在加州大学伯克利分校再读一年，亚历克斯就充满恐惧，他问妈妈自己能否退学。听到儿子用"可憎"来描述大学生活，知道他如此痛苦，迪尔德丽同意了。然后就是 2004 年圣诞节的第二天，亚历克斯差点把自己害死在塔拉克山。

事故后的几个月，亚历克斯待在妈妈家无所事事，闷闷不乐。他后来称那段时间是他的"忧郁期"。他说自己那时是个满面愁容、"一点都不酷"的"瘦高难看的"男孩，"没有前途，没有未来"。那年冬天，斯莫利去看望亚历克斯，十分担心他对待父亲死亡的态度，亚历克斯表现得像什么都没发生。

"我记得自己明确问过他：'你为什么一点都不哀伤呢？'"斯莫利说。

亚历克斯向斯莫利解释道："我和我爸不是很亲近，他所做的就是带我攀岩，这是我们全部的共同经历。我们不聊天，他像幽灵一样在房间里走来走去。你很难思念一个没有真正存在过的人。"

斯莫利坚称经历悲伤这一过程对他的心理健康非常重要时，亚历克斯回答："你不会理解的。你的家庭正常且健全，而我的家庭怪异又糟糕。"

亚历克斯后来告诉我，他父亲的死有点不真实。一天，他回到家，发现母亲坐在泳池边，双腿没在水中，泪流满面。"你爸死了。"她说。

"我没看到尸体，也没参加葬礼之类的仪式，"亚历克斯说，"没有结束感。我记得当时我想，没有证据证明他真的死了。"亚历克斯还告诉我，回头看，他父亲的死极其悲剧。离婚后，查理正在改变自己的生活。这个沉默内敛的男人就像从肩上卸下了一副重担，正要展示个性中全新的一面。他又开始旅行，在斯塔西亚和亚历克斯出生前，这一直是他的爱好。他打算看看这个世界，走遍自己旅行清单上的所有国家，买回更多面具纪念品，充实他的收藏。亚历克斯从父亲家的亲戚那里听说过父亲的另一面。他激动地想认识这个新的父亲。可突然间，他去世了。

父亲去世后，用亚历克斯的话说，自己变成了"一个重获新生的无神论者"。迪尔德丽在天主教家庭长大，带亚历克斯和斯塔西亚做过几次弥撒，但亚历克斯知道，他的父母都不信上帝，他也不信。多年之后，我问及他的精神信仰时，他说："所有关于智慧设计的说法——比如'眼球设计得多么不可思议'——都是胡扯。我完全乐意把它们归结为偶然。只需要足够多的微小变化和随机事件，最终就会出现奇迹。"

那年冬天，不迷失在《魔兽世界》时，亚历克斯就会思考，什么是好的生活，并简单总结出几点。首先他不信来世，这就意味着最宝贵的财富是时间。所以，该怎么花掉自己的资产呢？攀岩！这是唯一能点燃他的事。攀岩让他沉浸在喜悦中。他也擅长这项运动。攀岩时，人们会关注他。其他的事情都无法激发他的热情，朋友或女孩也不能，学业当然更不能。

在沙发上躺了短短一周后，他就骑车去岩馆，试着用骨折的手抓点，看是什么感觉。只有小拇指和无名指露在石膏外。用两根力量最弱的手指抓握塑料支点攀爬非常疼，但这阻止不了他。如果有人问："你真的可以这么做？"亚历克斯会回答："没什么大不了的。"他手腕的恢复时间比正常情况多用了几个月。

他仍然去室内岩馆，攀爬有涂层的合成木板岩壁，这种材质跟艾泽拉斯的景观一样，与真实世界相差十万八千里。他床头的图书和杂志展示了岩馆之外一个人可以留名青史的另一个世界。亚历克斯如痴如醉地阅读每一期《攀登》和《岩与冰》杂志，跟其他攀岩者一样，他看到，从室内攀岩到抱石❶到高海拔登山，只有像亨利·巴伯、约翰·巴卡尔、彼得·克罗夫特和迪恩·波特这样的无保护独攀（或徒手攀登）者才会被赞颂为攀登英雄。亚历克斯一遍遍观看《岩石大师》这类视频，片中的攀岩者沿童话场景般的岩壁爬到云端，仅靠几根手指和一小片攀岩鞋橡胶维系生命。

一张约翰·巴卡尔的照片尤其勾起亚历克斯的无限畅想：约翰·巴卡尔没系绳子，高高地吊在优胜美地陡峭光滑的裂缝线路"新维度"上。照片拍摄于1982年。6年前，巴卡尔完成了这条线路的首攀，创造了优胜美地首条5.11级别线路的徒手攀登纪录。在离地300英尺的高空，巴卡尔将左手手指卡进一道裂缝，被裂

---

❶ 攀岩运动的一种类型，指攀岩者在无绳状态下，只靠自身力量攀爬高度较低的岩壁。

缝割开的岩壁如同高耸、垂直的书页，分立两侧。他的肩膀靠着左侧"书页"，右手伸进背后的粉袋，左脚脚尖卡进裂缝，右脚脚尖抵住对侧"书页"。岩壁极其光滑，除了一块黑色苔藓，什么也没有。巴卡尔下半身穿着身后印有蓝色条纹的白色紧身短裤，上身是红色长袖带领衬衫，头戴一顶条纹列车长帽，帽檐朝后，帽子下方露出金色的鬈发。他紧闭嘴巴，唇边留着一层薄薄的胡须，既没微笑，也没皱眉。洞穿一切的蓝眼睛直视镜头。他看起来完全放松，毫不紧张，表情中透着自大；他向下盯着你，仿佛街头小子靠在自家草坪的灯柱上打量你。这张照片呈现了一个摆脱枷锁的男人，激励了一代攀岩者。

20 世纪 60 年代至 70 年代早期，约翰·巴卡尔在加州韦斯特切斯特洛杉矶国际机场附近长大。他比较早熟，学习和运动都很出色。高中时期，他打棒球、网球，还是撑竿跳运动员，多次参加大赛。巴卡尔当时梦想参加奥运会，跟着乔·道格拉斯训练过几年，道格拉斯的圣莫尼卡田径俱乐部后来培养出了世界纪录创造者，比如卡尔·刘易斯。但不久之后，巴卡尔对僵化的传统运动失去兴趣。在寻找新的兴趣点时，他来到好莱坞北部山区的一片攀岩区域——斯托尼角岩场。这里的岩壁上满是涂鸦，巴卡尔找到一些短而费力的抱石线路测试自己，但他当时并不知道自己在做什么。

拿到驾照后，巴卡尔前往约书亚树国家公园，在那里加入了一群硬核攀岩者，其中包括里克·埃克马索，理查德·哈里森，以及充满活力、肌肉发达的高中生约翰·朗。巴卡尔到来几个月前，在圣加布里埃尔山脚下，那三个小子在哈里森的地下室中轮流抽一根烟卷时，其中一人说出了潜藏在三个人心中的想法——岩石大师。他们都不记得是谁首先提的，但"仅仅提到这个名字就足以让岩石大师的形象浮现，光芒直射我们的双眼"。朗在一篇文章中讲述了那个决定命运的夜晚。一群将在未来永久改变攀岩运动发展轨迹的攀登者就这样诞生了。

几个月后，在约书亚树"隐匿山谷露营地"附近，朗向巴卡尔展示花岗岩石上的一些岩石大师抱石环线，他在一块 100 英尺高、得名"老女人"的岩石底部停下，岩石西侧被一道 3 英寸宽的裂缝一分为二。

"想试点更厉害的吗？"朗又指着另一条名为"双十字"的线路问。那条线路需要抱石攀登一整个绳距（一个绳距指一根绳长的距离；20 世纪 70 年代，多数绳子的长度是 150 英尺，现在的标准长度是 200 到 230 英尺），换句话说，要徒手攀登。

"不可能，"巴卡尔说，他还从来没有不用绳子爬到离地面几个身长的高度，"疯了吧。"

"如果这条线路爬 100 次，你会掉几次？"朗反驳。

巴卡尔想了一会儿说："一次都不会。"

事实证明，这条线路在巴卡尔的舒适区之内，这次攀爬成为一种启示。没了绳子和装备的妨碍，巴卡尔在"双十字"上获得的快感无与伦比。他后来说，那天朗的质疑改变了他的人生，从那以后，"我内心打开了另一扇门"。

攀岩入门者首先要了解评估线路难度的定级系统。世界范围内有几种不同的系统。美国使用的是优胜美地十进制系统。它把地形分为五级。攀登百科全书《登山圣经》将五个级别划分如下：

一级地形：徒步走上岩石坡；一般不需要用到手。

二级地形：偶尔会用手摸爬；除非极其没有经验且行动不灵活，否则不需要绳索。

三级地形：可能有一些路段比较暴露；需要简单的攀岩或摸爬，经常用到手；需要携带绳子备用。

四级地形：涉及中等难度的攀岩；由于暴露感，许多攀爬者会希望使用绳索；掉落会导致重伤或死亡。

五级地形：攀爬需要用到绳索，领攀者需要放置自然或人工保护点（岩石中的锚点），以防掉落时受重伤。

攀岩技术难度等级中的数字 5 代表五级地形，即需要使用绳索攀岩。20 世纪 50 年代，塞拉俱乐部最初发展出这套系统时，设想五级地形又包含从 0 到 9 十个次等级，标注为 5.0、5.1、5.2，以此类推。5.0 代表最简单的五级线路，5.9 最难。那时最难的线路在南加州塔奎兹地区，名为"打开的书"。然而，很快有人完成了一条比"打开的书"更难的线路，另一个人又完成了更难的，所以一套上限闭合的系统显然不太适用。因此人们做出修改，让系统上限开放。

后来，攀岩者又把高难度等级细分为简单、中等和困难。比方说，5.10 可以有三个分级：5.10-、5.10 和 5.10+。加减号逐渐被 a、b、c、d 四个字母取代。所以，5.11a 比 5.10d 难一个等级，比 5.11d 容易三个等级。（某些情况下，攀岩者把难度分得更细，比如 5.11b/c。）

攀岩难度的分级本质上是主观的。譬如，个子高的攀岩者可以越过一片空白区域够到一个大手点，而同一个点个子小的攀岩者可能需要创造性地利用一些细小的岩石纹理，才能艰难抓到。但经过一段时间，人们会对特定线路的难度达成共识，在不同攀岩区域，这套系统的评估结果竟然也惊人地一致。

目前，世界上最难的运动攀岩线路名为"寂静"，在挪威弗拉唐厄尔的汉舍伦洞里，由亚当·翁德拉于 2012 年设想并开发，但一直到 2016 年，他才开始认真磕这条线。挂片之间间隔一两个身长，这意味着一旦脱落，他将掉落 10 到 30 英尺。最终，经过大约 50 天的努力，掉了数百次后，他取得成功，在 2017 年 9 月完攀线路。翁德拉把这条线路暂定为法国难度等级❶的 9c，换算成优胜美地十进制系统是 5.15d。

5.15d 有多难呢？你可以看看 YouTube 上该线路的首攀视频。翁德拉像昆虫一样贴在倒仰的岩壁上，岩壁和地面的夹角有 50°到 60°。有个动作是伸脚，将鞋扭进头上方喇叭状的裂缝中。在难点处，他将身体扭曲到霍迪尼❷柔身术那样的极致，身体没有撕裂简直是奇迹。视频的旁白中，翁德拉开玩笑说，他实际上在用自己的胳膊当脚点。在更高的位置，他从一个小手点摆荡到下一个，经历短暂的失重后，每次都是用指尖抓点，稳住自己。连续做了几次类似的动作后，他来到一个稍微大点的岩架——大约有常见的窗户防护框那么宽，在这里"稍作休息"，恢复能量以应对上半部分的线路。后半段攀爬也像在表演杂技一般。

1975 年春天，大一结束后，巴卡尔从加州大学洛杉矶分校退

---

❶ 法国难度等级用数字、字母、加减号表示，比如 6a、8b+，分别对应优胜美地十进制系统的 5.10a、5.14a。

❷ 美国著名魔术师，擅长从手铐、脚链和箱子中逃出。

学，前往优胜美地。哈里森地下室中那个暴风雨之夜的雷暴仍在隆隆作响，像电磁铁一样吸引着共享岩石大师精神的不同个体。他们将书写优胜美地攀登史的下一篇章。

20世纪70年代，优胜美地黄金时代的先驱者来了又去。罗亚尔·罗宾斯和沃伦·哈丁分别在1954年和1958年首攀峡谷内最大、最雄伟的两座岩壁——半穹顶和酋长岩，在历史上留名。伊冯·乔伊纳德、汤姆·弗罗斯特、查克·普拉特等众多攀岩者填补了先驱们留下的空缺。不过，虽然当时优胜美地所有著名的岩壁都已经被攀登过，但攀登者都借助了辅助器械，也就是说，他们在岩石裂缝里放置了锚点——多数是岩钉，用绳套把自己吊在锚点上，然后在上方几英尺高处敲进下一个钢钉。在巴卡尔和岩石大师们看来，新玩法是自由攀爬，不拉拽保护点，不吊在绳子上休息，也不站在绳梯上。绳子和硬件装备用作安全网，在攀登者掉落时提供保护，但不再用于向上移动。每个动作只能靠自己的手和脚完成。

在罗宾斯及其同时代攀登者的重大首攀中，自由攀登扮演着一定角色，因为某些路段比较容易，不需要器械攀登，但在对付优胜美地的大型岩壁时，自由攀登本身从来不是目的。解锁2 000到3 000英尺高的岩壁上漫长而曲折的线路需要策略：带多少食物、水和装备？该如何一路拉拽直至登顶？在岩壁上什么位置露营？队伍由多少人组成？哈丁首攀酋长岩用了两个岩季，其间，他把绳子"固定"在岩壁上，更像摩天大厦铆合工字梁上的一名建筑工人，而不是将攀岩视为纯粹运动的新项目运动员。

保护冲坠的装备也在进步，笨重的钢质岩钉变成轻量的铝块，可以徒手放置、取出。攀登者可以往肩膀上挎根绳套，带上数十个这种"岩塞",而且几乎感觉不到它们的重量,这给攀登难度的提升带来了质的飞跃。20 世纪 60 年代,优胜美地峡谷内自由攀登的最高难度是 5.9+,到了 70 年代中期,难度被推进到 5.12。

推进者正是约翰·巴卡尔,他的贡献远大于其他人。他凭借的不仅是强悍而超凡的身体技能,还有他为自由攀登注入的一份潇洒气质。他头戴古怪的帽子,穿着紧身短裤和横纹齐膝长筒袜。他还吹萨克斯,那是他从哈里森手中抢救回来的乐器,哈里森原本想把它变成一枚大号岩钉。起初,巴卡尔只演奏吉米·亨德里克斯的曲子,但后来受到迈尔斯·戴维斯和罗兰·柯克等爵士音乐家的启发。他在这些音乐家运用乐器演奏和他运用身心攀岩之间看到了相似性。孩童时代,他在洛杉矶冲浪,当时经典的冲浪电影都会表现管浪大师从巨浪上冲下,他们看起来总是很轻松,甚至随心所欲,这给他留下了挥之不去的印象。于是,让困难的攀爬看起来像爵士乐般轻松自如、流畅冷静,成为巴卡尔的标志。

对于巴卡尔和其他岩石大师来说,轻松流畅意味着快速移动,携带少量保护装备,增大放置保护点的间距——攀岩者常说的"空跑"。这是一种自我表达,展示了禅宗大师的平静和武学高手的坚韧。巴卡尔的确保存着一张李小龙出拳的图片,就粘在他攀登日志中的一页上。那天在约书亚树的抱石环线上,约翰·朗在巴卡尔内心播下的徒手攀登的种子,后来自然而然地生根发芽、开花结果。优胜美地自封的最高级别黑带选手将丢下绳子和装备,摆脱束缚迈上陡峭的悬崖,这是他对勇气和胆量的终极表达。

不过,岩石大师们并非率先不用绳子攀岩的人。现代徒手攀岩可以追溯到一个多世纪前。20 世纪初,奥地利登山家保罗·普罗伊斯首攀了300多条线路，其中一半是徒手攀登。他不屑于使用岩钉等装备，甚至不愿使用绳子，因为在他心里，这些装备玷污了登山的精髓——不用器械辅助攀登高山。他的勇敢最终让他殒命。1913年10月3日，在奥地利的阿尔卑斯山区，普罗伊斯尝试徒手首登曼德尔科格尔北山脊，不幸坠崖身亡，年仅27岁。

　　1973年之前，没人能在徒手攀登上超越普罗伊斯，直到19岁的亨利·巴伯走进优胜美地。亨利·巴伯来自马萨诸塞的韦尔斯利，他开着一辆大众车穿越美国，从波士顿郊区来到优胜美地。这位自信活泼的新来者总是戴着一顶标志性的白色高尔夫帽。优胜美地有一条名为"奶油球"的指缝线路，它造型完美，所以还没人完攀就有了名字。巴伯腰上穿着尼龙扁带制成的简易安全带（有腿环的坐式吊带当时还没被发明出来），肩上用绳套带了几个岩塞，用"视攀"的方式轻松完成了这条线路。"视攀"一词源于法语 à vue，意指除了线路难度，在不了解任何其他信息的情况下完攀一条线路。最极致的情况是，攀登者在攀爬之前甚至没看过线路。巴伯用首攀"奶油球"开启自己在优胜美地的表演，这是一份声明：西海岸攀登者不要小觑这位波士顿少年。

　　那一年，巴伯认真地在"打钩清单"上记录了325天的攀登日志。他在岩壁上变得非常放松，开始徒手视攀峡谷内的一些试样线路❶，包括臭名昭著的张口肉塞烟囱❷"亚哈"，难度5.10。还没有人徒手攀爬过5.10的线路，更不要说视攀。但这些相对于后面

---

❶ 指一些经典线路，作为一种标杆，可以测试攀岩者的水平是否跟其宣称的攀岩难度相符。

❷ 张口指内窄外宽；肉塞指比较宽的裂缝，几乎可以容整个人钻进去；烟囱是两面相对的岩壁组成的狭窄空间。

的攀登而言都只是热身。在结束那个岩季之前，巴伯走到当时峡谷里最长的自由攀登线路——"斯特克－萨拉泰"底部，这条恐怖的裂缝在哨兵岩 1 500 英尺高的北壁中央延伸。两个半小时后，巴伯站在墓碑一样的岩壁顶部，没使用任何装备独自完攀了"斯特克－萨拉泰"。这是第一次有人徒手攀登优胜美地的大型岩壁。更不可思议的是，巴伯此前从没爬过这条线路。他在不了解即将遇到何种困难的情况下，一点点在垂直地形上爬升。巴伯发明了一种新的攀岩类型——徒手视攀，而且他当时是这种攀岩方式唯一的实践者。

多年后，在他新罕布什尔州北康韦的家中喝咖啡时，他告诉我，在他徒手攀登"斯特克－萨拉泰"之后，极为好胜的优胜美地攀岩者将他视作"眼中钉"。只要他出现在 Camp 4❶ 的篝火前，其他人就会停止交谈，直到他离开。

"可能是因为他们嫉妒，也可能因为我是个混蛋。"他说，顺便提到他那时有为人粗暴的名声，"我不知道，但接下来几年，情况越来越糟。"

所以巴伯离开了。当岩石大师们仅在北加州的花岗岩峡谷内攀岩时，他开始周游世界，每到一处都留下新的攀登标准。在德国德累斯顿，他按当地风格攀爬，赤脚、不带粉袋、在岩缝中塞绳结做保护。澳大利亚攀岩圈至今仍在谈论"暴脾气"亨利 1975 年的到访，他在几天之内就把当地自由攀登的等级推进了两个数字。

约翰·巴卡尔是继巴伯之后，将优胜美地徒手攀登提升到更

---

❶ 优胜美地国家公园内的知名露营地。

高水平的又一个社交废柴，而且在巴伯离开的第二年他就做到了——1976年，他徒手攀登了5.11难度的多绳距线路"新维度"。该线路难度只比当时优胜美地最难的裂缝线路"鱼"低一个等级。徒手攀登"新维度"是攀岩界能想象出的最大胆的冒险，但不是所有人都大为折服或备受鼓舞。一些攀岩者认为巴卡尔愚蠢莽撞，不计后果。这次历史性的攀登结束后不久，Camp 4的公告板上出现了一张便笺，上面写道："告诉韦伯斯特，把字典里'疯狂'的意思改为'约翰·巴卡尔徒手攀登新维度'。"

"他非常不善于社交，"朗说，"是个边缘人，他活在自己的世界，跟很多人关系都不好。"

听到一些攀岩者质疑他的壮举，巴卡尔在公告板上留下一张至今闻名的纸条："谁能跟我徒手攀登一天，将获得10 000美元。约翰·巴卡尔。"没有人揭榜。据朗说，悬赏不只是逞能和炫耀，他认为巴卡尔徒手攀登更多是为了自我证明，而不是向他人证明自己。"他私下徒手攀登了很多线路，没人看见，没有宣扬。没人知道他到底完成了多少次徒手攀岩。"

"饼干墙"是一条高250英尺、难度5.11c的线路，其中第二段就是前文提到的"奶油球"。它被看作峡谷里的试样线路，任何使用绳子完攀它的人都会认为自己是"硬汉"或"猛女"（当时有一群数量少但很重要的女性岩石大师，以琳恩·希尔、玛丽·金格里为首）。1979年春，巴卡尔徒手攀登"饼干墙"时，只有几个最亲密的朋友在场见证这一伟绩。没有拍摄团队，没有照片。但在他回到Camp 4时，消息已经传开，有攀登者跟他搭话说"哥们儿，你他妈的疯了"之类的话。巴卡尔巩固了自己在世界上最伟大攀岩者圣殿中的地位，但他没有停下脚步。

他后来又提高了在"饼干墙"上徒手攀岩的难度，但直到1980年，他才触到自己作为徒手攀岩者的极限。那条线路名为"暂禁"，巴卡尔决定徒手视攀它。为了保持冒险性，他没有告诉任何人自己的想法，也没有向攀登过这条线路的人了解信息。如果找人聊过，他会被告知，线路实际上比定级要难，其中的难点没人愿意徒手攀爬。在离地300英尺的高度，他意识到自己身处一个几乎没有任何抓握支点的光滑夹角中，夹角两侧岩壁上的裂缝太细，无法卡入手指。而且也无法倒攀，他只能孤注一掷，涉险通过。从山上走下来时，他感觉整个人都被掏空了。"我侥幸活了下来，"他后来告诉一个朋友，"我没有征服任何东西。只是大山放过了我。"

活着完攀"暂禁"虽然给巴卡尔的肩章上再添一星，但他多年来构建的僵硬条框开始将他和其他攀岩者隔离开来。20世纪80年代初，他捍卫从地面起步攀爬线路的准则。如果掉落，他会马上下来，抽掉绳子，从头开始。这种方式逐渐被称为传统攀岩，因为固守这一传统，岩石大师们（及其跟随者）遭遇天花板，难以超越5.13。峡谷中大部分明显的裂缝都已经被攀爬过，要将攀岩推进到更难、更高的未知领域，只有进入裂缝系统之间的空白岩面。岩面线路上一般只有凹坑和凸起，没有可以放置岩塞、机械塞❶甚至岩钉的裂缝，因此，获得保护的唯一方式是在岩石中钻孔放置螺栓。

巴卡尔同意使用螺栓，只要这些螺栓是领攀者从地面起步，

---

❶ 一种放入岩缝后会弹开并卡住的金属器械。

在先锋过程中放置的。许多年来，优胜美地的攀登者已经达成一致，允许攀登者吊在小金属钩上，解放双手打孔。几条极端困难和危险的线路就是这样开辟的，包括巴卡尔在图奥勒米山区开发的"巴卡尔－耶里安"。该线路有三个绳距，定级为5.11c X，X表示螺栓间距非常大，攀登者在某些位置掉落可能会摔死。

巴卡尔的准则非常可贵，这一点没有争议，但世界上只有少数足够优秀的人可以按照他的规则攀岩，更别提还得有足够的胆量。大多数人只想体验爬到岩壁高处、看着世界在脚下像油画一样延伸的快乐，并不想冒生命危险。

在攀岩的发源地欧洲，一种新的方式正流行开来，法国、西班牙和意大利的攀岩者不从地面起步，而是从上方绳降下来，用电钻开辟线路。手钻打孔放个螺栓可能需要半个小时，电钻几秒钟就能完成。这种新方法被称为"下降开线"。打好挂片之后，首攀者会逐个挂片磕线，中间吊在绳子上休息。记牢所有动作、充分演练后，他们才会尝试一次完攀整条线路。如果成功，攀岩者会说他"红点"了这条线路。这个说法源于德语 Rotpunkt，意为"红色的点"，由德国攀岩者库尔特·艾伯特在20世纪70年代创造，因为他在德国弗兰肯朱拉每自由完攀一条线路，就会在线路底部涂个红色圆点。

这种新方式被称为运动攀岩，远比传统攀岩安全，很快就成为世界标准。运用这种现代策略，人类在20世纪80年代末首次突破5.14的难度。但是巴卡尔对此嗤之以鼻。他称这样做的攀岩者为"吊死狗"，并在那时发表了著名言论，声称没有风险的攀登不是真正的攀登。

起初，其他岩石大师都支持他，但是，坐在场边，眼看其他愿意接纳新规则的攀岩者夺走所有荣耀，让人非常煎熬。优胜美地变得停滞不前，领先的攀岩运动和攀岩者都转移到了欧洲。20世纪80年代中期，唯一可以跟巴卡尔媲美的岩石大师罗恩·考克去到欧洲，只为看一看这场喧嚣的本质。第一次尝到运动攀岩的滋味后，他马上看出这种方式在优胜美地的无穷潜力。回到峡谷后，他开辟了几条早期的运动攀岩线路，难度很快得到提升。其中一条线路位于图奥勒米的"小屋穹顶"上，巴卡尔曾经尝试从地面起步完攀它。

"我只求给我留一点岩壁，"多年后巴卡尔说，"但他们连一丁点都不愿意给我。"他砸扁考克开发的线路上的挂片以示反击。于是在 Camp 4 的停车场上演了一场不光彩的争执。

"你有什么权利破坏别人的线路？"考克问。巴卡尔回答说，这跟他们在"小屋穹顶"上对他的目标线路所做的事情无异。按照他们下降开线的速度，巴卡尔解释道，很快就没有岩壁留给他了。巴卡尔说，考克朝他挥了一拳，但在距他头部几英寸的位置收手了。考克则说，巴卡尔以前就像他的亲兄弟，他没有出拳，只是带着对老朋友的厌恶离开了。考克的攀登搭档马克·查普曼介入争论说，如果巴卡尔再敲他的挂片，他会狠狠教训巴卡尔。巴卡尔挑衅说，放马过来。查普曼真的动了手。他用力出拳打向巴卡尔的脖子，导致巴卡尔一只手臂发麻，进了医院。巴卡尔提出控告，让同为岩石大师的老朋友查普曼因故意伤人被捕。

从那以后，事情很快朝着对巴卡尔不利的方向发展。到了1990年，他在攀岩圈已经没什么朋友了。许多老一代的岩石大师认为，他把攀岩准则置于友情之上。新一代的攀岩者则对发扬硬汉风格的传统攀岩没有兴趣，这让巴卡尔很痛心，这种风格是他冒着生命危险建立起来的。此外，他的肩膀由于年复一年的高难度攀岩受损，婚姻也走向破裂。离婚过程中，他在优胜美地的房子毁于一场森林大火，公园管理处试图动用土地征用权收走他烧焦的地产。

巴卡尔销声匿迹，随他一起消失的还有岩石大师的光芒。

第四章　岩猴

　　查理·霍诺德生前指定自己人寿保险的受益人为亚历克斯和斯塔西亚，所以亚历克斯每个月可以从保险公司拿到大约 300 美元的保险金，刚好足够支撑他设想的旅行攀岩，回避跟母亲一起生活。他借走母亲的老式雪佛兰微型房车，装上自己的攀岩装备、睡袋和几身衣服，跟母亲拥抱作别。2005 年 4 月，他出发去寻找自己的未来。

　　在南加州的约书亚树国家公园，亚历克斯在莫哈韦沙漠滚圆光滑的石头间游荡，寻找能爬的东西。他不是刻意要成为独攀者，但是他孤身一人，非常羞涩，不好意思到营地中寻找搭档。"彻头彻尾的失败者才会去独攀，"他后来告诉朋友克里斯·韦德纳，"你出现在岩场，没有朋友，只能自己爬。"他有一本路书，但是经常实地走到线路底部研究线路或抱石难题。岩壁有多高？有多陡？特点是什么？摩擦力如何？如果直觉告诉他可以爬，他就爬。

　　遇见其他人时，情况就会变得诡异。亚历克斯内心有一部分想去炫耀，只不过线路难度必须完全在他的舒适区内。如果线路很难，接近他当时徒手视攀的极限 5.10c 左右，他就不想有人在旁边观看。一天，他正在攀爬一条这样的线路，线路高处有个很短的屋檐，离他所在的平台很远，从上面掉落必死无疑。他的手掌卡在上方的裂缝中，正当他鼓起勇气做下一个动作时，他低头看到两个游客盯着他。亚历克斯顿时呆住，退回舒服的位置，等他们离开，但游客不走，亚历克斯猜测他们是不是在评判自己，是不是因为他表现出恐惧，就认为他是个胆小鬼。最后他们终于走开，亚历克斯翻上了岩壁顶部。后来，在《岩与冰》的一篇文章中，亚历克斯回顾这件事时写道："从那以后，徒手攀岩对我来说更需要独自完成，因为我害怕有人看时我会做蠢事。但这很难平衡，攀岩的区域总有人，而我又很想爬。坦白说，引起别人惊叹的感觉有时相当好。但骄傲会导致鲁莽或过度自信，这非常危险，徒手攀岩极其忌讳这一点。"

冬季来临，亚历克斯搭车向北，去了内华达山脉东部的毕晓普。那辆微型房车已经坏了，现在他骑着父亲留下来的一辆老式绿色山地车四处晃荡。他驻扎在一个名叫"坑"的营地，早上骑车去"幸福"巨石或者运动攀岩场欧文斯河谷。在岩场，因为仍然没有搭档，他只能独自徒手攀岩。

亚历克斯那时痴迷于完攀尽可能多的线路。他的目标是一天爬25个绳距，他会强迫自己完成，然后每天晚上回帐篷记在黑色的攀岩日志中。他会徒手视攀这些线路，然后倒攀下来，根据他的规则，这样算是爬了一条线路两次。为了不停地爬，他天天坚持这个计划，后来他总结道："除了能在路书上打钩，糟糕的岩面短线没有任何吸引力。"一天，他去爬一个5.9的岩脊——跟内向拐角或书页式夹角相反的外向拐角。当时这种难度的线路对他来说是家常便饭，轻松随意。但在离地约12英尺的高度，他滑脱了，咚的一声掉到地上。意识到没有受伤后，他四下打量，看有没有人看见他掉落。没人在场。他坐了一会儿，思考刚刚发生了什么。这还是他第一次在徒手攀岩时意外脱落，这种情况完全可能发生在线路更高的位置，那将必死无疑。他抛开这些负面想法，完攀了那条线路。一周之后，亚历克斯在倒攀一条5.10的线路时，在差不多的高度发生了同样的事。这一次，他同样毫发无损，而且除了自己，没人看见他掉落。

11月，他回到母亲家中。因为没有车，只好搭乘萨克拉门托当地攀岩者的车去牢房岩场，这是一座四四方方、带仰角的玄武岩岩壁，位于加州詹姆斯敦附近的斯塔尼斯劳斯河畔。亚历克斯尚在学习将室内攀岩技术应用到真正的岩壁上，但在带着绳子攀爬的情况下，他的攀爬难度飞速提升，到了春天，他已经完成几条5.13的线路。

某天在牢房岩场，亚历克斯遇到比他大6岁的曼迪·芬格尔。她也是能爬5.13的攀岩老手。2017年我跟曼迪聊天时，她告诉我，亚历克斯当时非常害羞，不敢跟她打招呼，所以是她先挑起话头。她发现这个年轻人的知识储备极其丰富，几乎涵盖她提及的所有话题。认识几天后，他们决定开着曼迪的沃尔沃房车开始一趟攀岩旅行。

接下来几个月，他们穿越美国西部的广阔大地，从一个岩场到另一个岩场。2006年8月，他们在加拿大不列颠哥伦比亚斯阔米什的一个酒吧里庆祝亚历克斯的21岁生日。几个当地向导请亚历克斯喝"天使之吻"——顶部覆盖奶油、杯中飘着樱桃的利口酒。亚历克斯告诉围拢过来看热闹的几个人他不喝。那些加拿大向导不听，他当然要吻一吻这个天使。你怎么能不喝？天哪，这可是你的 21 岁生日。❶ 他们开始来硬的，场面尴尬，但亚历克斯不肯退让。

亚历克斯和曼迪分分合合近 4 年，但亚历克斯声称，这段关系的长度"取决于如何定义约会"。多年以后，曼迪后悔自己当初跟亚历克斯耗了那么久，她说他们的相处模式是，"要么听他的，要么你滚蛋。他根本不会妥协"。

那时候亚历克斯还没出名，他是个什么样的人？我问。"他就是个混蛋，"她说，"只关心攀岩。简直着了魔。你不会像他那样，你爬完之后就回归正常生活，但他生活的一切都围着攀岩转。"

优胜美地国家公园位于内华达山脉，在旧金山正东方向 150 英里处，占地 1 200 平方英里，园区内大部分是荒野，无畏的徒步者可以探访花岗岩穹顶、雪峰和原始的高山湖泊。但每年来公园的 400 万游客中，大部分会忽略荒野之地，直奔优胜美地峡谷，这条攀岩者口中的"大沟"由冰川冲刷而成，长 7 英里，宽 1 英里，位于公园西南角，海拔超过 4 000 英尺。蜂拥而至的游客堵塞这里的环线，炒高酒店房价，挤爆露营地，空气中充斥着旅行房车发动机的轰鸣和儿童的尖叫。

我第一次到大沟朝圣是在 1989 年。当时，我开着一辆本田 CB650 驶出 41 号高速公路的瓦沃那隧道，转入著名观景点"隧道景观"的停车场，第一眼看到峡谷，就被震惊得差点撞车。几秒钟后，我站在一堵石墙上，目瞪口呆地欣赏铺展在眼前的峡谷全景。5 月初的半穹顶依然白雪皑皑，更高处的山地仿佛飘浮在峡谷

---

❶ 21 岁是美国的合法饮酒年龄。

尽头的空中。峡谷两侧数条瀑布飞流直下，但是跟 600 英尺高的"新娘面纱"瀑布相比，它们只是涓涓细流；新娘面纱瀑布挂在一座虎纹岩壁最引人注目之处。峡谷底部郁郁葱葱，树木繁茂。观景台边的山坡上也长满大树，两棵黄松超过其他林木，尤为高大，正好框住眼前的景致。

之后，我的注意力就被吸引到峡谷北侧，瀑布对面一座高耸的巨型岩壁。我没想过实地看酋长岩会有多么震撼。如果不是多年来一直梦想攀爬那面岩壁，我可能只会惊叹它的雄伟，思考在 10 000 多年前的冰期，退缩的冰川如何将它从基岩中雕刻出来。但是很早之前，攀爬酋长岩在我心中就是攀岩者的成人礼，因此这面峭壁似乎在嘲笑我，笑我不自量力。

1934 年，安塞尔·亚当斯[1]就拍出一张"隧道景观"的著名黑白照片，并用作他的经典著作《优胜美地和光之山脉》（*Yosemite and the Range of Light*）的封面。我认真研究过那张照片，直到感觉自己已经熟悉那个地方，已经清楚它的体量，但是现在我意识到，在这个巨峰林立的峡谷面前，没有什么能阻止在我内心升腾起来的那份始料未及的渺小感。我很快就放弃尝试攀登酋长岩，这让我吃惊又尴尬。在峡谷的第一个岩季，我从来没有爬到超出地面一个绳距的高度。

数年后，我对优胜美地早期的历史产生了兴趣。公园管理处在游客中心张贴的故事隐藏了一些令人不快的事实。19 世纪 70 年代，著名博物学家约翰·缪尔倡导建立国家公园，保护优胜美地，

---

[1] 美国摄影师，以拍摄黑白风景作品见长，最著名的作品是优胜美地国家公园系列。

游客酒店和自然步道随之开发。但此前，优胜美地峡谷是美国原住民部落（大部分是米沃克人、派尤特人和莫诺人）的家园，他们称这个地方为"阿赫瓦尼"（意为"张开的嘴"），自称"阿赫瓦尼奇"（"住在张开的嘴里的人"）。1848 年，伐木工人詹姆斯·马歇尔在亚美利加河里发现金片，开启加州的淘金热，数万名追求财富的淘金客闯进内华达山区，与生活在山里的原始部落爆发冲突。当地的麻烦日子就此开始。

到了 1850 年，内华达山脚下的原住民越来越担心白人的不断涌入，为了把白人赶出这片区域，他们开始袭击白人定居地。那年 12 月，一队原住民战士袭击了詹姆斯·萨维奇的一个交易站，杀了 3 名雇员。白人定居者一直在寻找由头对印第安人发动战争，于是趁机向州长请愿。州长批准组织一支志愿军，即马里波萨营，由萨维奇担任总指挥。1851 年 3 月，联邦印第安委员会跟 6 个部落签订协议，规定这些部落要迁到圣华金河谷的一个保留地。阿赫瓦尼奇的酋长泰纳亚没有参加会议。几天之后，萨维奇率领 518 人的军队在一个名叫瓦沃那的村庄里找到泰纳亚。泰纳亚设法说服萨维奇停止继续向北进军，据传北边有更多村子。

1851 年的旧金山是个典型的新兴城市，几乎是在一夜之间变成美国西部最重要的城市之一。淘金热开始后的 3 年间，这座城市的人口从 1 000 人激增到 30 000 人。港口里挤满来自世界各地的货轮。淘金客和他们的马车队源源不断地向东进入内华达山脉，但是除了原住民，这片大陆上仍然没有一个人知道优胜美地峡谷的存在。泰纳亚试图保持这种状态。

萨维奇及其军队受雇于美国政府，目的是拔掉所有阿赫瓦尼奇聚居地。军队通过一座座山的山脚，继续进军，轮流在齐腰深的积雪中开路。3月21日，他们翻上一个山脊，下降到优胜美地峡谷中。

拉斐特·邦内尔医生是志愿军中的一员。1892年，他出版了一本关于这场行动的经典著作《优胜美地的发现和1851年的印第安战争》（*Discovery of the Yosemite and the Indian War of 1851*）。邦内尔在书中描述了看到"令人胆战的岩石酋长"时的感受，他的观看点很可能距"隧道景观"不远：

> 除非亲临这个世界上最漂亮的峡谷，否则你无法想象我的感受。峡谷中薄纱般的轻雾和淹没巨峰顶部的云层令壮丽的景象变得柔和。视觉的模糊反而加深了我的敬畏，看着眼前的景色，一种从未有过的崇高感灌满全身，使我的眼中闪着激动的泪水。

邦内尔沉醉在壮美的景观中，充满遐想地眺望远方，浑然不觉队伍中的其他人已经继续往山谷下降了。萨维奇向他喊道：如果不想被藏在树林中的印第安人杀掉，就别想着那些云彩了。邦内尔在书中重述当时的回答："如果现在要我死，我可以平静地离开这个世界，因为我已经见识过上帝的力量和荣耀：他的鬼斧神工尽显于'岩石证据'中。那种无言的感染力——将人引向酋长岩——彰显上帝的威严，说服力远超世界上最雄辩的白衣牧师。"

书中写到他费尽心思记录阿赫瓦尼奇对峡谷中几乎每座岩壁的称谓，然后毫无愧疚地为它们全部重新命名。谷中最大的岩壁似乎拥有不止一个当地名字。"Tul-tuk-a-nú-la"是一个米沃克词，意为"尺蠖"。这个名字来自酋长岩的诞生故事。传说两只熊崽吃饱浆果后在岩石上睡着了，岩石在它们身下长成一座高耸的悬崖。峡谷中各种动物都尝试爬上岩壁救它们下来，但发现岩壁高不可攀。最后，最不被看好的尺蠖提出帮忙。它一寸一寸地爬上岩壁，救下了两只熊崽。

酋长岩的另一个当地名字是"To-to-kon-oo-lah"，意为"岩石酋长"。邦内尔写道，在他询问泰纳亚这个名字的起源时，酋长把他带到一个可以看到整座岩壁的观景台，"自豪地指出一个男人的完整头脸，脸上留着络腮胡，露出坚毅的英国式表情"。邦内尔将泰纳亚的"Tote-ack-ah-noo-la"翻译为西班牙语，将这座岩壁命名为酋长岩。最重要的是，他还为峡谷取名（从其他士兵处得来）"优胜美地"。这个名字可能来源于米沃克词"yohhe'meti"，根据邦内尔记载，它的意思是"灰熊"。其他部落也用这个词称呼阿赫瓦尼奇，因为他们以猎杀灰熊闻名。邦内尔写道，峡谷中的"熊径几乎像美国西部定居点的牛道那样宽、那样多"。

那年春天，马里波萨营出击 3 次，其中两次针对优胜美地峡谷。在游客中心美国原住民村落模型展示的故事中，士兵们对阿赫瓦尼奇的所作所为被剔除了。显然，公园管理处认为，人们并不想知道美国政府支持的马里波萨营曾烧毁阿赫瓦尼奇的村落，抢劫他们的食物，无情杀害泰纳亚的爱子——然后把尸体摆在这位伟大的酋长面前。"他们至少（在峡谷内）挑起 7 次事端，杀害 24 至 30 名阿赫瓦尼奇，可能更多。"加州大学洛杉矶分校的本杰明·马德利教授著有《一场美国式种族灭绝》（*An American Genocide*）。他说这只是为期 6 个月的军事行动中被害总人数的冰山一角。最后，阿赫瓦尼奇被成功地赶出他们世代居住的家园，被迫迁到弗雷斯诺河边的一块保留地，迎接他们的是饥饿和死亡。而志愿军于 1851 年 7 月 1 日解散，获得了优厚的报酬。

接下来几年，阿赫瓦尼奇幸存者慢慢迁回峡谷，其中包括泰纳亚，他被允许离开保留地。（美国参议院从来没有批准泰纳亚签署的协定。）到1860年，酒店迅速涌现，游客数量开始超过原住民。酒店老板雇用阿赫瓦尼奇和游客合照，但要求他们打扮成平原印第安人的样子，穿流苏鹿皮，戴羽毛头饰，因为这更符合人们对美洲印第安人的刻板印象。

到了20世纪50年代，公园管理处认为阿赫瓦尼奇村庄过于碍眼，于是颁布一条新规定，只有公园管理处的雇员和特许权获得者才能住在公园里。1969年，阿赫瓦尼奇的最后一个聚居地被摧毁了。如今，除了游客中心的村落模型，还有一项计划要在瓦赫霍甲的旧址上重建这个阿赫瓦尼奇原始村落。现在那里陈设了一些叫作umachas的圆锥形树屋。

新千年开始，现代岩石大师登上优胜美地的攀岩舞台，带着对前辈的一丝敬意，他们自称岩猴。跟前辈们一样，岩猴在峡谷的岩壁上开拓新领域，定下一些世界上最重要的自由攀岩长线路，比如"搭便车""心脏"和"量子力学"。他们还认真发扬前辈们引以为傲的野蛮、反叛行为，将其视作峡谷独特的攀岩文化。不去峡谷高耸的岩壁上练习技艺时，岩猴们通常会去惹是生非：在扁带（两棵树之间绷紧的尼龙编织物）上晃来晃去；醉酒后在停车场骑自行车，把车撞得七零八碎；在Camp 4整夜饮酒作乐，大声喧闹；偷偷到游客的野餐桌上搜刮没有吃完的食物，大快朵颐。夜里，岩猴们撤回各自的非法露营地，像黑猩猩待在树荫深处躲避捕食者一样，躲着公园管理员。

大部分岩猴至少有一个绰号，许多都是布赖恩·"盘绳器"·凯起的，布赖恩在一个洞里住了很多年，以至于这个洞如今仍然以"盘绳器洞"之名为人所知。"盘绳器"是岩猴中的诗人，晚上会在营火旁用歌声和演奏为大家带来欢乐。如果他写了一首关于你的歌，内容绝对不会是恭维你。

"滚出停车场，韦先生驾到。你有纸巾吗，因为他有麻烦了。"

"痛饮者麦吉尔现在有个计划，他要去痛饮、痛饮、痛饮，再痛饮，然后去打孔、打孔、打孔，再打孔。"

亚伦·琼斯曾在一个岩季爬了 21 条优胜美地的大岩壁 ❶ 线路。这意味着要在 8 月爬酋长岩，经受连续多天 37 摄氏度以上的高温考验。大部分岩猴这时都转战图奥勒米草地或者躲在河畔的树荫中喝威士忌。琼斯坚持攀爬，直到有一天，他在名为"暴风雨"的线路上差点把自己烤熟。三度烧伤为他赢得了"烧伤脸男孩"的绰号。

迪恩·菲德尔曼，又名"波波鹿"❷，同时享有岩石大师和岩猴两个称号。他从 20 世纪 70 年代以来，一直在用相机记录优胜美地的攀岩，得过摄影奖。他坚持拍摄黑白照片，在峡谷中安塞尔·亚当斯美术馆的暗室冲洗胶卷。他最好的作品之一是"抱石裸女"年历，每月一张美女裸体抱石的照片。（他尝试做过"抱石裸男"年历，里面全是岩猴们的照片，但卖得不好。）

伊沃·尼诺夫来自保加利亚，玩攀岩和定点跳伞，他没有绰号，但也是岩猴中非常重要的一员。伊沃不能离开峡谷，也不能被公园管理员抓到，因为他的旅游签证到期了，属于非法滞留。

---

❶ 攀岩者在攀登大岩壁时需要睡在岩壁上。

❷ 波波鹿（Bullwinkle）是动画片《飞鼠洛基冒险记》（*The Adventures of Rocky and Bullwinkle*）里的主角之一，是一只忠诚又执着的驯鹿。

即使孤身一人，伊沃也从来不用单数指称自己。他不说"我"，而是一直说"岩猴们"。他最喜欢说"岩猴们着了迷"。

对一些岩猴来说，攀岩本身不是目的，而更多是一种麻醉自己的稀奇方式。阿蒙·麦克尼利，绰号"酋长岩海盗"，是攀爬酋长岩最多线路的纪录保持者（61条）。他极爱喝酒，会像挂枪套一样在安全带两侧挂上酒壶，以便在领攀困难的器械攀登线路时喝酒壮胆。一次，在使用绳索独攀"鹰之路"时，他遭遇严重冲坠，失去意识，吊在绳子末端，浑身是血。优胜美地搜救队带着喇叭迅速来到岩壁底部。

"需要救援吗？"他们朝岩壁上方高呼。

喇叭声将麦克尼利从醉意和脑震荡造成的昏迷中叫醒。他直起身，四处看了看，然后喊道："去你的。"声音之大，恐怕远在2英里之外的Camp 4的人都能听到。随后，他沿着绳子继续攀爬。

不过，迄今为止最重要的人物当属查尔斯·塔克三世，大家也叫他"琼戈·查克"。琼戈活跃于20世纪90年代，在岩石大师之后，岩猴之前。那时的峡谷攀岩者自称琼戈一族，以示对精神领袖的崇敬，琼戈象征着攀岩者跟公园管理处——被称为"工具"——之间无休止的斗争。公园内的最长停留期限为30天，因此如果攀岩者想整个攀岩季（约6个月）都待在里面，就要发挥点创意。大多数人只需要躲着管理员、想方设法偷偷露营就行了，但琼戈太奇怪，很难不被人注意到。他穿得像个吉卜赛人，上身套着多层棉质衬衫，裤子宽松肥大，像病号服。他的皮肤粗糙起皱，长而蓬乱的金发夹杂了些灰发，但他仍然英俊，饱经沧桑的脸上嵌着一双明亮的蓝眼睛。他说自己在墨西哥城待过10年，但一点也不记得在那里做过什么。

琼戈不停跟公园管理员玩猫鼠游戏，他比较喜欢的躲避方式是尽量待在酋长岩上。他最爱坐在半空中的吊帐里，一边抽卷烟，一边思考人生哲学。问题是他的体能无法支撑他独自攀爬酋长岩，因此他发明了一项新运动——大岩壁搭便车攀登。他会选择一条线路，把吊帐挂在离地五六英尺的高度，等着攀登队伍的到来。

"嘿，能帮我固定几段绳子吗？"他会问。

然后他会尽可能长时间地跟着队伍，通常用便宜的墨西哥大麻叶作为交换，让他们帮忙固定绳索，直到队伍成员意识到自己真的被一只猴子缠上了。

"这很酷，但是我们要丢下你了，不好意思，老兄。"

琼戈会支起吊帐，抽根烟，像织好网的蜘蛛，等待下一个没有戒心的队伍。通过这种方式，他经常在爬过的岩壁上留下最慢攀爬纪录。

有一次，他没有上岩壁，在咖啡馆里设坛开讲，讲他在酋长岩上被困数天的故事。当时没人上来，线路太陡，无法下降，因此他安顿下来，专注于解决一个令人苦恼的哲学难题。三天后，他终于解开难题，答案非常沉重。

"答案是什么？"我问道，向他靠过去，渴望知道琼戈来之不易的天启。

"我忘了。"他回答。

成为岩猴的必要条件是多嗑药，或者说在醒着的大部分时间都要保持亢奋。毕竟，这是继承初代岩石大师血统的唯一方式。大师们因为在1977年弄到足够享用一辈子的大麻而闻名。那年1月，一架载有6000磅大麻的飞机坠毁在优胜美地深山里的一个湖中，消息很快传到 Camp 4。得知这次坠机事件后，美国禁毒局只转移走一小部分违禁品就遭遇暴风雪，被迫停止行动。岩石大师们走运了，因为禁毒局决定把飞机留在原地，待来年春季再继续转移毒品。包括巴卡尔在内的几名岩石大师在积雪中跋涉十多英里，来到坠机地点，在湖边的树林中搭起一个简易营地。嗜毒如命的攀岩者在湖面上疯狂地砸冰、锯冰，有时为争夺散落的大麻而大打出手，场面一片混乱。巴卡尔在冰面上凿出一个洞，捞出一个 40 磅重、印着大麻叶图案的大包，后来他将这些大麻叶分成 0.25 盎司 ❶ 的小包卖出去，拿着赚来的 8 000 美元买了辆大众 1968 房车。据说近一吨的大麻叶被人从"毒品湖"中挖走后，公园管理员才发现，他们的小秘密早已被加州几乎所有的攀岩者知道了。接下来一两年，带有航空煤油味的大麻叶在 Camp 4 和酋长岩草坪泛滥成灾，在烟卷中烧得又亮又响。

在摧残脑细胞的同时，硬核的岩猴们复仇般地征服峡谷中的岩壁。其中，没有人比"黑暗巫师"迪恩·波特更野蛮。波特更像长臂猿，而不是猴子，他身高一米九五，有着拳击手一样的身材，胸脯宽阔，棕色的头发狂野、散乱，大大的鹰钩鼻高耸着。不攀岩或不在峡谷高耸的峭壁上非法定点跳伞时，他常在酋长岩草坪赤裸上身，光脚在扁带上走来走去。

跟他的运动天赋一样出名的，是他喜怒无常的性情。岩猴们爱他如兄弟，但偶尔仍然会称他"坏脾气波特"。情绪高昂时，波特拥有不可阻挡的力量，他的能量是其他岩猴最好的兴奋剂。情绪低落时，他常去徒手攀岩，排解胸中郁积的怒气和不安。2000

---

❶ 1 盎司约等于 28 克。

年，他成为第二个徒手攀登"宇航员塔"的人，从此出名。几天之后，他配合拍摄团队重新攀爬几个关键绳距。刊登在众多攀岩杂志上的全幅照片，让全世界攀岩者记住了迪恩·波特这个名字。他接着又创造了无数速攀纪录，比如1999年单人连攀半穹顶和酋长岩（部分路段使用绳索），2003年单人视攀巴塔哥尼亚地区菲茨罗伊峰的"加州"线路。2006年，他完成了优胜美地有史以来最难的徒手攀登：5.12d的裂缝线路"天堂"。这次攀登最让人印象深刻——或不安，取决于谈话对象是谁——的是，波特当时红点的最高难度大约是5.13b，只比"天堂"高两个级别。他并不是非常轻盈，肌肉线条和力量体重比也不算惊人。在没有绳子的情况下，拖着180磅的躯体攀爬"天堂"的仰角线路，生死只有一线之隔，这展现出波特甘冒死亡之险完成攀登的决心。这令他最亲密的几个朋友深感担忧。

而这只是攀岩。"黑暗巫师"还将扁带带进极限运动领域，他在峭壁间走扁带，有时甚至在数千英尺的高空中走扁带。他称之为高空扁带。传统走钢丝是手持平衡杆在绷紧的钢缆上行走，走扁带不同，使用的是尼龙编带或绳子，无论拉得多紧，总有伸展性，人踩上去之后会晃来晃去。走扁带的人要像蛇一样摇摆身体，同时举起手臂左右摆动，让重心保持在扁带正上方。有时一时兴起，波特还会不带牛尾❶走高空扁带。

作为颇有成就的定点跳伞者，波特有时会带降落伞徒手攀岩，这项运动完全由他发明，他称之为背伞徒手攀岩。这让他得以把徒手攀岩的难度推到自己的能力极限。2008年，他完成了自己最

---

❶ 牛尾由一根扁带或短绳和铁锁组成，用来把攀登者连接在保护点或保护绳上，以防意外掉下山。

著名的背伞徒手攀岩，攀爬瑞士艾格峰北壁的"深蓝海洋"线路，全长 1 000 英尺，难度为 5.12+。

没有人像波特一样既是速攀者、徒手攀岩者，又是高空走扁带者和翼装定点跳伞者。他游走于全世界，实践他所谓的"艺术"，可能也是认可了巫师这个名号。到 2005 年前后，他已经是世界上最受认可和尊敬的户外运动员之一。他的妻子斯蒂夫·戴维斯也是顶尖攀岩者，二人当时是攀登界的无敌眷侣。得益于巴塔哥尼亚和黑钻等户外装备品牌数额不菲的赞助，他们过着不错的生活，在优胜美地和犹他州的莫阿布都置了家。

2006 年 5 月 7 日，波特沐浴着朝霞开始攀爬砂岩石壁"精致拱门"纤弱的东侧门柱。这座石拱高 46 英尺，是犹他拱门国家公园的镇园之宝，也是该州的名片。波特决定徒手攀登石拱，将之作为"与自然沟通"的途径，也趁机为他的纪录片《空中飞人》收集素材。在他翻过柔软的砂岩上一个倒仰的凸起时，两名摄像师借助绳子吊在他上方拍摄。登顶之后，他穿上预先放在顶上的安全带，绳降回地面。他说那天早上他徒手攀爬石拱共计 6 次。

众所周知，石拱有禁止攀爬的规定，但波特认真研究过规定的措辞后，认为它没有严格禁止徒手攀登石拱。那天下午，波特把素材发给巴塔哥尼亚公司，市场部的一位女士又转发给多家媒体。第二天，《盐湖城论坛报》刊登这则新闻后，指责声迅速而激烈地袭来。

犹他居民非常愤怒，认为有个胆大妄为的人侵犯了他们神圣而脆弱的自然奇迹。攀岩圈更失望；不是因为波特攀爬石拱——攀岩者从来不是守规矩的人，而是因为他们的英雄，一直以来宣称是精神信仰驱动他攀岩的人，竟然如此虚荣，把本来应该保持缄默的事拿来吹嘘。

公园管理处快速介入，修补让波特得以逃避制裁的法规漏洞，并进一步采取行动，起草新规定，禁止走扁带和打入新的固定锚点。受波特影响，在拱门国家公园开辟新线路的机会受到严格限制。经过一个早晨的攀爬，波特对攀岩圈与土地管理部门之间关系的破坏，超过这项运动史上的任何人。

《户外》杂志和准入基金派人到公园检查"精致拱门"，后者是一家非营利组织，以保护攀岩区域的准入权为宗旨。他们用望远镜和长焦镜头记录石拱顶部被磨出的深槽——由绳子在砂岩上来回切割造成。波特称，这些深槽不是他们造成的，但拒绝披露自己如何把绳子固定在石拱顶部。沙漠攀岩者用过一种比较古老的方法，即借助弓箭把一根引线射过顶部。我后来听一个当天在场的朋友说，他们用网球拍将连着引线的球击打过石拱顶部。波特和他的团队并不是最早站上"精致拱门"的人，岩石上的深槽很可能是之前无数次攀爬和下降导致的，但其他人都是悄悄爬，最后只能由他背黑锅。

巴塔哥尼亚是个以保护环境著称的品牌。公司海报上的人竟亵渎了全美国最神圣的地标之一，这让他们大为震惊。起初，他们站在波特一边，但要求他必须道歉。波特在一封写给户外攀岩圈的公开信里表达了自己的歉意。

大约在巴塔哥尼亚发表波特道歉声明的同一时间，我收到他的一封电子邮件，邮件主题是粗体的"我需要帮助！"。我跟波特不算熟，只属于他外围的朋友和合作者。邮件结尾，他请求我给巴塔哥尼亚的CEO凯西·希恩打个电话或写封邮件。波特甚至想好了我该如何替他辩护：

> 我反对针对迪恩·波特攀登"精致拱门"的批评。他的攀
> 爬没有违反法律，也没有损毁岩石。基于不准确的报告和未
> 经证实的主张批评迪恩·波特是不公平的，是诽谤。我尊重迪
> 恩·波特的无痕攀登，并认为这与巴塔哥尼亚极强的环保伦理
> 相符。感谢你支持迪恩·波特。

的确有数百人向巴塔哥尼亚致电或写信为波特辩护，但都没用。事情发生几周后，巴塔哥尼亚终止了与波特和斯蒂夫的合同。此后不久，波特徒手攀登了"天堂"。

锡达·赖特——绰号"脱线先生"❶——深吸一口气，头向后仰，喉咙发出"嗷呜，嗷呜"的声响。他本想模仿猴子的叫声，但听起来更像声音疲惫的老狗。叫声飘荡到上方酋长岩西壁橘色的盾形岩石上。有人正从岩壁上绳降下来，如果那人也是岩猴，就会回应他的呼叫。但上面的人没反应。

"天哪，他就是那个叫亚历克斯的小孩。"亚历克斯出现时，锡达告诉搭档尼克·马蒂诺。锡达吊在"搭便车"第24个绳距的保护站上，马蒂诺在侧方50英尺的位置。这是这对搭档在岩壁上的第三天，他们希望那天晚上登顶。他俩都不认识亚历克斯，但显然知道他。过去两周，岩猴们全都焦躁不安，就像有条大蟒蛇溜进了他们的巢穴，因为一个不知道从哪里来的孩子徒手攀登了

---

❶ 经典动画人物，一个高度近视的富翁老头儿。

优胜美地两条最难爬的线路——"宇航员塔"和"讲台岩"❶，并且是同一天连续爬完的。之前只有一个人——彼得·克罗夫特这么干过，时间要追溯到 20 年前，也就是 1987 年。

克罗夫特当时的成就震惊整个攀登界，颠覆了人们对可能性的认知，就像再往前 10 年，巴卡尔那些最大胆的徒手攀岩一样。2007 年，克罗夫特是优胜美地的常客，受到大家的一致尊崇。他话不多，甚至有些沉默寡言，但脸上经常洋溢着迷人的微笑，并且平易近人。他很少宣扬自己，这在他所在的这个圈子里极其罕见。跟许多其他运动不同的是，野外攀岩没有规范场地，岩壁底部没有观众，也没有记分牌或官方评定的结果。如果攀岩者想要别人知道自己的成就，他或者他的搭档通常就必须告诉某个人。攀岩者称之为"吹"，对于真正优秀的、有赞助或代言合同的攀岩者来说，这基本上是一件必做的恶事。虽然大家没有明说这是不体面的吹嘘，但是每个攀岩者都心知肚明。因此，许多攀岩者都会尽力一面低调行事，一面让别人知道自己完成了多么困难的线路，难点处还很湿滑，而且他们爬这条线时已经非常疲惫，因为之前还爬了其他难爬的线路。

但没人会否认，彼得·克罗夫特是个真正谦逊的硬汉。在同时代其他顶尖攀岩者用自己的英勇事迹换取舒适生活时，克罗夫特依靠平淡的向导工作填补赞助或代言费的缺失。他用这样的方式支撑最简单的生活，和妻子住在小房子中，开一辆掀背车，每天攀岩。

如果那天不是巴卡尔碰巧遇上，可能永远不会有人知道克罗

---

❶ 具体来说，是讲台岩这个花岗岩柱上的常规"北面"线路。

夫特徒手连攀"宇航员塔"和"讲台岩"。据巴卡尔回忆，克罗夫特的手上涂满镁粉，眼神无疑透露出他刚刚从另一个星球返回。巴卡尔了解那种感觉，知道克罗夫特刚刚干了件大事。他问克罗夫特爬了什么。克罗夫特大咬一口三明治，避开问题。但没得到答案巴卡尔决不会放他走，最后克罗夫特终于腼腆地说了出来。

巴卡尔惊呆了。1 000英尺的"宇航员塔"代表徒手攀岩的更高水平，需要攀岩者动用在优胜美地学到的所有技能——从精细的岩面攀登技术到攀爬"哈丁槽"的宽缝技术。著名裂缝线路"哈丁槽"从两英寸张大到一英尺，通过这个槽的动作极不牢靠。1975年，巴卡尔完成了这条线路的首次自由攀登，但他做梦也没想过徒手攀登它。"讲台岩"位于峡谷下方，这条线路稍短、稍简单，可难度依然超出巴卡尔当时可以徒手攀爬的级别。他在巅峰时期考虑过徒手攀登它，只是一直没有足够的胆量和精力。

现在，第一个重复克罗夫特杰作、第三个徒手攀登"宇航员塔"的人，竟是个来自萨克拉门托的无名怪咖。岩猴间流传，他只有3年野外攀岩的经历。从岩馆转战真正的岩壁，在牢房岩场等地迅速完成高难度线路，这样的人并不少，因为线路动作跟室内攀岩相仿。室内攀岩已经流行起来，随着成千上万少年参与这项运动，攀岩的总体水平必然会相应提升。20世纪90年代，只有少数人能爬5.14。10年后，走进任何一座大城市的岩馆，你都可能遇到能爬那个难度的孩子。但是，没有人一来优胜美地，就能立刻精通攀爬"宇航员塔"这类线路所需要的多种裂缝攀登技巧，更别说徒手攀登了。

岩猴们在峡谷里见过这个孩子，少数人还跟他说过话，和他一起爬过，但他的冷淡惹毛过一些人。据传他每天晚上都会沿140

号高速公路开到公园外，把自己的白色福特 E-150 停到一个泊车区，有人给他的车起了个绰号，叫"伪君子房车"。岩猴们以无法无天为荣，他们违法睡在石头下、酋长岩底部的平台上，或者把车开到空着的营地里，睡在车里。但这个叫亚历克斯的少年却老老实实遵守规定。什么样的人会那么做？锡达想知道。

第一次会面就这样偶然发生在酋长岩上，距离地面大约半英里的高度，因为锡达的搭档马蒂诺陷入了困境。他正在领攀通往"圆桌平台"的一段横移，横向距离约 80 英尺。马蒂诺在接近绳距末尾的位置冲坠，吊在水平裂缝系统下方 15 英尺的位置。他想从头爬，用传统攀岩的方式完成线路，但这一段都是横移，没办法下降回到上一个保护站。不过眼下这个名叫亚历克斯·霍诺德的家伙也许可以把绳尾扔给他。亚历克斯照做了，几分钟后，马蒂诺像钟摆一样荡过岩壁，亚历克斯仿佛变成一个提线木偶，被疯狂的木偶操纵者牵动着。

跟高中时一样，亚历克斯没有费心融入这群自称岩猴的怪胎。不久后成为亚历克斯密友的锡达说，亚历克斯认为岩猴的整个做派——吸毒、酗酒、猿吼、夜里围着营火荒唐地唱歌弹奏——很"蠢"。

2007 年，詹姆斯·"桃子"·卢卡斯是把亚历克斯当朋友的少数岩猴之一。他们前一年在斯阔米什认识，一起爬了爬。"他像个局外人，"卢卡斯说，"既不喝酒也不抽烟，认识的人不多，因此也不经常聚会。"

正是卢卡斯在SuperTopo.com上报道了亚历克斯徒手连攀"宇航员塔"和"讲台岩"。SuperTopo 是一个网络论坛，相当于优胜美地攀岩者的脸书。攀登结束 6 天之后，卢卡斯才发帖，在此之前，亚历克斯没有告诉任何人。

上周（我觉得是周三——公园管理处在峡谷内大规模控制燃烧那天），亚历克斯·霍诺德徒手攀登了"宇航员塔"。他走的是"抱石难题"绳距，上半部分选择了11b支线。那天晚些时候，他又徒手攀登了"讲台岩"的常规"北面"线路，第二段选择了5.10支线（11a支线上有一支队伍在爬）。霍诺德还徒手视攀过"管道"（斯阔米什的一条宽缝试样线路），六枪手北峰的"闪电裂缝"，步枪岩场13a的"怪物"。就想让更多人知道亚历克斯。他非常谦虚，所以我觉得我应该为他"吹一吹"。了不起，哥们儿。

"来到峡谷，不跟人厮混、不社交，只攀岩，把它当作一项严肃的运动，这让很多人吃惊。"卢卡斯说，"这么做，你不会花时间'吹'自己的成绩，而是能完成更多攀爬。如果有一本关于如何能爬好的教材，他会是严格按照书本要求去做的模范生。"

这个新来的孩子跟彼得·克罗夫特有些相似。20世纪70年代末，克罗夫特开启第一次公路旅行，从家乡加拿大的不列颠哥伦比亚来到优胜美地，那时，"他就像哈克贝利·芬或丛林男孩一样，"克罗夫特的第一任妻子乔·惠特福德在《攀登》杂志的一篇文章中说道，"他总是穿着破旧的灯芯绒短裤，裤管边缘参差不齐，因为都是他用瑞士军刀改短的。他成天出去独攀，下来之后就一个人待着，晚上直接睡地上，他甚至没有自己的睡袋。"她说丈夫难以跟不熟的人相处。"他喜欢想事，喜欢寻找真理。"

年轻的亚历克斯正在寻找自己的真理。

2008 年 4 月 1 日，攀登圈传言亚历克斯·霍诺德徒手攀登了"月华拱壁"。起初，每个人都认为这是个愚人节玩笑，正常没人会徒手攀登这条线路。"月华拱壁"是一座 1 200 英尺的独立巨岩，坐落在犹他州西南部的锡安国家公园内，顶部垂直头墙❶上唯一的弱点是一条指缝，它像车库墙上的伸缩缝一样，切开橘色的砂岩头墙。在 2008 年，能用绳子爬上"月华拱壁"，并且全程没有冲坠，就已经是一件很值得骄傲的事了。不使用绳子登顶，这种想法简直有点荒唐。

刚开始，《攀登》《岩与冰》《登山家》都没在自己的网站上报道这次攀登，因此大多数人更加确定，这就是个玩笑。到了 4 月 8 日，3 家杂志都刊登了亚历克斯亲口讲述的这次徒手攀登的经过。亚历克斯说他不知道攀爬那天是愚人节。他一直住在房车中，每天攀岩，对日期不太敏感，从来不知道过的是周几，更不用说具体日期了。

"宇航员塔"和"讲台岩"虽然让人印象深刻，但徒手攀登它们还能理解，因为以前有人做过。两条线路都是 5.11c，而亚历克斯那时完攀的最难线路是 5.14b。但"月华拱壁"的难度是 5.12d，按照攀岩者奇怪的风险测算方式，缓冲余地只有 1.5 个数字。当然，以前也有人把安全余地压缩到这么小。波特徒手攀登"天堂"时更激进，但那条线路很短，是条 40 英尺长的单绳距线路。波特待在死亡区域的时间不到两分钟。但"月华拱壁"有一个绳距的难度是 5.11c，还有连续 6 个绳距的难度是 5.12，几乎有 700 英尺。亚历克斯颠覆了人们对徒手攀登极限的认知。

---

❶ 山壁最高处的悬崖。

亚历克斯徒步到岩壁顶部，固定好绳索，花两天时间利用顶绳❶独自练习线路。其中有几段的动作，他想确保完全刻入自己的身体。一个是第5个绳距的岩面攀登，攀岩者要翻越被称为"摇滚拦路虎"的结构。这是块5英尺长3英尺宽的松动石头，攀爬时会晃动几英寸。翻过石头，还要越过一片光板，才能抓住上方很高处一个形似大象耳朵的稳固手点。练习那个动作时，亚历克斯会往下查看，看如果徒手攀登时脚滑，自己能否落到"摇滚拦路虎"上。完全不可能。关键手点太偏右了。如果掉落，他可能撞到"摇滚拦路虎"的侧面，但不可避免会掉到地面上。

他本来计划休息一天后就尝试徒手攀登，但下雨了，潮湿的砂岩无法攀爬，因为支点吸水后会变得极其易碎。在锡安和红石这类砂岩区域，如果你打破禁忌，在岩壁潮湿时去爬，当地攀岩者会极其愤怒，因为你可能破坏一个关键支点，毁掉一条线路。而对亚历克斯来说，后果会更严重。

因此，他把房车停在一个电影院的停车场，独自待着，一连数小时在脑海中演练线路上的每个动作。如何在"摇滚拦路虎"上方使用自己的脚？吊在"月华拱壁"上将自己的命系于指尖，那会多么刺激。他也考虑意外情况，以及滑脚的后果。他没有回避这一现实，反而探索它，深入想象自己以极大速度撞击地面的画面。在脑海中，他盘旋在自己那蜷缩着的、血淋淋的尸体之上。这也是准备工作的一部分。他想现在就思考透彻，上岩壁之后就不必想了；也就是说，把它从系统中删除。这样一来，没什么会让他感到意外。人们从电影院进进出出，但没人注意到坐在房车

---

❶ 指绳子穿过线路顶部的保护站，保护员在线路底部保护，攀岩馆中的攀岩大部分都使用这种方式。

里的亚历克斯。后来，他意识到自己过于沉浸在思索中，甚至忘记是否看了电影。

3月31日晚，他在房车里的科勒曼双头灶上做了顿奶酪意面，然后用笔记本电脑看电视剧《盾牌》。晚上8点，上床睡觉。

第二天清早，他开车进入公园。跟优胜美地一样，6英里长的锡安峡谷里分布着美国境内最大的一些峭壁，包括"族长院"——由"亚伯拉罕""以撒"和"雅各"三座高耸的朱红色纳瓦霍砂岩塔峰连成一串。开车经过时，亚历克斯内心充满敬畏。距离峡谷尽头一英里的位置，有条著名的窄沟"江峡"，亚历克斯把车停在"天使降临"北壁下方的停车带里。维琴河对岸，"月华拱壁"在朝霞中慢慢苏醒。目前为止，亚历克斯还没见到一个人，他也没有告诉任何人自己的打算。他手里拎着攀岩鞋，赤脚蹚过翠绿冰冷的河水，然后沿着小路上到拱壁底部。计划是等到10点线路完全进入背阴面再爬，但他太激动，等不到那一刻。他脱掉多余的衣服，只穿一件棉质T恤，点开音乐。在朋克乐队"坏宗教"的声音透过耳机撞击耳膜时，他抓住第一个支点开始攀登。

一般攀登队伍需要两天时间才能完攀"月华拱壁"，中途要在岩壁上搭起吊帐睡一晚，把所有物资拖上岩壁，并用器械攀登的方式完成大部分路段。亚历克斯则在出发83分钟后到达岩壁顶部，歌单上还有几首歌没播完。

下山时，亚历克斯走了一条通往"天使降临"顶峰的热门山道，沿途超过了几十个观光客。攀岩鞋太紧，不能穿着徒步，因此他把鞋拿在手中。一些人觉得有必要让亚历克斯知道光脚徒步有多傻。亚历克斯只是开心地笑了笑。

2008 年 9 月，徒手攀登"月华拱壁"大约 5 个月后，亚历克斯徒手攀登半穹顶西北壁，接近顶峰时，计划之外的事情发生了。前一瞬间他还是个英雄，半神半人，下一瞬间他就成了吓破胆的 23 岁大男孩，紧贴着令人生畏的宏伟峭壁。他大大低估了这面岩壁。盔甲像幽灵一样消失时，他就像从美梦中惊醒，眼前是一场噩梦。亚历克斯爬进了终极死胡同，卡在世界最著名岩壁上离地大约 2 000 英尺的高度，没有其他人，只能自救。

他知道该怎么做，前几天他带绳子爬过这条线路。这一步很难，吓人地难，也是整条线路上他还没有十足把握的一个关键点。但当时下来后，他认为自己肯定搞错了动作，等徒手爬到那儿时，他会找到更好、更容易的方式完成那一步。前一天，他给挚友克里斯·韦德纳打电话，告诉他自己接下来的计划。

"什么？"韦德纳说，"你疯了？徒手攀登之前你应该把动作练得烂熟于心。"

"我想过这一点。"亚历克斯说，"但还是决定保留一点刺激性。"徒手攀登"月华拱壁"前，亚历克斯做了大量的动作演练。结果，最后的攀爬让他感觉有点"投机取巧"。所以这一次，他不会再上去熟悉难点处的最优动作，而是在徒手爬到那里时搞定它。

但现在直面这一步，他意识到自己把它想得太美好。这处难点无法避开又极不保险，既然没有绳子练习其他通过方式，他基本别无选择，只能使用几天前的攀爬方式，至少他知道那个动作是可行的。他需要把右脚抹在一个小的岩石波纹上，手指抠住两个浅坑，把身体重量推到那个小脚点上。如果脚没有滑脱，他将够到上方的一个大手点。但如果脚滑了呢？后果不堪设想。

他卡住的位置也不舒服。在思考如何把自己从这个精神枷锁中解放出来时，他并不是站在可以休息的平台上。他手指抠住的坑非常浅，无法只用手拉住自己。他的脚踩着两个小沿，大部分身体重量都在脚趾上，脚和小腿肚开始燃烧。这样的脚点踩得越久越不牢靠。鞋底橡胶跟岩石摩擦会产生热量，导致鞋慢慢从支点上滑脱，感觉自己会像电影慢放一样从山上掉下去。

他在两只脚上来回转移重量，同时交替换手休息，不停伸手到背后的粉袋里抓粉，就像一个惊慌的孩子去抓自己的安全毯。亚历克斯需要平静下来。他深吸几口气。你能做到，他告诉自己。但是没用。他知道自己没有信心，正在失控的边缘，在完成那个动作之前，随着时间流逝，情况只会越来越糟。他已经把右脚放在那个烂点上 6 次。站上去，站上去，站上去，他鼓励自己，但仍然止步不前。

如果真的别无选择，他也许已经不管结果做完那个动作。但当时还有另一个选项，就像一个想自杀的人可以从悬崖边走开：他正前方的岩壁上有个闪闪发亮的挂片，上面扣着一把粗壮的铁锁，就在他右手旁几英寸的位置。他可以抓住铁锁，把自己拉上去，跳过那个吓人的动作。一个身长的距离之后，难度就会大大降低。如果使用铁锁，很快就能登顶。

他可以听到顶上游客的交谈声。炎热的仲夏午后，几百英尺之外，数十人正在拍照、拥抱、欢笑、享受生命。他往上看了一眼，观察是否有人在看他。经常有游客鼓起勇气，慢慢走到"跳水板"上，那是一块悬在垂直的西北壁上的巨石，定点跳伞者会用它起跳。谢天谢地，没人看他。亚历克斯深陷地狱，就像他后来在自传中回忆的，至少是深陷他自己的"私人地狱"。

去抓铁锁吧，一个声音在他脑中低喊。不值得冒险。不要把生命葬送在一条该死的攀岩线路上。但是另一个声音同样语气坚定地说，等等，不要放弃。你离历史上最伟大的徒手攀岩只差一个动作。你真的要放弃之前的所有努力吗？

但是潜意识中的某股力量就是无法打开那扇门，不允许他把重量压到右脚上。每次抬脚放到岩壁上的那个细微凸起，他就会僵住。在即将放弃、去抓铁锁的一瞬间，他想到一个主意。他可以用中指和无名指抓点，伸出食指，轻轻挨着铁锁的底部边缘，同时确保一点也不把重量压在铁锁上。这是他的妥协，能在动作失败时提供一线生机。如果脚滑了，他就用食指钩住铁锁，保住珍贵的生命。

他把右脚搭在岩石细纹上，身体重量还在左脚脚趾上，然后深吸一口气。

那扇门打开了。

他把重量转移到右脚脚趾，手指拼尽全力往下拉，并且一直确保不让铁锁受力。脚稳住了没滑，左手抓到一个有槽的大点。通过难点。他冲刺一般爬完通往顶峰的最后一条裂缝，登顶时越过坐在悬崖边缘的20多个人。他有些期待，希望有人高呼："太不可思议了，大家快看，这个疯子刚刚徒手攀登了半穹顶的'常规西北壁'线路。"但是没人说一句话。几英尺外一对情侣正在接吻。女孩很可爱。她完全没有注意到亚历克斯。他像一个隐形人。

赤膊的亚历克斯大口喘着气，看着自己沾满镁粉的手掌和手腕，小臂上血管凸起。他又四处看了看。这是个大晴天，上百名游客散布在顶峰各处，欣赏内华达山脉的壮丽景色，庆祝自己完成了艰苦的10英里徒步，来到如此宏伟的地理构造的顶部。没人注意到他，一个人也没有。

亚历克斯脱下鞋子，挂在粉袋的系带上，朝山体东面沿光板向下的钢缆扶手走去。这时终于有人冲他说话了。

"天哪。"一个游客喊道。亚历克斯满怀希望地向上看。"你在光脚徒步，真是一条硬汉。"

在这次攀登后的几天里，摄影师、制片人的电子邮件和电话向他狂轰滥炸，他们想拍摄他攀爬那条线路的英姿。同样的事在他徒手攀登完"月华拱壁"之后发生过。他对他们说："谢谢，但是不了。"几个月的大量攀爬导致他肘部的肌腱炎加重，他只想待在母亲家里，吃点甜食，一口气看完《盾牌》剩下的部分。

但在2009年初，他的想法改变了。也许，他认为回去重现这些攀登是有意义的。人们称它们是历史上最勇敢的徒手攀登，但如果只是在自己的《圣经》里留下一些注记，没有其他记录，那将是一种遗憾。他的朋友切林·赛尔布是位来自科罗拉多博尔德的摄影师，表达过对拍摄攀登"月华拱壁"的兴趣；亚历克斯之前也跟由攀岩者转为制片人的彼得·莫蒂默聊过。亚历克斯给他们打电话，说自己改变了主意。

拍摄前一晚，他们在锡安国家公园的门户小镇斯普林代尔吃比萨。坐在一起整理拍摄物资时，莫蒂默开始浑身颤抖，仿佛刚见到一个鬼魂。他脑中闪现出一幅画面——坐在对面的这个大眼睛男孩从"月华拱壁"自由坠落。莫蒂默是一位获奖电影制作人，是登山类影片最好的制作人之一，但除此之外，他也是经验丰富的攀岩者。他爬过这条线路，完全知道它有多难，又有多少不确定性。身在博尔德，拍摄计划听起来很棒，但现在一切真正发生在眼前时，他变得犹疑。

晚饭过后，亚历克斯回到自己的房车。莫蒂默、他的助手吉姆·艾克曼，以及赛尔布回到酒店。

"各位，"那天晚上稍晚的时候，莫蒂默坐在床沿上说，"我对我们正在做的事有些疑虑。"

"我也是。"赛尔布说。

他们互相谈论了一会儿。毕竟什么都还没发生。

那天晚上，大家都没睡好。莫蒂默在床上翻来覆去，想象如果亚历克斯掉下悬崖，会在各个层面产生怎样的影响。相比于职业生涯的断送，相比于人们会指责他怂恿——甚或是轻微强迫——亚历克斯为了拍摄再次徒手攀登，他更难以忍受的，是想到亚历克斯死亡的画面。"我跟他没那么熟，"莫蒂默说，"但我喜欢他，觉得跟他很亲近。他是我见过的最与众不同的人之一，因为他非常率真、坦诚，毫不矫揉造作，从不说废话。你知道跟你聊天的就是真实的亚历克斯。"盘旋在他内心的核心问题是，亚历克斯是否为了错误的目的做这件事。他们来到锡安是为了再现历史上最大胆的攀登。除了自我宣传，还能如何看待这件事？我在其中的责任是什么？莫蒂默感到疑惑。

"嘿，各位，还好吗？"第二天早上一起吃早餐时，亚历克斯用他低沉的男中音随口一问，仿佛他们正集合去一处观景台欣赏壮丽的岩石，整个场景对莫蒂默来说有点不真实。但他故作镇定，表现出一份并不存在的自信。

"很好，走，开干吧。"

两个小时后，亚历克斯站在一个距离地面 800 英尺、跟台阶一样宽的平台上。赛尔布和莫蒂默吊在附近，各自取景拍摄。他们全都是从"月华拱壁"背后的山路徒步到顶，然后绳降下来的。亚历克斯没打算为拍摄重复整个攀登，他只徒手攀登最后 4 个绳距，其中包含最具视觉冲击力、最惊心动魄的动作。他解下安全带，扣在绳子末端，抬头大声让赛尔布把安全带拉离镜头的拍摄范围。时间是早上 8 点，温度仍然只有 10 摄氏度多一点，一阵微风让体感温度更低。亚历克斯穿着浅灰色长裤和红色 T 恤，T 恤里套一件蓝色速干长袖。除了脚上的攀岩鞋，他唯一的装备是一个用尼龙扁带系在腰上的紫色粉袋。粉袋侧面的弹性束带内是一支灰柄的牙刷，用于刷去支点上多余的镁粉。

从岩壁往下看，他们能够看到下方三组器械攀登的队伍。两组正从底部起步，一组刚从离地面几个绳距的吊帐中醒来。莫蒂默回忆说，亚历克斯看着下面慢吞吞的队伍，似乎说了句："这场狗屁摆拍就是作秀。我应该再徒手攀爬一遍整条线路，吓一吓这些人，让他们知道什么是真正的攀登。"

但是他口中的这场表演开始了，亚历克斯把手指卡进上方将整个头墙一分为二的完美裂缝中。裂缝两边是光滑的砂岩岩壁，几乎没有凹凸。唯一能用的就是裂缝本身。亚历克斯拇指朝下把手指埋入其中，扭转胳膊和手腕，让手指卡牢，然后把脚尖也塞进裂缝。在他下一次伸手插入裂缝并卡牢的过程中，性命就寄托在一只手的指尖上。裂缝有些位置只有半英寸宽，只够他把食指和中指指尖塞进去。大部分时间他能把 4 个手指塞进裂缝。当裂缝变成豌豆荚形状，由上到下逐渐收窄时，他会拇指朝上把手指卡进裂缝。这种涨手❶主要靠小指承重。他喜欢这种"小指锁缝"，

---

❶ 即上述将手指塞入裂缝，通过握拳、拱起指节等方式卡牢承重的攀岩技巧。

因为不需要像拇指朝下的涨手那样扭转手臂，两次涨手的间距就可以拉大到近乎整个臂展。

透过相机取景器，莫蒂默为自己捕捉到的素材感到震惊。这部电影会让他们都声名大噪。但亚历克斯正在做的事简直不像人类能做的，让人本能地觉得违反了一些自然法则。莫蒂默感到不适。

就像一种回应，亚历克斯吊在垂直岩壁上的细小裂缝中，抬头看向岩壁上方的两位摄影师。

"这样酷吗？"他问，"你们希望我大口喘气，显得害怕或很费力吗？"

第二部分

职业攀登者的世界

第五章　积累里程

绳子在刀刃般的山脊上摇摆，画出一个巨大的笑脸。在我右方 100 英尺处，连接在绳子一端的，是另外一个亚历克斯（那是 1999 年，我还不认识亚历克斯·霍诺德），世界知名登山家亚历克斯·洛，他正在纤细的花岗岩尖峰之间伸展手脚。洛用四肢对抗粗糙的岩石，制造出刚好合适的摩擦力，让自己能够在岩石上稳住不掉。他之前一直在快速移动，但现在似乎被一个难点困住了，其难度超过我们在这座近 6 000 英尺的岩壁上爬过的任何一处。

几分钟前，洛通过了一个我认为他会放置保护点的位置，这个保护点将极大地减小他现在冲坠的危险。他为什么不放保护点？我很困惑。他没看到可以放保护点的缝吗？如果他是我的另一个搭档贾里德·奥格登，我会喊"嘿，在那儿放个保护吧"，但我没有说话，因为我和洛不是太熟，我害怕他会认为我在命令他。当然，也极有可能是他故意让这个绳距更危险，因为不停下来放保护会爬得更快。我以为攀爬变得困难时，他会想办法固定绳子，但他一直没设置保护点；他和我们的保护点之间的橙黄色绳子松垮地垂着，中间没有连接任何保护点。

贾里德两腿分开，骑在我旁边的狭窄山脊上，用保护器拽着洛的绳子。他瞪大眼睛看着我，表情说明一切：洛有点太过了。眼前的山脊就像剑龙的后背，一个个岩石尖峰就像它脊梁上的角。山脊两侧的岩壁近乎垂直。这个夏天的大部分时间，我们都在爬我左侧的岩壁。它向下延伸一英里多，直通冰川。现在，我看不到下面的冰川，因为翻滚的云层像火山喷发的烟雾，正在淹没山体的下半部分。周围的山顶一个接一个地隐没在云雾中。我想知道，暴风雨还有多久会降临到我们头上。

20 260 英尺高的大川口塔西峰顶就在洛上方 75 英尺的位置，至今没被人触摸过。我现在离这个梦想半生的地方只有一步之遥。第一次在韦尔斯利公共图书馆看到这座雄伟尖塔，它就深深扎根在我的脑海中。但是随着云层聚拢，我只惦记着我们留在下方几百英尺处一个小岩架上的背包，里面装着睡袋、食物和一个炉子。我们甚至没随身带瓶水或者一件羽绒外套。如果我们在天黑之前，或者暴风雪来临之前没能回到岩架，可能会被冻死。

我强迫自己不去计算洛一旦掉落会掉多远，也不去想如果他掉到山脊另一侧，锋利的岩脊会不会割断绳子，或者他要是在这么高的位置受伤，无法移动，我们如何把他弄下山。他可是亚历克斯·洛，马克。我告诉自己，他怎么可能在这里失误。但是我紧张得左侧胸腔快要痉挛。因为我知道，洛在这条线路上已经有过 3 次大的冲坠，曾在第 13 个绳距上被落石砸得昏迷不醒，并且就在前一天他还很不舒服，甚至不确定能否和我们一起冲顶。尽管备受吹捧，但洛仍然是人，就像我和贾里德一样。如果他爬得太高，身体又突然失灵，很可能在坠落时把我们也拽下山去。

总体上我们轮流开路，但每个人都想爬线路上比较好的路段。我和贾里德追求陡峭路段上完美的裂缝和夹角，它们既能提供较强的暴露感和刺激性，也有足够多放置保护点的位置，至少可以让攀爬相对安全。洛则偏爱困难、恐怖的路段，它们具有极高的风险，就像他现在正在奋力攀爬的这一段。

我和贾里德称他是我们的"秘密武器"，而在攀登圈，大家称他为"变种人"。1995 年，他在北美最高峰迪纳利山上获得这个绰号。当时洛正在 14 000 英尺高的营地跟队友马克·特怀特、斯科特·巴克斯闲聊，突然听说 3 名西班牙人被困在"西梁"线路上较高的位置，快被冻死了。几个小时后，受公园管理处委托，他们 3 个人搭乘军用"奇努克"直升机升空，降落在顶峰下方海拔 19 500 英尺的位置。他们找到那几个西班牙人时，发现一个已经滑坠，一个被冻得不省人事，一个仍然可以活动。特怀特和巴克斯带那个自己能走的人先回直升机，留洛陪另一个伤员等着。但洛一向没有耐心，他把伤员连到自己的安全带上，向上拖回直升机。积雪太深时，他就把那个西班牙人扛到肩上，继续攀爬陡峭路段。不能动的攀登者加上他结冰的装备，比洛还要重。

洛天生一副做此类超人事迹的体型。他上身呈倒三角形，手臂粗壮，肩膀宽厚，胸腔往下慢慢变窄，腰腹紧致。手掌宽大，手上满布伤痕，有攀登者手上常见的老茧和伤口，这是手掌塞进粗糙裂缝造成的。如果他选择骑自行车而不是登山，他那宽阔胸腔包裹的肺足以让他在环法自行车赛中取得优异成绩。1993 年，俄罗斯登山联盟邀请他参加一个"敢死队"风格的登山比赛，赛场在中亚 23 000 英尺的汗腾格里峰。参赛者有许多是俄罗斯一流的登山家。洛不仅赢得比赛，还比之前的纪录提前了 4 个多小时——这项纪录一直保持到现在。

1999 年 3 月，我们出发前往川口塔的几个月前，洛登上《户外》杂志封面。封面上，他双脚大开，站在南极洲一座未登尖塔上，下巴棱角分明，棕色的浓眉下一双蓝眼睛闪烁着坚毅的目光；标题写着"世界上最好的攀登者"。他对这个名号嗤之以鼻，并在大约同一时间说了句广为传颂的话："世界上最好的攀登者是那些最会享受攀登乐趣的攀登者。"他对攀登的激情和热爱颇具感染力——前提是你能跟上他。他多少会按自己的标准要求搭档，如果你不能在凌晨 4 点起床，喝下一壶黑咖啡，然后在早餐前做 400 个引体向上，那么跟他一起攀登会有些可怕。

洛不会回头，他右手右腿发力把自己从岩壁上推开，将自己从耶稣受难的姿势中解放出来，倒向左侧的石尖。他的身体在稀薄的空气中摆荡，就在重力无情拉拽他时，他的右手拍到一个水晶般的球状点。同时，他把右腿甩到石尖背面。洛开始下坠，但他用力勾紧右脚脚后跟，站直，控制住身体。

这处刃脊上几乎没有可踩、可抓的支点，他开始舞蹈般地做出一系列复杂、精细的对抗动作：一手抓边缘，一手拍在刃脊另一侧，用指尖摸索细小的褶皱或边缘。脚尖抹在微微凹陷或凸起的地方，对抗手臂的拉力。钩在刃脊上的牢固挂脚让他可以往几英尺高的地方再出一次手。他想方设法让身体的每一寸肌肤——小腿、屁股、小臂——作用于岩壁。洛拥有猿类的直觉，这种攀登者口中的"身体语言"让他能更放松地抓牢小点，节省珍贵的能量。在任何条件下，这几个动作都可以被列为我见过的最令人震惊的攀登之一。在 20 000 英尺的高度、冬天般寒冷的天气下，经历数周的艰苦攀登后，我见证了一出杰作。现在他离容易的地形只有不到一个身长的距离，我松了一口气。但就在他即将庄严演奏完最后一串音符时，一根弦断了。

从石尖顶部流下一缕积雪融水，打湿了刃脊的最后几英尺。洛伸手不停摸索，但湿滑的岩壁上摸不到一个支点。他快速低头看了一眼，只看到下方 20 英尺处有块突出的石头。一旦掉落他会撞到它，却不会因此止住下落。他会弹起来，飞到山脊背面。"我要倒攀。"他高声呼喊，颤抖着从刃脊上挪下来，几乎是绝望、失控地夺路而逃，没了他通常向上攀登时的严谨细致。世界上最好的攀登者崩溃了。

贾里德架起一条腿抵住面前的岩石，以备拉住马上可能出现的冲坠，此刻洛左手抓住一个高尔夫球大小的石英晶体，正扭头看向右后方，估测他与另一个石尖的距离。"我要掉了。"他喊道，然后像武术大师回旋踢一样向后甩右腿。身体打开时，地心引力开始发挥作用，他的右腿只接触到空气。他一瞬间面朝外，身体离开岩壁，看着我们。然后身体腾空，掉了下去。

爬大川口塔 6 个月之前，在旧金山米申区一个由仓库改建的公司总部大堂里，我跟在明德学院念书时的好友约翰·克利马科见面，回顾了我们还是攀岩菜鸟时的少数成功和无数失败。我们的相识源于我颜色鲜亮的攀登绳——我出于炫耀摆在寝室门口——吸引了他的注意。克利马科远比我经验丰富，他开始带我攀岩，教我攀冰和登山。

见面几周前，克利马科打电话告诉我，他刚刚得到一份梦寐以求的工作，为互联网初创企业 Quokka 建网站，Quokka 希望成为运动界的彭博，提供运动相关的资讯。克利马科正在组织自己的登山队，由 Quokka 资助，前往攀登喀喇昆仑山脉加舒尔布鲁木一号峰北壁，此前还没人从这条线路登顶这座 8 000 米的山峰。他说 Quokka 财力雄厚，正在寻找其他可以在网站上更新的远征活动。"或许你可以组织一场自己想要的远征？"他告诉我。

当时我刚结婚，正期待第一个孩子的出生。我和妻子住在新罕布什尔北部森林中偏僻的泥路旁。那里当时还没覆盖宽带，我还在用 56k 的调制解调器上网。挂掉电话后，我打开浏览器，花了 20 分钟才打开 Quokka 的主页。全屏背景图上有许多跳转按钮和图标。是个让人摸不着头脑的网站，更别提它多次让我的电脑死机了。

克利马科把我带到一间玻璃墙的会议室，天花板上纵横交错的管道裸露在外。他将我介绍给他的老板布赖恩·特克尔森。特克尔森之前数年一直在制作以人际互动为主题的真人秀，正认真考虑做另一种类型的真人秀。我当时没意识到，他来是评估我作为这档节目主角的可能性。他没告诉我他的真实想法，只向我解释说，Quokka 的目标是借助互联网，用一种全新的方式报道运动。Quokka 会让观看者坐进驾驶舱，让他们感觉身处纳斯卡大赛的赛车内，或者登上了不间断环球航行的帆船，而不是打开电视，被动接受制作人展示给他们的内容。

特克尔森说，他们会把我们送到旧金山测量我们的最大摄氧量和体脂率。在攀登大川口塔的过程中，我们要穿戴监测心率和血氧饱和度的仪器。这些数据，以及他们能想到的其他元素将构成网站上的点击对象。他滔滔不绝地讲出一些我闻所未闻的概念，比如"生理参数""数字媒体资产""实时数据",我只能不停地点头。他要我们用照片、视频记录攀爬过程,晚上回吊帐用微型电脑编写"短讯",再将所有内容传输给大本营的技术人员,由他们编辑好,通过卫星信号上传万维网。我们将以"近乎实时"的方式,展示攀爬世界上最陡峭岩壁之一的感受。最重要的是,Quokka 将为这次攀登买单,并且付给攀登队伍一笔可观的薪酬。

20 世纪 90 年代末的旧金山是个浮躁的城市,是互联网泡沫的中心。克利马科读完法学院之后加入到这场浪潮,Quokka 给了他一部分股权,可以在公司上市后变现。许多互联网公司都有上市套现的想法,但 Quokka 也传递出一种信号,那就是这股互联网风潮将极大地改变攀登者的参与方式和认知,不仅在于其看待同伴的方式,还在于对待这项运动本身的态度。

90 年代中期,繁荣起来的不只是信息技术行业。1996 年,北面成为世界上最大的户外服饰和装备公司。该品牌于 1966 年 10 月 26 日由道格和苏茜·汤姆金斯创立。不到两年,汤姆金斯夫妇便以 5 万美元的价格卖掉公司。后来公司几经转手,1994 年被一个投资机构以 6 200 万美元的价格收购。包装北面上市的重任落到新任 CEO 比尔·西蒙肩上。通常情况下,服装公司为了宣传营销,会雇模特去某个风景优美的地方拍些照片。西蒙的想法不同,他将公司市场营销的大部分预算用来招募十几个世界顶尖的攀岩者、登山者和极限滑雪者,其中包括亚历克斯·洛。1990 年攀登 K2[1]

---

❶ 即乔戈里峰,世界第二高峰,海拔 8 611 米。

北山脊的澳大利亚移民格雷格·蔡尔德得到一份一年 7.5 万美元的合同，此外还有奖金和分红。"人生中第一次，我有了真正的工资，而我的工作内容可以总结为拼命攀爬，去世界各地首攀。"格雷格说。

北面让职业攀登成了一项收入可观的事业，让这群"运动员"（当时户外领域用来称呼这群生活并不体面的人的新词）过上了体面的生活。队伍组建完毕后，西蒙马上派遣"梦之队"——洛、格雷格、康拉德·安克尔和琳恩·希尔等人——前往吉尔吉斯斯坦的阿克苏❶攀登，那儿被认为是高山版的优胜美地峡谷，随队的还有户外摄影师克里斯·诺布尔。

梦之队登上新闻头条时，我还过着更传统的攀岩者生活——非法住在优胜美地国家公园的山洞中。我和琼戈一族保持着松散的联系，他们是岩石大师时代和岩猴时代之间的过渡。不攀岩的时候，我们会聚到优胜美地熟食店外，在一个破烂不堪的野餐桌旁边喝威士忌边聊八卦。1995 年秋末，我们几个人围着一本书页打卷的《攀登》杂志，纷纷为自己没能成为杂志上光鲜的模特表示沮丧。

"怎么才能像这样轻松发财？"一个朋友问，他翻到了北面梦之队和他们最近远征阿克苏的报道。

"不知道。"我回答。我没有工作，手中 24 盎司的英式容器是用那天早上卖废品的钱买的。我的一天从吃游客剩下的"木屋早餐"——一些炒蛋和吐司片——开始。

---

❶ 吉尔吉斯斯坦境内帕米尔－阿赖山脉中的一处峡谷，有众多河流及山峰。

如果那天不是一位同伴够胆站起来高呼他也值得被赞助，北面运动队可能还只是一个白日梦。沃伦·霍林格是"自助宗师"托尼·罗宾斯的信徒，也是我认识的人中最有魅力和毫不谦虚的自我推销者。他身高一米九，有一头浓密的棕色鬈发，脸色红润有雀斑，口才很好，能力超群。他不是天生神力的攀岩者，但通过攀爬酋长岩上一些最危险的线路为自己赢得了名声。

沃伦的人生目标是训练自己，直到可以看着周围的人，像20世纪80年代末何塞·坎塞科 ❶ 那样骄傲地说："此时此刻，我是世界上最优秀的。"一旦他觉得自己达到顶峰，他就计划退出攀岩圈，卖掉装备，开启下一项事业——环球航行。我坐在洞里谋划去哪里找下一批24个饮料罐——回收中心一天最多收这个数，沃伦则在跟梦之队创建人之一的康拉德·安克尔通话，向他兜售我们即将进行的巴芬岛极地太阳塔峰攀登计划，想说服北面支持我们。

安克尔是世界上少数到过巴芬岛东岸的人之一。1992年，他和乔恩·特克划皮划艇进入遥远的山姆福特峡湾，在前去首攀附近一座塔峰的途中，经过了5 000英尺高的极地太阳塔峰北壁。因此安克尔向我们抛来橄榄枝。北面不会给我们现金，但会赞助我们高端的戈尔特斯 ❷ 冲锋衣和一些攀岩装备。多亏了沃伦，我现在一只脚踏进了户外领域最大赞助商的大门。

巴芬岛位于加拿大北部，在哈得孙湾以北，格陵兰岛以西。全岛面积50万平方公里，岛上分布着湖泊、平原、冰川、峡湾、U形山谷和高耸的花岗岩岩壁。虽然20世纪30年代就有攀登者

---

❶ 古巴裔前美国职业棒球大联盟球员。

❷ Gore-tex，一种防水透气面料。

造访巴芬岛，70 年代初出现了认真的攀登活动，但这片土地巨大的攀登潜力一直未被开发，直到 1995 年，探险家兼摄影师尤金·费舍尔在《美国高山杂志》中写道："世界上第五大岛的东岸分布着 26 个峡湾，长度在 18 到 70 英里不等，这些峡湾中有地球上最高的一些垂直岩壁，甚至高过托尔峰和阿斯加德峰❶著名的峰壁。优胜美地如果放到这片陡峭的海岸，只能算个小弟。"

我第一次读到这些文字，是在优胜美地的木屋餐厅，跟沃伦和其他几个攀岩者在一起。这篇文章豪言，一个峡湾里就有 5 个酋长岩和 2 个大川口塔，并且基本没人爬过。我和我那些邋遢的朋友认为，这肯定是一种夸张，但我给费舍尔打了个电话，他向我详细解释了测算这些岩壁高度的三角测量法。

杰夫·查普曼和我从小玩到大，曾经跟我一起穿帆布鞋、用晾衣绳攀爬"教堂平台"，最后也喜欢上攀岩，我们大学时代经常搭档。所以我和沃伦把他拉进远征队伍。出发前几个月，我交到好运，我的斯巴鲁在一个路面结冰的停车场被撞了一下，但还能开，因此我没有用保险赔偿金去修车，而是用来支付了远征花销中我的份额。1996 年 5 月初，我们的因纽特工具供应商开着雪地拖拉机，用木质雪橇把我们拖在后面，送到极地太阳塔峰北壁下方的冰冻海面。

我们原本计划用 30 天登顶，但两周过去后，我们还在跟岩壁底部的一个巨大仰角做斗争，所以被迫开始限定每天的食物配额。每天最重要的一餐——晚饭——是三人分一包立顿面条汤。

6 月 16 日，我父母按约定开车到缅因波特兰机场接我。那时

---

❶ 均为巴芬岛东南部著名高山。

没有卫星电话，我没法跟外界沟通，他们不知道我还在一座大岩壁顶峰下方2 000英尺的位置，我们的食物即将耗光，峡湾里的冰也开始融化。如果离开之前，冰面破裂成散开的冰块，我们将被困在峡湾中多等6周，直到冰块融化，因纽特人才能驾船来接我们。

两周后，7月2日，我们终于登顶，打算回大本营后用无线电呼叫因纽特朋友。不过，就在我们步履蹒跚地走进大本营时，听到了雪地拖拉机发出的闷响，这些机器在软冰覆盖的海冰上费力行驶。因为冰面随时可能破裂，而他们又没有收到消息，所以只得开车进峡湾来查看我们的情况。

回到家后，我跟父亲一起去打高尔夫。在北极圈内生活70天后，青草显得更绿，蟋蟀的叫声也变得悦耳，甚至天空都比记忆中更蓝。父亲挥杆后，我发誓我看到了球在空中的飞行轨迹。我没嗑药，但整个人飘飘似仙。经过一阵反思，我意识到这种奇怪的感受源于活在"当下"，之前我只在攀岩或滑粉雪时才有这种体验。在北极圈的一座大岩壁上"活在当下"39天后，我发现我在高尔夫球道上行走或者盯着窗外随微风摇摆的桦树也能进入"当下"。我知道自己找到了人生使命和生活的意义——去寻找和攀登世界上的各大岩壁，无论它们在哪里。这种体验坚定了我的决心。

我们将自己在极地太阳塔峰上的攀岩线路命名为"伟大而秘密的表演"，这是克莱夫·巴克一部恐怖小说的名字，在岩壁上时我们都读了这本书。当时世界上最长的大岩壁线路是约翰·米登多夫和克萨韦尔·邦加德在大川口塔东壁开辟的"伟大的航行"，全长4 400英尺。登顶极地太阳塔峰时，高度计显示5 000英尺。线路起步点的海拔大约是250英尺，所以岩壁的高度约为4 750英尺。

但我们不想说爬了世界上最高的大岩壁，因此把线路标为 4 300 英尺。（两年后，我们乘"双水獭"飞机飞越顶峰，高度计再次显示 5 000 英尺。）我们赢得了《攀登》杂志的金岩钉奖，"伟大而秘密的表演"被提名为 1996 年最佳攀登之一。我选出攀爬过程中拍得最好的照片发给北面，还写了 10 页针对冲锋衣和裤子的"测评报告"。我的目的很明确：给安克尔超出他预期的东西。我想要进行的远征费用高昂，因此必须努力进入梦之队。

我关注贾里德·奥格登的攀登有些年了。他最近在冬季极限运动会上击败亚历克斯·洛等好手，赢得攀冰比赛冠军。他在两年前攀登无名塔北壁（川口塔群峰中稍小但更有视觉冲击力的岩壁），在我的心目中跃升为传奇攀登者。在杂志中，他的照片经常跟亚历克斯·洛的放在一起。

我们在新罕布什尔北康韦的一个咖啡馆里碰面。"嘿，哥们儿，"贾里德说，"谢谢你提议带我去附近爬。"他身高一米八，左耳戴个很小的银圈。蓬松的金发和频繁使用"哥们儿"的说话方式，让我想到加州的冲浪者。我曾听别人说他很狂傲，但见面后发觉他很随和，喜欢自嘲。我开着被撞出凹陷的斯巴鲁带他去山里，他边跟我聊攀岩，边在仪表板上敲鼓点。"带我去你们这里最难的线路。"到停车场后，他淡淡地说。

据我所知，弗兰肯斯坦悬崖最难的线路是一个垂直冰壁，高 200 英尺，宽 6 英尺，像一支绿色铅笔，名叫"垂落线"。不久前我第一次领攀这条线，那简直就是一场为立志变成攀冰硬汉的人准备的成人礼。

"这就是了。"顺着铁轨走了一阵后，我指着一片桦树林上方挂在暗棕色峭壁上的一条冰壁，骄傲地说。

贾里德打量了一会儿，然后看着我，用听上去有点傲慢的语调说："还有更难的吗？"

"你说真的？"我回答。

"我不想在这种线路上浪费时间。"贾里德说。好吧，我想，我现在有点明白为什么有人说他自大。

我们沿着铁道继续往下走到一个名叫"空中花园"的地方，40英尺高的仰角岩壁上满是亮晶晶的冰挂。

"哥们儿，"贾里德说，"这才是我想要的冰壁。"

几个冰挂已经碰到地面，有人开辟出了"合理""不合理""爪挂"等线路。贾里德把它们全部爬了一遍当作热身，然后走到岩壁中央，那里有三个间距很大的冰挂，且都悬空没有触到地面。弗兰肯斯坦标准线路的下降线路正好在这面岩壁之下，虽然我在这里爬过许多次，也爬过贾里德刚才用来热身的线路，但我从没留意过他现在观察的这个区域。没有人留意过。在新罕布什尔，攀冰者谈论一条线路是否"冻好"，是看线路上是否有足够多的冰让人可以安全攀爬。但我发现，贾里德对于"冻好"的定义跟我们有点不同。"帮我做一下保护，"他说，"我要先锋这个。"

悬空冰挂的大小几乎刚刚能够支撑他的体重，他不能用镐尖敲击，否则冰挂会断掉。因此他轻柔地点了几下，在透明的冰帘上戳出一个洞来。但如果踢冰，即使更轻柔，冰挂也会断，于是他来回转动冰爪的前齿，制造出小坑，小心翼翼地踩在上面。某些路段没有办法用脚，他就只用手臂挂在冰镐上，一个引体接着一个引体往上爬，就像大猩猩从一棵树荡到另一棵树。为了保护自己不掉到地面上，他在岩缝中放置机械塞，在被冰覆盖的裂缝里敲入几颗岩钉。在他翻到顶上时，冰瀑下面已经聚集了一小群围观者，他们爆发出诚挚的赞叹。凭借在新罕布什尔的首攀，贾里德把我们的定级系统提高了整整一个难度。

消息迅速传开，这在攀登圈很常见。那天我们被罗丝安·布朗邀请到一家印度餐厅吃晚饭。罗丝安在当地的 Polartec❶ 市场营销部工作，这家公司为北面的外套和睡袋生产抓绒和填充物。到场的还有她的搭档兰迪·拉克利夫、一位那天也在空中花园现场的朋友，此外还有两位特殊嘉宾——亚历克斯·洛和格雷格·蔡尔德，他们正好因为参加攀冰节来到这个小镇。这是我第一次见到这些传奇人物。能和两位我心目中的攀登英雄同桌共饮啤酒，我感到兴奋不已，但极力让自己表现得淡定。格雷格马上就变成整桌人的开心果。他机智敏锐，善于创造性地使用语言，讲起笑话来绘声绘色，让我大开眼界。罗丝安似乎尤其喜欢他，甚至说了句："格雷格，你身上有种东西令我着迷。"

"谢谢你，罗丝安，"贾里德说，"我终于想出我那条新线路的名字了——你身上有种东西令我着迷。"

洛也跟着笑，但我能感觉到他心不在焉。散场之前，我们商量好第二天早上带洛去空中花园，他希望成为第二个完成贾里德线路的人。他确实完成了，但试了好几把。当然这很正常，因为冰柱被敲掉很多，没有剩下太多可以挥镐踢冰的部分，但被公认为世界上最好的攀登者之一的亚历克斯·洛还是只能勉强完攀贾里德的线路。

---

❶ 知名户外面料品牌。

在贾里德离开新罕布什尔时，我意识到自己从他那里学到一些彻底改变我攀登方式的东西。技术方面，他并非遥不可及，但是他的攀登处在顶尖水平，而我不是。为什么？我跟他待了几天，目睹了他如此强大的真正原因：他在攀登中投入的心力。和他一起爬，我痛苦地认识到，我没有竭尽全力，甚至差得很远。西班牙攀登者有个说法可以用来描述贾里德的攀登方式——a muerte，向死而攀。这并不是说你要玩命地爬，而是说你要摒弃杂念，顽强而坚定地完成线路。

当然你只能在自己做好十足准备时执行这一策略，你本能地了解自己的极限，确切知道不能跨越的边界，否则你可能真会把自己拼死。贾里德让我认识到，自己是时候改变攀登策略了，并且我也已经准备好。我要做的就是拼尽全力攀爬。

爬大线路的时候到了。

4个月后，我跟贾里德一起前往巴基斯坦攀登希普顿塔峰，这座塔峰坐落在川口塔群峰冰川上方几英里的位置。队伍包括我们两个人和厨师卡里姆。我们雇了9个背夫，徒步50英里，把装备运到大本营。塔峰下面是一条散布着碎石的冰川，来到冰川边缘郁郁葱葱的草地上时，卡里姆听说我们即将在岩壁上奋斗6周，请求先回村子，等我们下来时他再进山。我们给了他一些钱，他便离开了。

几周后，我们在高山营地被一场暴风雪困在帐篷中数天。我们肩并肩躺在各自的睡垫上，中间放一台随身听，每人一只耳机，听着贾里德磁带上的歌曲。需要做决定时，我会发表一个意见，然后预期贾里德会像以前沃伦那样反驳我，但他从不这样。一次也没有。在贾里德身上，我看到了真正的志同道合，我们组成了一个远远强于各个成员之和的团队。

两年前，格雷格·蔡尔德和另外三人摘走希普顿塔峰的首攀，但他们实际没能站上 19 700 英尺的顶峰。他们在离顶峰大约 50 英尺的位置下撤，因为担心盖在顶峰上的雪蘑菇会在攀爬时坍塌。贾里德和我遇到的雪况更好，夜间，我们轮流保护，爬上了尖尖的顶峰，金字塔顶般的雪尖如此之小，我甚至不敢站上去。

梦之队的门正在向我敞开。康拉德把我和贾里德介绍进"B组"。后来格雷格和洛邀请我们一起参与《国家地理》赞助的项目——1998 年夏天远征巴芬岛。我们的任务是找到巴芬岛最大的未登岩壁，攀登它，回来时要带着格雷格为杂志写的一篇文章，以及一部为《国家地理》制作的影片。

巴芬岛的攀登充满戏剧性，故事主要发生在格雷格和洛之间。作为队伍的新人，我保持中立。格雷格和洛都找我抱怨，某种意义上，这让我有点受宠若惊。"那些摄影师像蛾子见到蜡烛一样围着洛转。"格雷格在某次抱怨时说。

在巴芬岛的大航海峰高处，我们躲在一处小岩顶下方的吊帐中，熬过 6 天的暴风雪。天气放晴后，因为近一周没有动弹，我和贾里德僵硬扭曲地沿固定路绳上升，继续向上推进线路。阳光透过云层照下来，像一块发光的白色毯子铺在山谷上，我们挂在白色的静力绳❶上，就像蜘蛛吊在蛛丝上。那天，10 岁小孩用傻瓜相机都能拍出获奖照片，所以贾里德朝下喊，邀请队伍的摄影

---

❶ 指延展性较小的绳索，不耐冲击，在攀岩中常用作主降绳索。与之相反，动力绳有较大的延展性，耐冲击力，常用作攀岩保护。

师戈登·韦尔茨爬上来拍摄。

"感谢提议，"戈登从吊帐里探出脑袋说，"但我已经计划好拍一张洛刷牙的照片。"我不记得贾里德具体说了什么，但肯定是关于戈登该把镜头对准哪里。

我们的厨师吴拉姆·拉苏尔告诉格雷格，川口这个名字可能来源于巴尔蒂语❶的tengo，意为"头油瓶"。川口和邓戈冰川之间的山脊上耸立着两个瓶子。偏北的叫作无名塔，是一座外形完美的花岗岩尖塔，通往顶峰的每面岩壁都是高达 3 000 英尺的垂直岩壁。它的邻居大川口塔是世界上最大的裸露花岗岩之一，通往顶峰的路上错综复杂地分布着冲沟、悬挂的冰川和陡峭的岩面。东壁 5 000 英尺的石柱在 1984 年被挪威人首攀。当时，四人队伍到了岩壁高处，发现没有充足的食物，因此其中两人下撤。5 天之后，他们看到同伴到达岩壁顶部，登顶东峰。但在下撤时，意外发生，两人消失。他们的尸体在岩壁底部被发现，后来又被雪崩掩埋。

川口群峰虽然雄伟，但跟往北 40 英里、巴基斯坦与中国交界处 8 000 米级的巨峰相比，只是小丘。珠穆朗玛峰是世界最高峰，是喜马拉雅山脉皇冠上的珍珠，但任何严肃的登山者都不会认为它是世界终极山峰。这项荣誉一直属于世界第二高峰 K2（乔戈里峰），也被称作"野蛮巨峰"。K2 这个丝毫没有想象力的名字来源于 19 世纪中期的印度勘察运动，勘察队从克什米尔的赫拉穆克山上看到 6 个最高的点，就标注为 K1 到 K6。K 代表喀喇昆仑(karakoram)，这是个突厥名字，意为覆盖在这片区域众多干枯冰

<hr>

❶ 生活在巴基斯坦北部地区巴尔蒂斯坦的巴尔蒂人所操的语言。

川上的黑色石头。截至 2016 年，只有大约 300 人登顶乔戈里峰，而登顶珠峰的人数已达 5 000。就算是乔戈里峰最简单的登顶线路——阿布鲁奇山脊，其陡峭程度和攀登的技术难度也远超珠峰的标准南坳线路。乔戈里峰的顶峰是世界上最危险、最令人捉摸不透、最难以触及的地方。每四人登顶，就有一人死亡。

从地图上看，长 300 英里、东西走向的喀喇昆仑像是喜马拉雅在西北方向的延伸，但实际上它是一片独立山脉，与喜马拉雅隔着一片 50 英里宽的平原，这片平原被印度河一分为二。两条山脉都由印度板块和亚欧板块碰撞形成，但喀喇昆仑山脉的形成时间更晚，拔高速度也更快，导致这片区域的山峰冰川更多，岩石更密。

这片区域的中央，民间称为"第三极"，覆盖着巨大的冰盖，是南北极地之外最大的淡水储存地。构成第三极的其中一条冰川是锡亚琴冰川，它在印巴争议区的中央地带延伸 40 英里，自 20世纪 80 年代中期，印巴两国都想控制这片土地，因而冲突不断。数百支队伍驻扎在争议区边界上的高海拔营地，修筑了坚固的防御工事。但每年死于喀喇昆仑恶劣天气的士兵人数超过战斗死亡人数。

喀喇昆仑的居民也远远少于喜马拉雅。这里的地理条件不适合耕种和放牧。一旦离开主要城镇，就没有巴尔蒂村庄，没有木屋或茶室，没有任何人造设施——只有粗粝的高山、冰川、寒冰和岩石。

过去 4 年，我和贾里德攀登所有大线路的尝试都取得了成功。从大航海峰回来后，北面把我们提升到"A 组"。现在，我们能从

"公司"领到一笔可观的薪水，为一些其他的小赞助商代言、替《攀登》杂志写文章，做分享也能获得一些收入，我因为成了一名"职业"攀登者而过上了不错的生活。我"卖身"了，但作为一名"脏包"❶，在科罗拉多敲了几年岩钉后，我深深爱上了这份新工作。我没有老板，可以自由支配时间，能够全职攀登。

从巴芬岛回来后不久，我申请了1998年秋季攀登大川口塔西北壁的登山许可，这条线路尚未被攀登。贾里德和我讨论过邀请格雷格和洛，但认为只有我们两个人的话会更有趣。前一年在希普顿塔峰上，我们已经磨合成融洽的双人队伍，并且我们担心巴芬岛旅途中的那类消极事件会破坏队伍氛围。我负责申请许可，于是在攀登领队那一栏填上了自己的名字。

我为这次攀登向北面申请12 000美元的赞助费。这是我作为A组队员的第一份赞助申请，我们本以为获得这笔钱是板上钉钉的事，所以北面拒绝时，我惊呆了。

"你觉得邀请洛加入如何？"一天我问贾里德。毫无疑问，"变种人"进入队伍将极大地改善我们拉赞助的局面。贾里德表示同意，不然这趟旅程明显不能成行。

我给洛打电话，他毫不犹豫地同意了。"我一直想去爬川口塔。"他说。有了洛的加入，我们重新向北面提出赞助申请。这次得到的回答是一声响亮干脆的"好"。接着就是克利马科打电话告诉我Quokka的事。

1999年6月22日，我们到达大本营，随行的还有148名巴尔

---

❶ 攀登者将放弃工作、居无定所、把所有时间精力都投注于攀岩登山的人称为"脏包"（dirtbag）。

蒂背夫，他们帮我们运输接近 5 吨重的食物和装备。队伍包含两名摄像师——迈克·格雷伯和他的助理吉米·苏雷特，两人受雇于 NBC 运动频道，负责制作关于此次攀登的纪录片，这是由北面赞助、斯廷主持的新探险系列节目之一。Quokka 的团队包括现场制片人格雷格·托马斯和英国卫星技术人员达伦·布里托。巴基斯坦随行人员包括一名军队联络官、一名厨师和一名高海拔背夫。

我们的营地建在川口冰川东缘一块侧碛石的背后。旁边是一个冰川融水湖，湖边是青草地，时值 6 月下旬，草地上点缀着粉色、黄色的小野花，充满田园气息。营地四周耸立着高高的花岗岩岩壁，这让我们觉得自己就像宏大、严酷宇宙中的小小尘埃。在周围所有岩壁中，最令人心惊胆战的就是我们即将攀爬的川口塔西北壁。

岩壁的下半部分差不多跟酋长岩一样高，是一片经流水打磨的规整光板，没有裂缝。我们用一组高倍望远镜观察了几个小时，看不到丝毫明显的弱点。很快我们就意识到，这片光板也是落石的保龄球球道，只要上方各个方向被暴风雪抽打的岩壁上有落石，都会掉到这片光板上。

到达大本营后不久，我在深夜被一声巨响惊醒，就像附近有架波音 747 起飞。几秒钟后，一阵飓风般的劲风拍扁我的帐篷，把我脸朝下死死压在睡垫上。我知道这是一场雪崩，待在原地可能会被活埋。因此我拼命从抖动的尼龙帐篷中爬了出来。到外面后，我看到亮着灯的 Quokka 通信帐已经飞到空中，布里托像骑魔毯一样骑着它。在飞离地面大约 5 英尺时，里面的灯熄灭了，随后传来尖叫声。我不知道是谁在叫，但不管是谁，他一定觉得自己要死了。呼啸的风中夹杂着雪粒，让我从头到脚裹上一层雪壳。

我看不清任何东西，也无处躲藏，只能爬回自己的帐篷，像胎儿一样蜷缩着躺在地上。一分钟后，整个营地突然变得异常安静。雪崩冲击物——从悬挂的冰川上剥落的大小如电视机、电冰箱、汽车的冰块——在离营地 500 码的位置停下。川口塔跟我们打了声招呼。

我们的攀登从一开始就非常不顺利。贾里德到达伊斯兰堡 ❶ 不久后染上传染病，率先倒下。格雷格·托马斯在进山过程中被贾里德传染；到达大本营的第二天，洛醒来后发现自己嗓子疼。不过，到达大本营时，贾里德的身体已经恢复。可能除了贾里德，我们没有人能完全适应高海拔，贾里德出发前在科罗拉多爬了几座 14 000 英尺高的山峰。没有适应加上嗓子疼让洛备受折磨，接下来几天，风寒更是进入他的胸部，恶化成令人痛苦的支气管炎。

一天早上我走进炊事帐，发现洛像往常一样坐在椅子上搅拌着一碗燕麦片，他充满血丝的眼睛下面鼓着黑黑的眼袋，脸色像尸体一样苍白。"我感觉要死了。"他带着鼻音说。对任何生病的人来说，这都是一句正常的抱怨，但对洛而言不是。他极其坚强，不会轻易承认自己虚弱。这是我第一次听见他坦白自己身体状况不好。

贾里德和我出发上山，去攀爬线路的前几个绳距，留洛在大本营养病，我知道这对洛来说一定很痛苦。我们计划以太空舱的方式攀爬这座岩壁，也就是说我们会固定好路绳，然后在一天结束的时候用路绳下降。第二天我们会借助上升器和绳梯沿路绳爬

---

❶ 巴基斯坦首都。

到前一天的最高点，这种上升方法被称为"推上升器"。在最高点，我们会拿出更多绳子，往更高处领攀，边爬边在身后固定更多路绳。往返于地面和最高点的线路逐渐变得很长，这时我们就设立一个新营地，把下面的绳子拆掉拿上来，重复之前的过程。

在光板上固定绳索的第四天，我们回到大本营后发现洛不见了。托马斯说他决定下撤到巴尔托洛冰川上一个名为"帕尤"的营地，尝试在更低的海拔尽快恢复身体。那天晚上，我和贾里德在通信帐小酌威士忌。通信帐布置得像美国中央情报局的监听站，一组围成马蹄形的桌子上摆满笔记本电脑、调制解调器和电池，电线像蜘蛛网一样铺满地面。托马斯打开笔记本电脑，通过帐篷外沙地里直径 3 英尺的圆形接收器接入卫星信号。好长一段时间后，我们头顶那座巨型花岗岩岩壁的照片慢慢出现在眼前，照片上方有一行文字。

"营地的氛围很差。"亚历克斯·洛。

我一时语塞，抬头看贾里德，他皱着眉头朝我耸耸肩膀。托马斯和布里托假装疑惑地看着我们，但是他们对此显然心知肚明。我第一次——通过一个网站——获悉我们的队伍氛围很差。现在，这个网站在全世界的数千粉丝也都知道这一点了。

洛离开之前写了一篇短讯，Quokka 选取其中的一段发表在网站上：

> ……目前的计划是独自离开几天，远离越来越浓重的、残忍的"懒鬼滚远点"氛围（真的如此，也可能是我想象的），恢复身体。一群好朋友和性情相投的攀登搭档在"帕尤"营地……我要去那里待两天。

我开始认为，洛倾向于把自己的感受投射到别人身上。他感觉到的"懒鬼氛围"肯定来源于自身。我和贾里德十分理解他不在攀登状态，并不是缺乏胆量和热情。但同时，他可能收到了一些更微妙的信号。在洛缺席的情况下，吉米·苏雷特跟我们爬了很长时间。他本身就是传奇攀登者，也住在新罕布什尔，离我不远，是我的好兄弟。我和贾里德私下谈论过，如果洛无法康复，是否可能用吉米代替洛。我们的谈话是在远离营地的位置进行的，并严格限制在我们两个之间，但是现在我怀疑洛可能听到一些风声。

三天后他回来了，恢复到以前生龙活虎的状态，兴致勃勃地跟我们一起到岩壁上攻克线路。没人提那篇短讯，我暂时安慰自己，那只不过是洛因为不能参与开始阶段的攀登而表现出的沮丧。终于回到岩壁，他像疯子一样攀爬，冲刺般飙上自己的绳距，证明即使状态差，他仍然是队伍中最强的人。

某天结束攀爬后沿绳子下降时，我安装下降器卡壳了。我穿着长裤和浅蓝色长袖高领套头衫，头盔下塞着遮挡脖子的方巾，鼻子被镁粉染得发白。洛站在我旁边，对比强烈，因为他只穿了化纤拳击短裤，没穿上衣，没戴头盔。我在用"机械抓结"为下降做备份，将之固定在保护器上方的绳子上，如果我被落石砸到，或因其他原因失去控制，它会锁住绳子，防止我摔死。装好它需要多花点时间，但这显然超出了洛愿意等待的限度，他抓住我保护器下方的绳子，说了句"一会儿见"，就下去了。洛就像我少年时从"教堂平台"上学蝙蝠侠下降一样，只用双手从绳子上滑了下去。

"他到底在干什么？"刚从上面降下来的贾里德说。

在 80°的岩壁上滑了几个身长后，洛似乎没法再继续挂在绳子上，他伸出一只脚踩在一个小点上，松开一部分绳子在胳膊上绕了几圈。回营地追上他时，我发现他的胳膊被勒出了红印。格雷伯问他怎么回事，他咕哝了几句，我没听清。

几天后，在准备带上岩壁的装备时，我对洛发表了一句十分寻常的评论。

他用冰冷的眼神瞪着我说："我一点都不在乎你怎么想，马克。"

行吧。

我们走到营地外面，躲开无处不在的摄像机。我坐在一块石头上，抬头看着站在身边的洛。"你太武断专横了，"他说，"一直想把注意力吸引到自己身上。我不理解你为什么这么把攀登领队的头衔当回事。"

接下来三个小时，我们讨论了队伍里的人际关系。我们的沟通一直很不顺畅，了解彼此的感受都是通过浏览网站上的内容。我和洛在巴芬岛相处得很好，那时我扮演的是辅助者的角色，但作为攀登领队，我会顶撞这位攀登界的老资格，挑战他的统治地位。"我严重怀疑自己是否想要继续此次攀登。"他说。

此刻，我看着高耸的岩壁，知道队伍已经不再团结，梦想中的攀登突然失去意义。从青少年时期，我就一直幻想着攀爬川口塔，但现在我只想回家。

"我读了你写给劳伦 ❶ 的邮件中关于我的一些内容。"洛说。

"你看了我的邮件？"我厉声质问。

---

❶ 作者的妻子。

"我读自己邮件的时候，屏幕上弹出了邮件提醒。"

"如果那伤到了你，我表示抱歉，洛，但是你不应该看我的邮件，"我告诉他，"如果我看你写给珍妮❶的邮件，我敢肯定里面也有让我不开心的内容。"

"是的，你说得对。"

"哪怕不爬这条线路，"我说，"我也希望离开时我们还是朋友。"

"我也是。"洛说。

我们认为拯救这次远征的唯一方法是从大川口塔撤下来，至少暂时撤下来，先去爬无名塔。不带摄影团队，不拍摄，不写短讯，就我们三个人，攀登一座山，不受其他因素干扰，不让Quokka影响我们。我和洛达成一致，握手言和，看着他的眼睛时，我想我看到了一抹友善。

回到营地后，我们在炊事帐开会，跟队伍里的其他人分享接下来的计划。摄像机打开，我们三个人坐在桌子另一端的塑料椅中，洛第一个开口。

"我和马克有些问题，"他说，"我们发现自己遇到了前所未有的考验，它激发出我们最好的一面，但更要命的是，也暴露出我们性格中最糟糕的部分。"

"队伍的氛围不太好，这样很难完攀这座岩壁，"我补充说，"完全不可能。"

我们告诉格雷伯和托马斯，要暂停大川口塔的攀登直播，离开公众视线几天，修复队友之间的关系。他们表示支持，但也提醒，我们已经花费别人 5 万美元，并且有数千人在通过网站追踪

---

❶ 亚历克斯·洛的妻子。

我们的进展。托马斯一直跟我吹牛，说 Quokka 上市之后他的人生将发生巨大改变。我敢肯定，他在考虑这场盛大表演搞砸的可能性时，看见了股票从眼前飞走。

会议结束后，我们沿固定路绳向上爬，去取攀登无名塔的装备。爬到距离地面 1 500 英尺的最高点时，我看到洛在平台上等着。他已经解开绳子，站在 10 英尺以外。突然他大步朝我走来，我感到心跳加速。然而他张开手臂，给了我一个大大的拥抱。我们两个都有些哽咽，为对彼此造成的伤害而道歉。

那天晚上我写的短讯结尾如下：

……非常诡异，因为我觉得我们的友谊变得比以前更加牢固。有时，不打不相识，患难见真情。我想你们以后不会再听到我和洛不和的消息了。

到今天我仍然疑惑，Quokka 的老板特克尔森在那出闹剧中扮演了什么角色。我们的远征仅仅开始一周，就发展成为现实版的真人秀《幸存者》。"在《幸存者》中，人们对着你说一套，对着摄像机说另一套，"多年后特克尔森说，"川口塔的情况一模一样，只是更加直白、真实。"

第二天早上，天色昏暗阴沉，我们决定推迟一天再去攀登无名塔。托马斯在格雷伯的帮助下过来游说我们，喝到第三杯咖啡的时候，我们放弃了爬无名塔的计划。

绳子终于固定到光板顶部，是时候尝试冲顶了。每个人都期待爬上头墙，到那里以后就不必太担心烦人的落石了。事实上，洛前一天沿绳子上升时就被落石砸到头部，昏了过去。幸运的是，这一次他戴着头盔。

头墙高出当前的最高点 3 000 英尺，不知道要用多长时间才能爬上去，我们估计了一番，然后着手打包 20 天的物资。我们把物资全部摊在地上，仅食物就铺满了边长 6 英尺的方形蓝色防水布。清单如下：

60 根士力架和火星巧克力棒

120 根能量棒

25 磅自制蒙大拿牛肉干

50 磅混合干果

30 磅麦片

4 加仑 ❶ 牛奶粉

8 加仑佳得乐运动饮料粉

60 份冻干晚餐

两大包木瓜干和菠萝干

数十包汤料

数十包巧克力粉

10 磅毕兹咖啡粉

另一张更大的防水布上堆放着其他东西：几十个气罐、一个吊炉、杯子、碗、备用衣物、睡袋、急救包、头灯，以及更新网页用的通信设备，包括微型电脑、存储卡、电池、充电线和一根

---

❶ 1 加仑约等于 3.8 升。

大天线。我们把所有东西按照上山后的使用顺序，有条理地装进6个防水拖包中。把6头"猪"拖上酋长岩大小的光板后，我们身心俱疲，瘫倒在头墙底部的平台上，好在整个攀爬中最耗力的部分总算结束了。

在头墙上磕了几天后，一天晚上，洛发现电脑开不了机。"谢天谢地，"我说，"现在我们不必再敲短讯了。"那个电脑承载了我对 Quokka 的所有恨意，我做梦都想用锤子砸碎它。

"好像是不通电了，"洛说，"我知道达伦可以修，我想明天一早下去，找他修一下。"

"真的吗，洛？"贾里德说，"这是在浪费时间，我同意马克，就当这是个惊喜。我们可以用对讲机说短讯。"

"不试一下我不甘心。"洛坚定地说，我知道这意味着讨论结束。第二天早上，不顾我们的恳求，他沿着固定路绳下山了。路绳留着，原本是方便格雷伯和苏雷特拍摄我们。洛在大本营待了24小时，第二天带着达伦修好的电脑上来跟我们会合。Quokka 的每个人都把洛视作大英雄，但贾里德和我感觉遭到了背叛。这是我们中第一次有人破坏少数服从多数的规则，这个规则是我们解决争议的办法。

洛现在将电脑视为个人财产，把它跟急救包一起放在他的收纳袋里，如果我想用它写个短讯或者查看邮件，就得征求他的同意。一天晚上，我们坐在帐篷外看日落，洛把无线调制解调器对准大本营方向，开始同步邮件。"嘿，有我的邮件吗？"电脑坏掉之前，我给劳伦和克利马科写了邮件，一直盼着他们回信。洛紧紧盯着电脑，没有做出任何回应，看也不看我一眼。我试着越过他的肩膀看电脑，但他一直转方向不让我看屏幕。不过我看到他的脸色变差，呼吸变重，紧咬牙关。我记得自己当时在想，他又在看我的邮件吗？洛继续忽视我，所以我回到自己的帐篷。天气很好，我们各自找到了休息的平台。我慢慢进入梦乡，醒来时发现洛站在旁边低头看着我，紧握拳头，浑身颤抖。

"你给克利马科写了什么？"他质问道。

"什么？我不明白你在说什么。"我回道。

"我说，你给克利马科写了什么？"

"你看我的邮件了？"我问。

"是。"他回答。

"搞什么？哥们儿。"

"我感觉你在背后说我坏话，我猜对了，"他说，"你对他说我什么了？"

"我告诉了他事实，洛，"我回答说，"我试着赢得你的友谊，但是我越努力，你越疏远我。你对贾里德很好，但无视我的存在。我告诉他我们之间的裂隙越来越大，我告诉他我非常不开心，不想继续留在这里。"

洛一言不发，转身离开，直到第二天我才看到克利马科的邮件。非常尖刻。邮件里说洛极端自我。他写道，洛"可能是世界上最伟大的攀登者，但同时也是世界上最爱出风头的人"，以及，"记住，马克，这次攀登是你的梦想，不是他的"。如今，我和克利马科都弄丢了当时往来的邮件，但是他记得我没有怪罪洛，他说我发给他的邮件，核心是我很痛苦，打算放弃那次攀登。克利马科说他之所以那么攻击洛，是想激发我的斗志，劝我不要放弃。他十分肯定，一旦我退出队伍，就会毁掉我刚刚成为职业攀登者的大好前途。

第二天早上起床时，我本以为攀登会结束，但洛拿起自己的背包，开始沿路绳往上爬。他没有跟我说话，我怀疑他知不知道，尽管我们之间积累了很多怨恨，我仍然敬佩他。他让我想起自己的父亲，得到他的认可和得到我父亲的认可一样难。但洛认可我时摆出的那副"表情"——扬起一边眉毛，露出灿烂的笑容——非常打动人。

天空下起鹅毛般的大片雪花时，洛正在攀爬一个细如发丝的裂缝，推进我们的最高点。在下方200英尺的位置，贾里德一边给洛做保护，一边拖拽拖包。我则替贾里德解下拖包。不久，洛消失在迷雾中，我们被一阵暴风雪吞噬。泡沫横飞的瀑布从我周围的岩壁上奔流而下。头顶上方的裂缝里很快渗出一股细流，并在10分钟内变作冰雨。我挂在两个挂片上，无处可躲，终于可以逃走时，雨水已经顺着领口，浸湿全身，灌满靴子。为贾里德解下最后一个拖包时，我浑身发抖，濒于失温。"我要离开这里。"我一边装下降器，一边顶风高声呼喊。线路有仰角和横移，因此我不能直接降到下一个保护站，而是吊在V形绳子的底点，绳子一端连接着我右上方20英尺处的保护站。为了够到保护站，我需要用上升器往上爬，但绳子已经冻上厚厚一层雾凇，上升器的倒齿无法咬住绳子。我太冷了，不确定手被冻僵之前还能坚持多久。唯一的办法就是用刀刃小心地刮掉紧绷的绳子上的冰壳。爬进睡袋时，我不由自主地颤抖不已，但仍然能听见洛用锤子击打岩钉发出的叮叮声，他还在向上推进线路。真是变种人……

接下来几天，暴风雪像疾病一样困住我们。但是，跟吊帐里我和洛之间令人窒息的气氛相比，外面的乌云也显得很和善。我尝试用善意的举动赢回他的友谊。在他看完他的书后，我提出把我的书撕成两半分给他看。"我不看。"他说。我试着跟他聊聊他的家人。"就那样"是他通常的回应。最终我放弃了。我们三个人一起住在餐桌大小的空间内，但我和洛几天没说一句话，甚至没有相互看一眼。

被瀑布淋透撒下来时，我的靴子湿透了，所以我把它们留在帐篷外。几天后，它们仍然待在那一堆碎石中间，外面覆着一层冰雪，冻得硬邦邦。置一件关键装备于不顾不是我的作风。在那之前，我每天睡觉都会把靴子放在睡袋底部。我不知道我的两位搭档是否捕捉到我传递的信息：我放弃了。

我花了几个小时才鼓起勇气说出自己的想法，数天来，这想法像坏掉的唱片一样，在我大脑中断断续续地播放。我憎恨Quokka，以及它所代表的一切——偷窥、摆拍和吹捧。最重要的是，我恨它分裂我们的队伍。在旧金山的时候，一切听起来非常美妙，但是我把绑着这么多提线去攀爬想得过于简单。是时候结束这场木偶秀了。

"嘿，两位，"我终于开口，"我不想爬了，我想回家。"

"我也是。"洛毫不迟疑地说。

就在我们准备呼叫大本营，说我们要下撤时，帐篷的门帘有一瞬间停止抖动。"你们听到声音了吗？"我问。连续数天困在帐篷中经常会出现幻听，我以为那是我的想象。随后传来一个清楚的声音。洛拉开帐篷拉链，我们看到大约100英尺外站着一个身穿蓝色运动服、头戴老式橘色头盔的人。一支俄罗斯队伍也在尝试这面岩壁，但我们早出发两周，因此从没想过会在岩壁上碰见他们。

我们挥手打招呼，随后与这位41岁的俄罗斯传奇登山家亚历山大·奥金佐夫握手相见。我们坐在"暴风雪"中自怨自艾时，俄罗斯人爬完了岩壁的下半部分，用时不到我们的一半。那天天气阴冷，狂风大作，我永远不会忘记奥金佐夫竟然评论说天气不错。"哈哈，真幽默。"我回答，他惊讶地看着我，饱经风霜的脸上充满不解。

奥金佐夫穿的不是安全带，而是伐木工人用的工具带，跟我在科罗拉多做装修工时用的一样。皮革袋囊中装着自制的钛质岩钉，而非标准岩钉。他注意到我非常专注地打量着他携带关键装备的不寻常方式，于是伸进袋囊拿出一些岩钉。他知道每个钉子背后的故事，甚至为每个钉子起了绰号。"这个是我自己做的，"他拿着一截奇形怪状的金属，用带着俄罗斯口音的英语说道，"我给它起的名字是'花魁'。"最令人震惊的是，他就把这些钉子散乱地放在工具包里。如果冲坠，即使伐木工皮带没有拉断，一部分，甚至所有岩钉也会倒出来落下山。

"你冲坠了怎么办？"我问。

"那就不要冲坠。"他面无表情地回答。

他们队伍的其他人很快上来了：尤里·科舍连科、伊戈尔·波坦金和伊万·萨莫伊连科。"嗨，马克，"萨莫伊连科一边微笑着跟我打招呼，一边热情地握住我的手，"你是对的，这岩壁确实漂亮！"几个月前，我在盐湖城的户外用品展上碰见萨莫伊连科，聊了聊攀登计划。他掏出一幅川口塔东壁的图片时，我也掏出一张小心保管的照片，照片上就是我们现在重新相会的这面岩壁。我现在意识到自己当时的举动多么不明智了。

奥金佐夫讲了他们的"项目"——在世界上最大的 10 座大岩壁上开辟俄罗斯人的新线路。大川口塔位列第五。1995 年，洛

在阿克苏见过奥金佐夫，那是项目开始的第一年，他们都在 4810
峰 ❶ 上开辟了新线路。奥金佐夫 1996 年又在阿克苏峰 ❷ 西壁开辟
了一条新线，然后在 1997 年爬了挪威的特弗根峰。1998 年，他
和他的队伍在印度的巴吉拉蒂三号峰北壁上，开辟了一条超前的
新线路。

那天晚上，我们在吊帐外的一块平地上围坐成一圈，边聊天
边传递一个小酒杯，俄罗斯人不停地往酒杯里添烈酒。气氛温暖
而愉快，就像一伙老朋友坐在熟悉的酒吧里讲故事。我坐在科舍
连科旁边，他把酒杯传给我时，会把手搭在我的肩上，看着我的
眼睛。我不记得他说了什么，但是他的热情和友善，就像漫长而
阴冷的暴风雪后的第一缕阳光。我看着圆圈对面的洛和贾里德，
他们两个都在笑，在这个海拔高度，一点点烈酒就能带给人欢乐。

此后再没有人提下撤的计划。

接下来几天，我们跟俄罗斯人挨着一起爬，他们的裂缝系统
正好跟我们的平行。白天我们在岩壁上并肩攀爬，夜里就回到营
地喝酒聊天。"我们并作一支大队伍如何？"一天晚上，洛用疤痕
累累的手端着酒杯说道。

"好主意。"奥金佐夫说。

但是我和贾里德没那么确定。当时俄罗斯人的攀登是苏联时
代延续下来的军事化风格，登山跟田径、体操一样，属于政府资
助项目。因此，队伍的每个成员都有特定的工作。只有奥金佐夫
和科舍连科领攀，其他人提供支持。作为 7 人队伍的一部分，我
和贾里德认为，我们将被派去做装包、做饭、搭建营地这类工作，

---

❶ 帕米尔－阿赖山脉的一座山峰，海拔 4 810 米。
❷ 同为帕米尔－阿赖山脉中的一座山峰。

所以我们反对这项提议。理论上，这是一次民主投票，我们三个人的投票结果是二对一，但是所有的俄罗斯人和洛都支持这项提议，因此也可以算成五比二。这是我们跟俄罗斯人相处最尴尬的时刻。

7月24日，我们沿着头墙上固定好的绳子往上爬。在平台上苦熬11天后，开启最后一个阶段的攀登令人振奋。如果一切顺利，我们将在一周内登顶。在我们拖拽6个拖包的时候，俄罗斯队一边攀爬，一边为我们加油打气，他们的线路在我们右方几百英尺处。那天晚上，我们在18 450英尺的高度搭好第二个悬空吊帐，它处于一个灰色的、朝左的开放夹角下方，这个夹角一直向上延伸数百英尺，直通线路上最显眼的构造——一个护卫着顶峰山脊的巨大屋檐系统。太阳落山时，我们透过帐篷门帘，遥望川口冰川西侧的塔尖群峰——乌利巴霍塔、猫耳峰、希普顿塔峰、密阳峰，随着月亮升起，它们渐渐模糊成崎岖的剪影。我们安静地坐着，洛和我在上方的吊帐中，贾里德在下方，沉浸在垂直世界的神奇魔力中。

"我其实想多花点时间陪陪家人。"洛说。他有3个儿子，马克斯、萨姆和艾萨克，分别是10岁、7岁和3岁。我理解他的感受，因为我也有一个6个月大的儿子。洛爱他的家人，离开他们那么长时间，他十分愧疚。我也是。我们两样都想要——大线路首攀和做家里的顶梁柱。

"我一直在考虑换个职业，那种不需要外出太多的职业，"他继续说道，"这就是我那么在乎这次攀登的原因。这对我们三个都是好机会。我喜欢写作，我认为这个网站将成为展示我攀登之外特长的平台。"Quokka已经成为洛与众多粉丝联系的强大新渠道。

他知道，通过互联网提供的全新平台，他可以激励粉丝追逐自己的梦想。而他也在努力工作，确保能充分把握这个机遇创造的价值。洛会熬到深夜，认真撰写短讯。Quokka 曾要求我们写一写物资的拖拽，因为这是整个攀登过程中每个人最厌恶的工作。洛和我的描述的不同，反映出我们个性和写作风格的差异。

下面是我的描述：

如果你们有兴趣，我有个模拟拖拽的方法。首先，找个合适的地点，我想到亚利桑那 K-mart 商场南面的一堵水泥墙。时间是 7 月中旬。确保墙面是垂直的。在离墙 10 英尺的位置放把椅子，确保太阳直直地照在你的后背和脖子上。现在穿上一条 75 磅重的腰带，让它松松地挂在髋骨上，非常容易滑动——能磨破皮肤是很重要的一点。拿出一段蹦极绳，一端连在负重腰带上，再想办法把另一端固定在墙上，确保绳子有足够的延展性，让你能屈膝蹲下……站在椅子前方，抬起左脚放在椅面上。把全身的重量转移到左脚上，踮起右脚。现在把身体重量放回右脚，确保蹦极绳紧紧拉扯腰带——再说一次，磨破皮肤很关键。重复这个过程一整天……现在，想象你是为了好玩做这件事。事实上，这是你梦想了一整年的事情。愉快的时光不仅在今天，整个夏天你都要在商场的墙后面这样做……这是一项繁重的蓝领工作，没有可观的收入。你可能一整天都在拖拽重物，但还有很多物资等着被拉上来。这就是大岩壁攀登中单调繁重的一面，只有头脑麻木才能享受这项工作。

洛的描述如下：

拖拽令大部分攀登者头疼厌烦，但是有节奏地利用自己的体重对抗沉重的拖包，一遍一遍地重复这个动作，直到它像某种已经死去的庞然巨兽一样慢慢浮上平台，我在其中找到一些慰藉。当然，我使用的是心理战术。我会跟着每次拖拽的节奏念诵妻子和儿子的名字，念完所有家人的名字后才会休息一次。冥想一个喜爱的主题非常管用。今天拖拽完第7个拖包时，我的冥想被一个掠过的黑影打断。一只翼展超过6英尺的巨鹰正在随着上升气流轻松地滑翔。我不知道它的巴尔蒂语名字，但是没有关系——任何名字都不足以描绘这个美丽的生物。乌鸦类的鸟在喜马拉雅随处可见，一直陪伴着我们。它们愉快地俯冲蹿升，我禁不住想，这种单纯的淘气作乐也可以是一种目的。

既然我们正在接近顶峰，Quokka 也加大了推广势头，多数日子里我们都要接受美国广播电台的采访。手持八重洲牌对讲机已经通过大本营的卫星接发器直接跟美国连上，我们可以像打电话一样跟他们通话。一天夜里，在高山营地中，我们接通圣迭戈的一家电台，跟两位喜剧演员做一个晨间秀，他们相互配合，调侃受访对象，娱乐在高峰期堵车的听众。

第二天，我们又接受了美国国家公共广播电台鲍勃·爱德华兹的采访。这次谈话颇为有趣，整个访谈在《早间新闻》首播，随后又被全美数百个广播电台转播，听众达数百万。Quokka 的网站随后一炮而红——当时还没有这个说法。Quokka 被电子邮件淹没，布里托偶尔转给我们一些。大部分邮件都是赞美，祝我们好运，询问类似"高海拔地区的地心引力是不是更小"这样的问题。但是也有批评者。这些人都持同样的观点："是什么样的自我主义者，甘愿为如此没有意义的事情拿生命冒险？""出问题时谁去救你们（并为此买单）？"

有一件事十分确定：1924年英国珠峰登山队的乔治·马洛里和桑迪·欧文是依靠信使传信，自那以后，攀登报道发生了天翻地覆的变化。1953年，埃德蒙·希拉里爵士和丹增·诺盖首登珠峰的消息，由一个跑腿的人花费4天从大本营跑到最近的电话，传播出去。30年后，高海拔摄影师戴维·布雷希尔斯从珠峰顶上发出第一段实时电视画面。现在，在2000年即将到来之际，我们以接近实况的方式记录了整整两个月的攀登活动。

一天早上，洛的肠胃出现问题，无法攀登。我和贾里德留他在营地休息，沿着营地上方的固定路绳出发向上。那天下午，在营地上方1000英尺的高度，贾里德解决了整条线路上最壮观的绳距——一道25英尺长的水平屋檐，中间被一条细如刀锋的裂缝切开。贾里德一步步往屋檐边缘移动，像铁匠一样将一颗颗刀刃般的岩钉砸入口朝下的裂缝中。自由攀登不用想了，贾里德采用的是器械攀登，跟40年前优胜美地黄金年代的罗亚尔·罗宾斯和沃伦·哈丁用了同样的技术。我对贾里德那次领攀最深刻的记忆，是岩钉敲进裂缝的声音。每敲一下，钉子吃进岩石一点，敲击的音调就升高一点。金属碰撞金属的响声在屋檐下方教堂般的露天圆形剧场中回荡，凭借多年敲击岩钉的经验，我能根据音调确定牢固程度。几个小时后，贾里德来到屋檐边缘，他像野狼嚎月一样长啸一声，我敢打赌，一英里之下大本营的人肯定都能听到。

那天晚上回到平台时，洛正在睡觉，我们摸进帐篷，在吊锅中烧水，冲泡冻干晚餐，尽量不打扰他。第二天早上4点，我被洛的闹钟叫醒，从睡袋的袋帽中看过去，他坐在那里，像往常一样点燃炉子烧水冲喝的。他朝我看过来，我惊讶地发现他正在做鬼脸，挑起一边的浓眉，笑开了花。"我们该冲顶了吧？"他认真地说，仿佛前一天没有生病一样。

我从吊帐门探出头向外望去，一缕缕马尾巴一样的云正从南方飘来。根据以往惨痛的经历，我们知道，这些云是从印度洋吹来的暴风雪的先头兵。因此在洛冲咖啡时，我和贾里德负责打包一些必要物品——炉头、睡袋、露营袋、睡垫、一小套攀登装备，为快速轻装冲顶做准备。是时候留下吊帐、拖包和其他非必需品，全力向顶峰冲刺了。

9个小时后，在顶峰下方75英尺处的一段刃脊上，洛一脚踢空，掉下山去。他弹起来一次，然后消失在山脊的另一侧。

冲坠力拉得贾里德一个趔趄，但他牢牢拽住了绳子，绳子的另一端几秒钟都没有动静，除了风声和我们粗重的呼吸声，听不到其他任何声音。我和贾里德惊惧不已，害怕出现最坏的结果，朝悬崖大声呼喊洛的名字。没有回应。"怎么办？"贾里德问，一只手继续拉住绳子，另一只手伸向下方提了提卡在两块石头中间绷紧的绳子。在我思考如何沿着绷紧的绳子横移过去时，我发现绳子变松了。"他还活着！"贾里德边喊边快速收绳。几分钟之后，洛翻上山脊，高举双手，伸出大拇指，朝我们用力高呼：
"耶，兄弟们！"

"你怎么样？"我高声问。

"很好。"他高声回答。令我们吃惊的是，洛接下来又爬回刚才掉落的位置。贾里德担心地看了我一眼，没有说话。不一会儿，洛回到刃脊，一步步爬上岩壁上那个潮湿的支点，伸出右手拼尽全力向下拉。这一次虽然颤颤巍巍，但成功抓到了上面的大点。

"真他妈疯了。"我对贾里德说，他也不可思议地摇了摇头。这是我见过的最大胆的攀登。

30分钟后，我们沐浴着余晖，在顶峰上击掌相拥，这些想法早已无影无踪。"啊，兄弟们，"我打断庆祝，"是不是那个才是真正的峰顶？"那块15英尺高的石头上覆盖着一层薄冰，这意味着我们无法翻越最后这两个身长的距离。

"我想到这儿就可以了，"洛说，"我们快下撤吧。"从山脊上那段麻烦的横移返回，到达存放背包的6英尺宽雪坡平台时，已经是深夜。我在积雪中踩出一个棺材状的洞，准备躺进去过夜。钻进睡袋之前，我看到洛倚靠岩壁，坐在他的背包上。那一夜漫长寒冷，醒来时天空飘起雪花，整座山峰淹没在云层中。我的防水露营袋外结了一层闪亮的冰壳。我惊讶地发现洛仍然坐在前一晚我看到的地方，感觉有点不对劲，我急忙坐起来，走过去查看他的状况。

"我没法脱掉这该死的衣服。"他一边说，一边费劲地扯自己的冲锋衣。

我倾身过去帮忙，看见他的左臂肿得非常大，外套的袖子像是画在手臂上的。"你受伤了。"我说。

"好像是。"他回答。昨天我们兴奋地冲顶和下撤时，我和贾里德一直没有检查洛冲坠后的状况。他爬上去搞定刃脊后，我们以为冲坠没有对他造成伤害。他告诉我们他没事，但我现在意识到，那是肾上腺素作用的假象。我仔细检查后，发现他的肘部严重挫伤，臀部的刺伤看上去一直深入骨头。更糟的是，他开始胡言乱语，似乎已经意识混乱。在我查看他伤势的几分钟里，雪下得更大，风也变强了。雪花在他的肩膀上堆积起来，他的腿周围也铺上一层白雪，能见度降到只有几个身长的距离。需要赶快离开这座高山地狱。

下午 1 点，我们回到吊帐，爬进帐篷，做了些热巧克力。我们不确定是冒着被暴风雪困住的风险多住一晚，还是马上拆帐篷下撤。我们都非常想下去，我从门帘向外打量天气，发现一块蓝天——典型的"陷阱天气"。等我们把所有东西装入 6 个拖包时，雪又下起来。

雪花变得潮湿厚重。岩壁上开始形成小瀑布，我在搜寻向上攀爬过程中留下的保护站时，浑身湿透。在浓雾中，我看到岩壁远处俄罗斯人有着荧光粉门帘的吊帐。他们也看见了我，我听到其中一人喊："你们到顶了吗？"

"登顶了。"我高声回答。

"祝贺，祝贺。"俄罗斯队齐声高呼。

我们本打算原路下撤，但上攀时爬的线路太陡峭，且有很多横移。绳降几段后，我意识到无法原路下撤。天黑下来时，我全力在一片未知的岩壁上开辟全新的下降线路。岩面稍微后仰，因此我不得不频繁踢岩壁，让自己的身体在绳子上前后摆动；否则，我就会吊在空中，无法够到岩壁。每次往岩壁方向摆荡时，我会快速用头灯扫过岩壁，寻找建下一个保护站的裂缝。如果看不到合适的裂缝，就用力蹬岩壁，将自己推出，同时放点绳子，祈祷在到达绳尾之前找到可用的裂缝。

我找到裂缝，建好保护站后，贾里德和洛会把拖包放下来，我再把它们吊到刚放好的保护点上。午夜时分，我下降到一个桌子宽的平台，上面已经形成一条齐脚踝深的小河。我努力从挎在肩上的绳套中取出一个岩塞，但手指已经冻僵，完全不听使唤。水从各个方向泼来，灌进全身，衣袖和裤腿渐渐渗出水来。我记得自己当时为突然想要小便而吃惊——在全力为生存抗争，不确定能否活过那个晚上的情况下，要处理一项生理需求的感觉非常诡异。当那股暖流冲进头灯的光束中，我本能地把麻木、僵硬的手指伸过去，就像对着水龙头洗手。知觉慢慢回来，我握住拳头，传来所谓的"回血刺痛"，我对自己发誓，这是最后一次攀爬大线路。

但就在 24 小时后，当我们终于跌跌撞撞地回到大本营时，我已经开始重新考虑这个誓言。

因为奇怪的巧合，也许不是巧合，Quokka 正好在我们登顶那天上市。300 多名雇员预期一夜暴富，其中多数人都受股权诱惑加入 Quokka。几周之前，我们在岩壁中部时，Quokka 给了我们一个选项：把每人应得的 4 000 美元现金报酬换为等值的股权。我们简直难以相信会有这么好的财运。当 Quokka 创造出一个全新时代时，我们猜测这笔投资将会翻两倍、三倍，甚至四倍。

当然，结果并非如此。惨痛的事实是，Quokka 太超前了：那时能使用宽带的人数不足以支撑网站的商业模式。更糟糕的是，Quokka 自己也没有搞清自己的变现模式。网站卖出去的少量广告位和赞助商位在上市之后慢慢蒸发。随之是裁员，克利马科跳槽。一年后，互联网泡沫破裂。

从巴基斯坦回家后过了大约一周，我给北面的克里斯·恩格打了个电话。他作为运动员经理加入北面不到一年。我们寒暄了几句，但是他始终没有像以前那样敞开心扉，畅所欲言。"所以你在忙什么攀登项目？"我问。一阵尴尬的沉默。"是这样，"他说，"下一个大项目应该是贾奴峰北壁。"

"啊……是的，"我回答，"我熟悉这个项目，非常熟悉，因为这是我的攀登项目。我和贾里德计划好多年了。"

"好吧，事实上，是贾里德和洛的项目。"他说。

我给贾里德打电话，他不好意思地承认，他和洛聊过这件事。他们决定组成搭档，不带我。"别生气，好吗？"他说。我禁不住怀疑，情况可能比不被邀请加入队伍更严重。我打电话给格雷格·蔡尔德寻求建议，他说："小心有人背后使坏，马克。"我没法给洛打电话，因为他已经前去攀登希夏邦马峰南壁，希夏邦马峰是中国西藏的一座8 000米级山峰。在机场分别时，他给了我一个拥抱。"我们还是好朋友，对吧？"我说。"肯定的。"他回答。

一个月后，洛和摄影师戴夫·布里奇斯在山上失踪。消息在Quokka的竞争对手MountainZone的网站上爆出，该网站一直在独家报道希夏邦马的攀登。

那是1999年10月5日，距离我们从川口塔回来大约一个半月。当时他们跟康拉德·安克尔一起，在希夏邦马峰南壁下方的雪坡上适应环境，发现上方6 000英尺的地方发生了小雪崩。起初看起来并不危险，但因为刚刚下过一场雪，山坡上积雪很多，雪崩规模迅速变大，冲向他们，这时康拉德往旁边跑，洛向下跑，布里奇斯跟着洛。在被雪崩打倒的前一瞬间，康拉德低头蜷胸扑下，尽力把镐尖深深压进雪中。雪浪打在身上时，他眼前一黑，不知道接下来发生了什么。恢复意识时，他发现自己离制动的位置只有大约 100 英尺，被雪浅浅埋住，血从额头的伤口滴落。身边的雪粒因下滑时跟山体碰撞积蓄能量而升温，旋即像快干水泥一样冻硬。康拉德在堆积物中搜寻同伴，但丝毫没有他们的踪迹。

接到电话时，我正跟妻子和 9 个月大的儿子待在一起。"好吧，他失踪了，可他是亚历克斯·洛，他可能被困在冰隙里，或者在某个冰川迷茫地游荡。他会回来的。"但是，随着失踪时间从天变为周，再拉长为月，始终没有传来他被发现的消息，我慢慢意识到洛离开了。

在我消化洛的死带来的震惊和悲伤时，越来越多所谓的纯粹主义攀登者开始批评我们的川口塔攀登。史蒂夫·豪斯是这场批评的发起人，也是洛在"帕尤"营地养病时碰见的人之一。豪斯还是"现代轻装攀登策略"的主要推动者。他在那年《美国高山杂志》的一篇文章中认真详细地解释了他对我们的攀登持保留意见的诸多原因。在作者按中，豪斯写道：

> 在 2000 年即将到来之际，前沿的登山不是固定路绳，打挂片，使用氧气或者高海拔背夫的那类攀登……不是为了拍摄重新领攀几段绳距，在露营地用电子邮件发短讯，或者跟只为拍纪录片的搭档一起攀爬。有的人认为，这些做法将定义未来的攀登趋势，但我认为这些做法只是定义了"商业攀登"这一新领域。商业攀登会掠走有天赋的攀登者，降格划

时代的攀登。1999年美国人的大川口塔攀登是攀登史上的里程碑吗？不是。他们的成就值得那么多关注吗？绝对不值。

豪斯的文章拥护阿尔卑斯式攀登所代表的现代进步，这种方式由提洛尔传奇登山家莱因霍尔德·梅斯纳尔在20世纪70年代首次引入喜马拉雅。阿式攀登的原则是，你背着背包从山脚开始，每天尽量往上爬，找到露营地休息，然后第二天继续攀爬，直到登顶。1978年，梅斯纳尔和搭档彼得·哈伯勒成为第一队无氧攀登珠峰的人。在此之前，梅斯纳尔豪言自己将用"恰当的方式"攀登珠峰，否则宁可不爬。1971年，他写了一篇很有影响力的文章《谋杀不可能》（"The Murder of the Impossible"），谴责攀登者越来越倾向于使用氧气和过多装备，以降低山峰难度，而不是提高自己的能力去应对山峰的挑战。他写道："现在的攀登者不想承受可能下不了山的命运，把勇气装进了背包。"

梅斯纳尔之前，人们通常用"远征方式"攀登喜马拉雅的雪山。这个想法很简单：将整座山峰从底到顶铺上绳子。这种方式耗时费力，但相对安全，一旦有人生病、受伤，或者天气变坏，用这些尼龙绳能快速下山。问题出在登顶之后。这时，攀登者一心只想着安全下山，所以常把绳子留在山上。下一个攀登季到来时，前一年的绳子因为雨打风吹或者冻在冰雪中而损害严重，无法使用，这就意味着要重新铺绳。在热门的8 000米级山峰的商业线路上，比如乔戈里峰的阿布鲁奇山脊，有很多老旧的绳子，攀登时几乎不可能不被它们绊到。如果你想像梅斯纳尔和豪斯那样，攀爬自然状态下的这些线路，那可就不太走运了。

大部分8 000米级山峰的首攀都采用远征方式，并且直到今天大多数人还在用这种方式攀上这些线路。如果你参加一个商业登山队，即使是爬尼泊尔的阿玛达布朗峰这类矮一点的山峰，仍然要为使用路绳付费，这些路绳通常由夏尔巴高山向导或背夫铺设。你来到山下，把上升器连接到绳子上，推着它往上走。这种方式是每年春季珠峰产生诸多争议的重要原因。在珠峰上铺设路绳的工作极其危险，因为线路经过极不稳定的孔布冰瀑，这一段布满不停移动的冰隙和冰塔林。承包了这项工作的夏尔巴人每个攀登季都要冒着生命危险为客户搭梯子、铺路绳。2014 年 4 月，西库姆冰斗发生大型雪崩，一直冲到孔布冰瀑，导致 14 个夏尔巴人死亡，而他们的客户则安全地坐在大本营中。

1865 年爱德华·怀伯尔首攀马特洪峰以来，攀登者们就开始争论攀登方式的问题。虽然没有关于如何攀登一座山的正式规定，但一直有很多不成文的伦理法则。我们知道自己在大川口塔上违反了其中一些法则——使用太多固定路绳和挂片，在互联网上"赞颂"自己，摆拍。但是，要遵守给赞助商的承诺，就不可避免会有所妥协。10 年前，约翰·巴卡尔敲掉罗恩·考克的挂片，而我们现在跟罗恩·考克的境遇相同，只不过被敲掉的是我们的名声。

豪斯深受美国著名登山家马克·特怀特的影响，特怀特积极倡导保护攀登体验的神圣性，而这需要采用比梅斯纳尔的恰当攀登更激进的方式。在我们攀登川口塔一年后，特怀特、豪斯和斯科特·巴克斯在迪纳利峰完成了一条名为"捷克直上"的线路，使用了"单次冲击"的方式，也就是说，他们从底部开始，几乎不间断地攀登了 60 个小时后登顶。他们带了一个炉子融雪烧水，但是没带帐篷和睡袋。

后来，特怀特给《攀登》杂志写了篇文章，题为《为精英主义态度辩护》（"Justification for an Elitist Attitude"）。他在文中写道：

作为一个精英主义怪人，我认为摆拍者玷污了登山。他们用钱和装备替代能力和胆量。他们成功登顶，但是失去风格，攀登风格才是衡量成功与否的标尺。只有社会边缘人或真正的个人主义者才适于探索登山运动。缺乏社会支持迫使他们自力更生，把攀登变成独立于社会之外的生活方式。我们那时候有攀登社区。现在，自称攀登者让我感到尴尬，因为我一这么说，就有业余爱好者问我读没读过《进入空气稀薄地带》，或者登过珠峰没有。

三人出发攀登那条线路之前的夜晚，豪斯给他们读了三岛由纪夫《太阳与铁》中的段落：

我逐渐感觉到，疼痛是证明存在于肉体之内的意识还在延续的唯一证据，是意识在生理上的唯一表达。随着身体肌肉增强，力量增强，我逐渐倾向于积极地接受疼痛，我对肉体受苦的兴趣也在加深。

据特怀特说，这段话表达了队伍的追求。"我们来迪纳利是为了证明意识的存在，"他写道，"我试着解释我们的攀登体验，但即使是最亲密的朋友也无法理解。我们得来的真理封存各自内心。"

这种极简主义方式变成大家熟知的"轻装快速"的阿式攀登。如今，就连携带露营装备也会被视为这项运动的退化。有人称这种方式为"灾难式",理由是不带任何东西,仅凭身上穿的衣服去攀爬世界上最大的高山岩壁,一旦出错,活下来的可能性非常小。大部分攀登者都认为这是不切实际的理想:世界上只有极少数登山者有能力并渴望按照这种原则攀登。特怀特曾坦率地表明,除此以外的任何人都不应该去登山。

几年之后,奥金佐夫和他所在的俄罗斯队伍的大岩壁计划成了豪斯严厉指责的对象。他们完成了喜马拉雅著名的"最后的难题"——贾奴峰北壁。这座11 000英尺高的岩壁,顶峰海拔25 295英尺,被世界上一些最好的登山家尝试过十多次。洛去世后,贾里德把我拉回队伍,加上凯文·陶,我们三人在2000年秋季做出尝试。川口塔之后,我需要重新发现攀登精神,重拾在极地太阳塔峰和希普顿塔峰上体验到的快乐。虽然我觉得豪斯的傲慢和故作清高令人讨厌,但在某种程度上,我还是同意他对我们川口塔攀登的评价(尤其是Quokka施加给我们繁重的后勤负担毁掉了许多乐趣),他的批评也给我上了很好的一课。

在贾奴峰,我们爬到位于3 500英尺处的头墙底部就下撤了,因为差一点被雪崩掩埋,但是我们很享受整个攀登。

在其他队伍失败的地方,奥金佐夫和他的队伍取得了成功,他们的贾奴峰攀登获得非常有名的金冰镐奖提名,该奖项每年由法国高山向导协会颁发,以奖励世界上最好的攀登。

2005年,在法国格勒诺布尔的颁奖典礼上,被提名者需要简述自己的攀登。豪斯因在巴基斯坦完成非凡的K7❶独攀获得提

---

❶ 喀喇昆仑山脉中的一座山峰,海拔6 934米。

名，他在陈述中批评俄罗斯队使用重型远征方式攀登贾奴峰。然而，最终俄罗斯人赢得奖项，豪斯和奥金佐夫之间发生了一场激烈的交谈。后来，在一篇给法国杂志《垂直》的文章中，豪斯写道："俄罗斯人确实攀登了贾奴峰北壁……但他们也用重型远征的方式残害了它。金冰镐奖假装是颁给那些代表登山运动'进步'的攀登，但我认为俄罗斯人的贾奴峰北壁攀登跟现代登山完全没有关系。"

在给《登山家》杂志的一封信中，豪斯表示："自从前一代伟大的登山家把阿式攀登带到喜马拉雅以后，其他攀登方式都成了粗暴的、令人无法接受的倒退，它们都是对关于登山的所有美好追求的严重玷污。"

跟我们一样，奥金佐夫从未回应豪斯的批评，至少没有公开回应过。我一直想知道，在格勒诺布尔的金冰镐奖颁奖典礼上，他对豪斯说了什么。"只有我认为攀登精英中发生这些戏剧性事件不合适吗？"2006年，我给他发邮件，问及那场交谈。他很快回信：

> 不同年龄、不同心态、出生在不同大陆的人之间出现这种分歧是合理的。完全没有分歧反倒很奇怪。然而，有一种人总是对别人应该如何生存固执己见。对他们来说，个人的幸福是不够的，他们要让其他人也幸福。周围人必须按照他们的方式生活。这样一位狂热分子在没有权力的时候，仅仅是个无害的笑柄。但是上帝禁止这样的人拥有在其他人身上试自己药方的办法。这种讨论不好的一个方面是，它会分化参与这项美好运动的人群。包括精英在内的攀登者相互之间

联系很少。大西洋已经把我们分开，难道我们还要把谁更好这种讨论加在中间吗？

大约20年后回头看，我很难把自己与洛的不和跟为 Quokka 工作的经历分离开来。我们当初的目的是让人们以一种全新的方式了解队伍在喀喇昆仑的首攀。我认为这是个值得为之付出的目标，所有人一开始也都认可这个目标。但是最终，我们的攀登成了一集真人秀。我们在必要的时候聚拢起来，但我们不是一个团队。因为这个原因，加上许多其他原因，Quokka 的实验是失败的，也是个错误。

从那以后，我逐渐承认，在跟洛的争吵中自己并非没有责任。当时，我坚定地认为自己并没有颐指气使，但当我的前妻和至少一个亲密朋友都告诉我，我有时表现得跟洛的描述相仿时，这就不是巧合了。

我不能代表别人，但我知道，当自己有意识地站上舞台，跟"世界上最好的攀登者"争夺公众注意力的焦点（无论是否有意）时，我在攀登中发现的禅就被破坏了。攀登是如此个人的体验，试图分享这种体验夺走了它的精髓，搞砸了我还是个"疯狂小子"时就梦想完成的攀登，毁掉了其中所有的乐趣。

第六章　秘密武器、安全先生和小胖

"你的头盔呢？"我问。

"呃，我没有头盔。"亚历克斯羞涩地回答。

"什么意思？你忘在营地了？"还没问完，我就知道答案了。

"呃，不是。我是说我就没带。"

"故意的？"

"差不多吧。我其实没有头盔。"

如果我们是在别的什么地方，这几句对话可能很幽默，但我们头上各个方向都耸立着疏松易碎的花岗岩岩壁。这个冲沟大约30英尺宽，一旦降雨就会暴发洪水，洪水夹杂着碎石，像马桶冲水一样将沟谷两壁擦得瘢痕累累。这不是一个可以不戴头盔进入的地方。

身下，沟谷向下延伸，消失在云海中。如果我们是溪降运动 ❶ 者，可以继续下降到深渊中。下行6英里，10 000英尺之下，冲沟最终会将我们吐入中国的南海。当时，只有3支队伍成功穿越

---

❶ 指在悬崖处沿瀑布下降的运动。

这个峡谷，其中一支险些没活下来。

川口塔探险之旅几个月后，我到喀麦隆北部攀登一座火山塔峰，住在峰底一处布满灰尘的营地里。一天晚上，在营火旁聊天时，两位南非攀登搭档跟我讲了一个布满巨型岩壁的神秘丛林峡谷的传说。随着越来越多的威士忌下肚，传说中的岩壁也越来越高。突然，一只巨大的甲虫落在一位南非伙伴面前的泥土中，他马上把它捡起来扔进嘴里。嚼完之后，他声称那里的岩壁可能有10 000 英尺高，接近川口塔的两倍。

"请告诉我它在哪儿？"我乞求道。

"问题是我们不能告诉你，因为我们也在考虑爬它。"吃虫子的那位说道。

"告诉谁也不能告诉你。"另一位说。

多年后读到一本名为《降入混沌》（*Descent into Chaos*）的书时，我几乎忘了那场喝得晕晕乎乎的聊天。书中记述了一支英军探险队的悲惨远征，他们试图完成世界上最深的沟谷——位于婆罗洲基纳巴卢山北侧的洛之谷——的首降。书的封面是一张布满陡峭岩壁的丛林沟谷的照片，看到的第一眼我就知道，自己找到了1999 年南非伙伴提到的秘密攀登天堂。

英军探险队视那次远征为一场训练，然而领队的陆军中校罗伯特·尼尔大大低估了目标的难度。12 个人的队伍中，只有一人有丰富的攀登和溪降经验。其中的 3 个中国人身材走样，且从来没有绳降过。1994 年 2 月 21 日，他们带着 6 天的补给进入沟谷。

一开始，队伍就分成两个小组。较强的一组在前面开路，较弱的一组拼命追赶。他们原计划在下降时将固定路绳留在原地，以备无法通过沟谷时原路返回，这种情况有时会发生。但他们很快意识到带的绳子远远不够，于是决定把绳子抽下来，继续使用。这样一来，他们唯一的出路就是下降。

后来的事成为两本书和一部电影的素材，简而言之就是，较强的那组在经历了 18 天的磨难之后，勉强活了下来，最终逃出沟谷。但他们不知道较弱那组队友发生了什么。

接下来是马来西亚历史上规模最大的营救，涉及 1 000 多人，大部分人尝试从沟谷底部往上爬，但都未能如愿。马来西亚和英国空军无数次出动直升机勘察，但是沟谷一直笼罩在浓云密雾中。

第 31 天，就在马来西亚政府叫停搜救前，一位直升机驾驶员发现在沟谷侧壁 7 200 英尺处的一个平台上，有 6 个人抱在一起。虽然那 12 个人都活了下来，但洛之谷遭到永久破坏。

2008 年，我联系沙巴公园管理处，向他们提出降入洛之谷、攀爬西侧雄伟岩壁的计划。在此之前，除了上述远征，另有几支远征队进入沟谷探险，包括再次被直升机营救的第二支英军探险队。因此公园管理处宣布关闭洛之谷。但不知道为什么，我联系的官员没告诉我这个关键信息。

亚庇❶的酒店前台告诉我，除了我，我们的团队只到了一个人，是霍诺德先生。当时已是深夜，在两天内跨越 12 个时区后，我虽然疲惫不堪，却也无法入睡，就窝在椅子中，开了一瓶免税伏特加。刚喝一小口，就传来敲门声。我从猫眼中看见亚历克斯站在走廊中，只穿着一条宽松短裤。我请他进来，他一屁股坐到

---

❶ Kota Kinabalu，也译作哥打基纳巴卢，后文中当地人称之为 KK。

床上。这是我第一次跟他面对面坐着交谈，我马上被他的眼睛吸引，那真是一双受惊的小鹿才有的大眼睛。

"来点伏特加吗？"我举起酒瓶问他。

"我不喝酒，"他说，"从没喝过，我也不抽烟，不喝含咖啡因的东西。"这就是那些英国人叫他"和尚"的原因吗？我暗自想。但紧接着他局促不安地坦白道："事实上，我有一宗罪——淫。"

"你带了什么书过来？"我问，因为我知道，攀登旅程中带多少书都不够。

"我带了5本，"他回答，"还好带了这么多，我已经读完两本。"然后他随意说出几个书名，包括陀思妥耶夫斯基的《卡拉马佐夫兄弟》和几本无神论哲学专著。

我们聊了一点仅仅6个月前他在半穹顶的徒手攀岩，人们称它为历史上最大胆的攀岩。亚历克斯告诉我攀登的经过，解释他如何在第21个绳距的光板处"失去盔甲"。"我应该花更多时间做准备的。"他说。

"考虑过酋长岩吗？"我问。在引起攀登圈关注的两年间，他已经确立起"最好的徒手攀岩者"的地位。每个人都知道，徒手攀登酋长岩是攀岩者的圣杯。完成这一壮举的人将成为历史上最伟大的攀岩者。迪恩·波特也在尝试。不是不尊重"黑暗巫师"，每个人都知道，那超出了他的能力。然而，坐在我对面的这个男孩正在一个全新的维度上攀岩。徒手攀登酋长岩目前看起来仍然遥不可及，我也怀疑它会不会真的发生，但是每一代攀登者都会把前一代人的极限向前推。所以这是个显而易见的问题，不过直接问他有些鲁莽。因为攀登者总是不愿吐露自己的远大目标，也尊重别人的沉默。可亚历克斯为人极其坦诚，据此我认为他不会介意我的问题。况且，我也非常好奇他有没有认真考虑过。

"我确实想过，"亚历克斯说，"但现在这对我来说还太恐怖，也许有一天吧。我们走着看。"他一边说，一边站起来，弓着背朝门口走去。

"非常高兴终于跟你见面了。"他边往外走边说。

"实际上我们以前见过。"我回答。亚历克斯歪着脑袋，一脸迷惑地看着我，然后耸耸肩出去了。

那次简短的会面就发生在几周前，在拉斯维加斯城外的沙漠里举办的攀岩节上。天很黑，四周很吵，除了仓促感，我唯一记得的是和他握手。亚历克斯的大手握住我的手时，感觉像一个巨人在跟一个小孩握手。那种感觉很奇怪，因为我比他高，比他壮，他也并不咄咄逼人。他站着的时候躬身前倾，肩膀低垂，黑色的眼睛隐藏在兜帽里，就像《星球大战》中某个扑朔迷离的人物。我甚至不确定我们是否有过眼神接触。

我本来没想邀请亚历克斯加入婆罗洲远征。这是康拉德·安克尔的主意。他一直是北面国际运动员队的队长，我跟亚历克斯·洛、贾里德·奥格登攀登川口塔后的近10年，他都是攀登圈的领军人物。猎寻下一拨有天赋的攀登者是康拉德的工作。亚历克斯徒手攀登半穹顶后不久，康拉德就把他签入了北面运动员队伍。这么多年来，康拉德在邀请运动员时一直非常谨慎，不会把跟其他运动员性格不合的人拉进来。整个队伍的规模一直维持在40人到50人，男女比例均衡，运动项目横跨高山滑雪、超级越野跑和各种类型的攀登。即便是这个世界上最优秀的攀登者，如果很难相处，他也永远不能从康拉德那里获得合同。

从康拉德向我兜售亚历克斯的方式能明显看出，他已经被亚历克斯深深吸引。"他会成为我们的秘密武器。"康拉德说，在老家伙们累崩，又遇到一段困难绳距时，这个年轻无畏的攀岩好手能派上用场。过去我也用同样的话形容洛，结果并不愉快。

当然，这么做也有商业方面的考虑。北面计划派吉米·金在这次远征中拍摄照片，用于一场全美的广告推广。从没远征过的亚历克斯·霍诺德看来会是新海报上的男孩。公司需要他攀爬的照片，婆罗洲远征是那一年最合适的旅程。此外，吉米和另一个北面运动员、摄影师及艺术家勒南·奥兹图尔克计划为远征制作一部影片，主题是"年轻人和老家伙"。就这样，还不到40岁的我成了老家伙。

康拉德询问我的意见时，我很委婉，没有说出自己当时的真实想法：天哪，不！我不想跟那个怪人一起爬，他会害死我的。康拉德跟我一样，也知道攀登搭档的重要性。而所有迹象都表明，亚历克斯和我并不合拍。

我一直把攀登者分为两类：被敲过警钟的和没被敲过的。一个攀登者在经历严重事故之前，很容易觉得自己战无不胜，落入"糟糕的事情会发生，但不会发生在我身上"的思维陷阱。康拉德的几个好友在攀登事故中身亡，他自己也差点和洛及布里奇斯一起葬身希夏邦马，因此肯定会睁大眼睛提防事故。可亚历克斯呢？他的眼睛倒是挺大，但它们有警惕性吗？他知道自己离死亡有多近吗？

落地亚庇或者当地人口中的KK之前，我对婆罗洲的想象幼稚可笑：一座覆盖原始森林、遍布嘴里伸出长长獠牙的饥饿食人动物的岛。但我发现，KK实际上是个繁荣的大都市，是亚洲人，尤其是日本人的热门旅行目的地。这里被多个热带沙滩环绕，人口有45万，让我想起火奴鲁鲁。来了我才知道，婆罗洲这座世界第三大岛分属三个国家——有3/4属于印度尼西亚，北边大部分属于马来西亚，而北部海岸上一块2 200平方英里的飞地属于文莱。

我们在赤道的炎热中挥汗数天，处理后勤物资事宜，比如分类整理装备，购买食物，收拾紧急关头的补给。其他队员不知道的是，我会频繁去沙巴公园管理办公室争取还没到手的许可。我每天在不同的办公室穿梭。工作人员多数都很和善，但是没人愿意告诉我，我能否获得许可。

搭乘两辆货车——一辆装载队伍所有人，一辆装载所有物资——离开KK时，我仍然没有拿到批准我们下降进入洛之谷的许可，这感觉就像拿着别人的钱去赌博，而我押上了全部赌注。公园总部位于徒步攀爬基纳巴卢山的路口，到达那里时，会有管理人员告诉我，我是赌赢了还是赌输了。

在出城的路上，我们路过一家五金店。吉米和勒南为相机电池充电的发电机需要一个适配器，我们前一天在工业区的一条偏僻小巷找到了这家店。我们的地接，中年马来西亚人保罗走进店里，几分钟后出来时，身后跟着一个年轻漂亮的女人，就是卖给我们适配器的那位。她很娇小，但是身材火辣，黑发及腰，眼神迷蒙。她溜进前排保罗和司机之间的座位，把一只Hello Kitty小包放在脚边，然后回头看着我们笑了笑，但没有说话。我猜保罗认识她，她可能是搭车去看望住在公园附近的家人。

然而，那天晚上到达公园入口外的酒店时，她还跟着我们。我们全都跳下货车，走到路边仔细打量刚从云里露出来的基纳巴卢山。这座山更像山脉，而不是独峰，两个岩石高地之间连接着一排尖牙般的顶峰。丛林覆盖的小山到达一定高度后，植被突然消失。高出我们所在位置近 10 000 英尺的山体上半部看起来裸露荒芜，饱受侵蚀。在锯齿般的顶峰山脊中央有个明显的 U 形沟槽，我认出它是洛之谷的入口。

保罗从前台出来，往野餐桌上扔了一堆钥匙。我们 6 个人，再加上昵称 Hello Kitty 的那个女人，都站起来盯着那些钥匙。康拉德拿起一把，拉着凯文·陶去了一个房间，凯文是我们的老朋友，经常一起攀岩，我们最后邀请他加入队伍。吉米和勒南结成室友也走开了。我拿起一把，走向通往二层的楼梯，回头看时亚历克斯没跟上来。简单做个排除就知道，他留下跟我们的新朋友共享最后一间房。20 分钟后我冲完澡来到大堂，其他人正坐在酒店门前遮阳篷下的几张桌子边。亚历克斯和 Hello Kitty 不见踪影。他们的房门紧闭，窗帘也已拉上。

第二天我们早起集合到酒店对面的餐馆吃早餐。"Kitty 去哪儿了？"我问亚历克斯，他坐在桌子对面，面无表情地盯着我。

"还在睡觉吧，我猜。"他回答。

几分钟后她光着双脚走进来，只穿了条长裤和一件宽松 T 恤，上衣里什么也没穿，黑色的长发乱作一团。亚历克斯只是坐在那儿吃麦片，一言不发。

在公园入口，我们从汽车上卸行李包时，几个公园管理员怀疑地盯着我们。我们有大约 1 200 磅的食物和装备，计划每人背 55 磅，所以还需要雇 20 个背夫运输剩下的部分。

"谁是领队？"一个长官模样的男人问，他穿一身军绿色制服，胸前佩戴一个红蓝徽章。

"是我。"我回答。

"跟我来。"他严肃地命令道，就像发现其中一个包里装满毒品似的。

他把我带到公园总部二楼的一间办公室，一个身材矮小、花白头发修剪得干净利落的男人坐在一张大桌子后面。我猜他是公园管理处的负责人。我走进去时他没有站起来，我把手伸向桌子对面跟他握手时，他抱起胳膊，怒目圆瞪。公园管理处几个月之前就知道我想干什么，所以我向他挑明，我们是北面赞助的一支6人队伍，受《男士》杂志委派，来婆罗洲完成洛之谷深处一面大岩壁的首攀。那个男人一言不发地瞪着我，于是我继续讲。

"洛之谷不让进。"他终于开口。

"但是……"

"没有商量的余地。"

"但是……"

"我说了不行。"他怒吼道，坚决的语气让我害怕得胸口发紧。

我瘫倒在座位中，情绪十分低落。我要走到外面，向康拉德宣布这个消息。这个为我提供巨大舞台的男人正在不远处的停车场愉快地整理物资，这些物资是为一场花费了别人十多万美元的远征准备的，而这次远征正走向失败。就这样完了，我想，我的职业生涯结束了。

那位长官瞪着我，像在思索要不要把我关进监狱。我感觉有人按了一下我的肩膀，转身时心跳加速，以为会看到一个带警棍和手铐的工作人员。但来的人是吉米，他刚刚悄悄溜了进来。

"嘿，"他靠近我低声说，"我来跟他说。"我挪向旁边的椅子，但是吉米摇头说："不，你应该离开这里，我会搞定的。"

走出房间时，我回头看见吉米走到那位长官的桌子后面，拿出自己的手机，横着拿到长官面前。吉米把手搭在他的肩膀上说："我跟你说过我到珠峰滑雪的事吗？"

20分钟后，吉米走出来，手里拿着许可。

吉米·金和我首次碰面是在20世纪90年代后期的优胜美地。和我们大多数人一样，他住在一辆破旧的斯巴鲁里，跟公园管理员玩捉迷藏，在酋长岩上磨砺自己。他没有赞助商，也没有钱。不久后，我在一个户外零售商展会上的北面展位前撞见他正在努力争取一件免费的冲锋衣，我记得他没成功。

在那之前几个月，吉米第一次端起相机。坐在酋长岩上的一个吊帐中，吉米的好友布雷迪·罗宾逊教他如何操作一台尼康相机。完成攀登在山顶露营时，吉米在炫丽的日出中醒来。东方高耸着崎岖覆雪的内华达群峰，成为半穹顶的背景。前景中，几英尺之外，罗宾逊沐浴在橘色霞光中，躺在睡袋里睡得正香。吉米拿起罗宾逊的相机拍了几张照片，没想太多。景色很漂亮，但也是攀岩者常见的那种。

那些照片后来成为精品：构图完美，曝光和景深适中，画面也极其经典。罗宾逊把照片发给服装和装备商山浩，得到500美元报酬，他把钱给了吉米。

"当时的感觉是，哇，一个月只要拍一幅照片，就能尽情攀岩了。"吉米说。他原本告诉父母只在优胜美地待一个岩季，然后就去申请商学院或法学院——从会走路开始，这就是他的人生计划。可到了岩季末，他用Camp 4停车场的公共电话打给家里，说他要去巴基斯坦首攀一面大岩壁。此后一年多，他没再和父母通话。

但吉米对组织国际远征一无所知，因此他在一个周一上午，去到获奖探险摄影师盖伦·罗韦尔的办公室兼作品展馆"山之光"。吉米没有预约，只能在等候室等待。显然，罗韦尔非常忙，因为吉米在等候室待了一周，终于在周五下午看到罗韦尔走进来，向他做自我介绍。"我真佩服你的坚持。"他说。罗韦尔带吉米走进他的办公室，向吉米展示最近的一次探险，地点是巴基斯坦的查尔库萨山谷，那是个布满未登塔峰的童话之地。吉米离开时，罗韦尔从幻灯片中取出一张递给吉米，上面是峡谷中最壮观的未登塔峰。"一定要带上相机。"他说。

2000年夏天我走进户外零售商展会的会场时，到处张贴着吉米那次到喀喇昆仑攀登时拍的照片。似乎人人都在谈论这个来自明尼苏达、能爬又能拍的孩子。吉米拍摄的照片不仅漂亮，更有一种坚毅的真实感，让他从众多摄影师中脱颖而出。

20世纪40年代晚期，吉米父母还是青少年时，跟着家人去到台湾，又在1962年移民美国。他们在范德比尔特大学图书馆的学习项目中相识，后来成为明尼苏达州立大学的图书管理员，并在明尼苏达的曼凯托定居。吉米的姐姐格蕾丝生于1967年，昵称"小胖"的吉米在1973年出生。

吉米天资聪颖，3岁就能演奏古典小提琴，练习武术，说英语和普通话。5岁参加游泳和跆拳道比赛，几乎拿走了所有比赛的冠军。

6岁的一天，吉米练习完跆拳道回家时遇到暴风雪天气。父亲弗兰克在车道尽头等他，长长的车道盖了厚厚一层雪。"他没有说话，只是递给我一把铁铲，"吉米说，"他让我在磨砺中成长。"

每年夏天，金家都会回台湾，吉米和姐姐在那里成天握着毛笔，勤奋练习书法艺术，学习世界上最古老语言的方块字。在性格养成的 10 年里，吉米每个夏天都沉浸在充满儒家和道家智慧的古老文化中。

据格蕾丝说，金家的家训是"拼得越狠，赢得越多"，要超过其他人，成为一名医生、律师或 CEO。"父亲的人生准则是，无论你做了什么，永远有提高的空间，"格蕾丝说，"因为很明显你能更努力，做得更好。"

但是，就像一个承受过多压力的孩子通常会做的那样，吉米开始反抗。中学时，他开始在夜里溜出房间，偷开父母的车。他跟父亲发生冲突，有时还跟当地警察发生冲突，情况逐步升级，直到后来母亲把他送到嘉德圣玛丽高中，这是明尼苏达州法里博县的一所顶尖教会寄宿学校。

130 年来，嘉德圣玛丽高中因"爆裂小分队"而闻名，这是美国最古老、获得荣誉最多的军事训练小组。小分队实际上是完全由学生管理的秘密社团。跟搏击俱乐部一样，小分队的第一条纪律是，你不能跟人谈论小分队的事。第二条还是不能跟人谈论小分队。"第一次看到他们不用指令就能训练45分钟时，我惊呆了，"吉米说，"作为一个从小被培养多项技能的完美主义者，我完全无法抵挡小分队的魅力。"三年级时吉米便成为小分队的队长，这是该组织历史上第二次将这项荣耀授予非四年级学生。"他花时间理解你，让你有参与感，因而能够获得你的信任，让你对他有信心。"小分队的丹·弗利克说，他比吉米还大一岁，"他从来不要求你尊重他，而是通过实际行动证明他值得被尊重。"

远离父亲的专横后，吉米成长为一名领袖，所有科目他都能得 A，在运动场上也是佼佼者，还是武术高手。四年级开始时，他已经步入申请哈佛、普林斯顿和斯坦福的快车道，但身上那份反权威的气质，让他经常跟学校管理层发生摩擦。"老师们要么喜欢我，要么讨厌我。"吉米说。后来他被抓到把一个女孩带进自己的宿舍。这种违纪通常被惩以短期留校察看，但校长属于不喜欢他的那一类，决定开除他。

父母把他送进一所更自由的预科学校，他在那里开始攀岩。周末他会长途自驾到南加州的约书亚树国家公园攀岩。他整夜开车，尽可能多爬，然后再开夜车赶回明尼苏达，好在周一早上出现在教室里。最终，父亲检查车的里程表时发现了吉米的秘密。他在一个月内开了 10 000 英里。

吉米进入卡尔顿学院攻读国际关系，在比较宗教研讨会上，他接触到《道德经》和《易经》这两部构成道教和道家哲学基础的古汉语杰作。"这些书深深打动了我，"吉米说，"可能是因为我少年时在台湾学习过儒家思想。道家思想教我关注过程，而不是只在意预设的结果。"

也是在 2000 年的那场展会上，吉米来到北面的展位，一个朋友将他介绍给康拉德·安克尔。康拉德刚从希夏邦马的雪崩中恢复过来，肋骨已经愈合，但脸上仍有伤疤。他立刻喜欢上了吉米。"我对这个小伙子的第一印象是充满魅力和智慧，但一点也不自大，"康拉德说，"和在攀登圈遇见的一些人相比，他令人耳目一新。"两个人很快经常搭档攀登，在康拉德的指导下，吉米迅速成长为一个不同寻常的攀登强人，更重要的是，他还证明自己是为数不多能用镜头记录攀登过程的人，并且有职业道德。

两年后，康拉德和吉米驾车穿越中国的羌塘高原，为《国家地理》搜寻藏羚羊的产仔地。队伍中还有吉米的偶像和导师盖伦·罗韦尔（同年，2002 年，他在一场飞机失事中丧生），首支登顶乔戈里峰的美国登山队成员、登山家里克·里奇韦。因为制作 IMAX 影片《珠穆朗玛峰》闻名于世的戴维·布雷希尔斯在最后一刻退出，康拉德推荐吉米负责队伍的摄像工作，尽管吉米从来没有拍过电影或视频。吉米出色地完成了任务，布雷希尔斯看到拍摄素材后，雇吉米做 2004 年珠峰攀登活动的高角度摄像师。在那次旅程中，吉米跟拍美国出色的高海拔登山家埃德·维斯图尔斯，并登顶珠峰。

一年后，吉米参与了 5 次远征的摄影、摄像工作，其中在马里远征中，他也经历了自己的 Quokka 时刻。他为与北面合作录制探险主题电视剧的有线电视频道 Rush HD 拍摄。"摄影师都很优秀，但导演和制片人不买账，"吉米回忆说，"他们不停指挥队伍该怎么爬，到哪里爬。变成了外行指挥内行。"

那年我也第一次和吉米组队远征，去往著名的英国皇家海军"邦蒂号"哗变船员隐匿地——皮特凯恩岛。在翻阅《邦蒂号》(The Bounty) 一书的插图时，我被一幅试图在邦蒂湾登陆的小船照片深深吸引。岩石尖塔从南太平洋高耸而出，构成这幅 1825 年画作的背景。我了解到岛上仍然生活着 47 个居民，大部分是哗变者的第 7 或第 8 代子孙。这座 1.5 平方英里的小岛坐落在新西兰和巴拿马中间，距离最近的大陆澳大利亚大陆 3 000 英里之遥，没有机场，也没有船运，是世界上最偏僻的人类居住地。该岛全长 7 英里的海岸线完全由峭壁环绕而成，全程没有一个供船安全靠岸的码头或港湾。我说服北面和《国家地理》分摊费用，租赁一艘 66

英尺长的帆船，让我们能驾船从法属波利尼西亚前往皮特凯恩岛。

可惜，这座被 19 世纪油画传奇化了的高耸尖塔在现实中一点都不惊人。皮特凯恩岛上的岩壁从严格意义上来说并不是由岩石构成，而是由火山灰挤压形成，攀爬时它会像晒干的泥块一样在我们手中破碎。吉米对我大发雷霆，抱怨我拖他跨越半个地球来攀爬"不是岩石"的岩壁。但他发火时眼神中有一丝光亮。毕竟我带他来的地方让他拍到一些很独特的照片。尤其是一张以垮塌的尖塔做背景、我高举北面背包跨越潮汐湖的照片，它后来广泛出现在全球的广告牌和杂志上。

但北面总部的人拿到吉米的照片后，都说为这次活动投入的资金"打水漂"了。有些照片上，格雷格·蔡尔德和我在荒凉的珊瑚环礁上打羽毛球，手里还端着鸡尾酒。此后很多年，北面都没再批准涉及用船的攀登赞助。

去往基纳巴卢山顶的小路狭窄、蜿蜒且泥泞，有时绕到瀑布后面，有时又沿着两侧山脊，山脊上长着被风吹斜的树丛。地上长满大小各异、五颜六色的猪笼草，鸟儿从一棵树飞到另一棵。周围飞舞着各种花色的蝴蝶。基纳巴卢山的生态系统无比多样，从山脚到 13 455 英尺的顶峰，垂直落差 10 000 英尺，其间分布着6 个独特的生态系统带，植物学家每年都能在这里发现新物种。最新统计显示，基纳巴卢有近 6 000 种植物，超过欧洲和北美植物种类之和，其中包括800 多种兰科植物、600 多种蕨类和 27 种杜鹃花。

随着海拔爬升，风力持续增强，我们进入一片云雾林中，到处都覆盖着一层绿色的苔藓，它们长在树干上，像胡子一样挂在树枝上。兰科植物在死树的小生境中和树木的枝杈处生根发芽。

我不停地寻找公园里最著名的植物——大王花。它是世界上最大的花，直径可达一米多，据说气味极其难闻，但是，除了我自己的气味和四周森林散发的浓烈泥煤味之外，我没闻到其他气味。

傍晚，一座巨型新月形建筑突然冒了出来，它就是拉班拉塔旅舍。我们停下来，在餐厅快速喝了碗汤，餐厅里满是游客，大部分是日本人。攀登基纳巴卢山的标准日程是两天，中途得在这个贵得离谱的木屋过一夜。多数人会深夜两点出发，希望赶在日出前登顶，欣赏苏拉威西海上的日出。

离木屋不远，在大约海拔 11 000 英尺的高度，我们终于穿出林线。背夫们离开主干道，开始弯腰沿一处陡峭的岩石光板爬上一条冲沟。水雾汇聚成蒙蒙细雨。岩缝里有股股细流蜿蜒而下，在我们爬向球状顶峰间的垭口时打湿我们的双手。衣服湿透，温度降到 5 摄氏度以下，我开始怀念过去几天 KK 的酷热。抬头看见两个背夫空身下山时，天就快黑了。接下来 10 分钟，20 个背夫飞一般地从我们身边经过。"我打赌他们把物资丢到垭口就下来了。"吉米说。

我和吉米在日落时分爬到垭口时，康拉德和亚历克斯正坐在一大堆行李包旁的山脊尖上。天上下着雨，风也在咆哮，黑夜即将到来，周围却找不到一块平地。

"介意我跟你一起露营吗？"亚历克斯面露担忧地问。

"当然可以，你去看看在山脊下方能不能找到适合搭帐篷的地方，我查看一下这边。"半个小时后，我们都没有找到合适的地方，只好在那堆行李包旁扎营。位置非常糟糕，就是一堆乱石，但是也没有更好的选择了。搭好帐篷后，我拉开帐篷拉链往里一看，不禁大笑起来，亚历克斯没有笑，但看到帐篷中央凸起的一道石头棱时也微笑了一下。"明早我们会找到一个更好的地方。"我边说边爬进帐篷，开始用书、收纳袋和其他所有能用的东西填平我那侧的坑坑洼洼。平整好地面后，我吹好充气垫，垫子软硬合适，刚好盖住下面凹凸不平的一堆杂物。接着我又从行李包深处掏出从家里带来的枕头，因为用黑色垃圾袋包着，它仍然温暖干燥。我把枕头靠着帐篷壁，倚上去，心满意足地长舒一口气。亚历克斯坐在帐篷门口，疑惑地看我一眼。"你带枕头了。"他说。

"当然，"我非常享受地回复道，"我出来都带着，你不带？"亚历克斯没有回答。他爬进来把垫子摊在自己那一侧，根本没有修整地面。

"非常酷啊，"他揶揄道，从棺材般的壕沟里抬头看我，气垫已经像薄饼壳一样把他的肩膀包起来，"不敢相信我从你们这些老家伙身上学到那么多绝招。"

早上我和康拉德出去寻找进入沟谷的路，其他人留下来搭建大本营。营地最大的缺陷不是不够安全，而是缺水。唯一能找到的水源是个浑浊的水洼，上面浮着一层黑色的尘土，中间还有只巨大的白色死虫子。另一件令人烦扰的事情是，有一大群大型丛林老鼠正在不停袭击我们的食物。

根据我的研究，有两条路线可以下降进入沟谷，一条是1994年英国部队走过的，从一个叫"独木"的地方通过，另一条是2000年一支西班牙队伍开辟的。尽管我们的计划看起来很荒唐，但我们不是唯一下降进入洛之谷就为了再爬上来的队伍。西班牙人2000年尝试过，2004年又有一支英国队伍尝试过。非常遗憾我们不是第一支，但是知道那么多知名攀岩者曾将这条峡谷视为值得付出的目标，也很鼓舞人心（鉴于我曾带队去皮特凯恩探险，有让人白费力气的前科）。

爬到营地正上方的一处山脊后，面前的山壁直落而下，深不见底。一座高耸的尖塔从幽暗的深处冒出来，就像托尔金小说中描写的景象。沟谷非常狭窄，无法看到岩壁底部，但黑暗之上的部分清晰、完整，中间夹杂着白色、绿色和黑色的虎斑纹路。岩壁的前 2 000 英尺似乎是个仰角，角度在最后 500 英尺变缓，直至缩小成为鲨鱼牙齿一样的山尖，刺破蔚蓝色的天空。我内心一阵激动：亲眼看着这面岩壁，它代表的正是我一心追求的那种挑战和冒险。但在考虑如何攀爬之前，我们需要完成漫长而危险的下降，进入令人胆寒的沟隙中。

第三天，绳降 2 000 英尺后，我站在一处覆满水藻的河床上做保护，通过保护器给绳。在我上方，亚历克斯正在器械攀登一段挂片梯子，这些挂片是 9 年前西班牙人留下的。我们本来打算开辟自己的线路，但是多年的洪水已经将岩壁底部数百英尺打磨得像陶瓷一样光滑，在现有的挂片旁重新打挂片完全没有意义。我们决定沿着西班牙人的线路通过这段马桶壁似的光壁，到达合适的位置后再攀爬未被触及的区域。

但是亚历克斯完全不会器械攀登。他一味用手臂拉起自己，而不是踩着绳梯往上爬，在不移动时也不会吊坐在安全带上。我当时至少爬过 50 条大岩壁线路，还从来没见过有攀岩者像他那样。

"嘿，有更简单的爬法。"我向上喊道。

"我知道，"他回应道，"我故意这么爬的，可以多锻炼一下体能。"我大笑起来，笑声在洞穴一样的谷中久久回响。他正在做的事非常荒谬，可这不正是攀登的本质吗：竭尽全力，让生活变得尽可能困难。

爬第二段绳距时，我碰上一块挡住前进线路的独立岩片，比亚历克斯所在的悬空保护站高 30 英尺。我像敲门一样，用指节轻敲石块，它发出鼓一样的响声。它的四面都有裂缝，我想不通它是怎么留在岩壁上的。"从旁边自由攀登绕过它。"亚历克斯看见我停下后喊道。但是岩壁上布满苔藓，没有好的手点可抓，除了那块岩片。接下来的攀爬，我就像在试探着去抓煎锅把手看它烫不烫。我往石块底部的裂缝中塞入一个小号机械塞，用力一扯。机械塞的凸轮滑出来时，石块跟岩壁脱开了，刺耳的巨响传开。空心砖大小的一块石头砸到我的胸口，划破三层衣服，砸破胸口肌肉后滚下山去。

"落石！"我大声呼喊，它在空中旋转下落，发出挥舞武士剑一般的呼啸声。亚历克斯漫不经心地往旁边一靠，石头就在距他一个身长的位置划过。几秒之后，它撞到谷底，撞击声在山谷中回荡很久。我马上感到肾上腺素在体内奔涌。胸部的伤口慢慢渗出血。我用头盔檐顶住岩壁，从两腿间的空隙看着下方没戴头盔的搭档。我们对视一眼，都没说话。

两天后，我跟亚历克斯又下降到山谷中。我俩的任务是在前面推进线路，康拉德、凯文和吉米在后面拖拽接下来一周我们在岩壁上生活所需的物资。这一次，我们晚上不再回大本营。想到将在岩壁上某个位置搭吊帐过夜，我就非常激动，虽然不知道究竟在哪里。我们已经到达离开西班牙线路的位置，我热切盼望着走出地图，进入未知世界。

亚历克斯那天出现时戴着浅蓝色头盔，那是他默默从勒南那里借来的，勒南负责留下来用长焦镜头拍摄我们攀登。这面峭壁在摄影师看来非常理想，因为它从一个坑中长出来，这意味着，勒南可以轻易在峡谷中的不同位置，向下或从对面拍摄我们。

那天快到中午时，我发现自己处境危险：我吊在机械塞上，只要晃动身体，机械塞两侧的石头就会移动。沙子、砾石正从石缝间流出，这可不是好兆头。我逐渐意识到，我选择的线路简直是个雷区，在未知地形上开辟线路的兴奋随之被恐惧取代。我像击打木琴一样，用锤子敲旁边和上方的石头，每块石头都有自己独特的音调，但没有一块传出敲到牢固石头时的刺耳金属声。我感觉自己在玩真人叠叠高游戏。一旦选择错误，就像我在第二段绳距上那样，偶然抽错一块石头，石块就可能像自动卸货卡车倒东西一样倒在我、亚历克斯和下方所有人身上。

"大胆爬吧，"亚历克斯不耐烦地喊道，他在我下方20英尺处，"轻点踩就没那么危险。"他说得对。这种类型的攀岩被称为"探雷"，过去是我的专长。在巅峰期，我自由攀登过一些极其不牢靠的线路，包括科罗拉多黑暗峡谷中的"深层恐惧"，加拿大落基山脉贝伯尔峰东壁线路，以及阿拉斯加迪基峰上一条全新线路的大部分。但是你需要极其自信才能自由攀登不稳固的石头。可能因为我还没有从第二段绳距上拉掉石头的阴影中走出来，或者因为我已经是3个孩子的父亲，又或者只是因为我不如以前强壮，总之我毫无信心。

我伸手去掏打孔装置时，亚历克斯再也隐藏不住他的厌恶。"你没开玩笑吧？"他说，"要打挂片吗？"在我给出肯定回答后，他说我的表现"过于老派"，这是在含蓄表达他认为我是个怂包。

打挂片会永久改变地貌。一旦在岩壁上钻出 4 英寸深的孔，它就会永远留在那里。出于这个原因，许多攀岩者，包括我自己，都尽量不使用挂片。我必须权衡，是不是要为了防止冲坠，防止拉掉所有保护，防止撞到亚历克斯保护我的平台上摔断腿，去"毁掉这场不可能的攀登"。想到自己脱落、骨折的画面，我马上有了答案。

一个小时后，我爬上一个 3 英尺宽、15 英尺长的缓坡平台。虽然只爬了一个正常绳距的 1/3，但这个平台是极佳的露营地，我非常高兴找到了停下来的理由，然后建起保护站。我攀爬的裂缝只延伸到这里，下一道裂缝有数百英尺远，中间隔着很宽的黑色岩石仰角区域，看上去完全没有放置保护点的可能。如果我继续攀爬，就意味着要在岩壁上打一串挂片。没人想看到这种情况发生，至少极不耐烦、焦躁不安的亚历克斯不想，他正在焦急地等着走出保护站的牢笼。

是时候用用秘密武器了，我一边想，一边为亚历克斯收绳；他来到平台上跟我会合时显得有点生气。"你对我的机械塞干了什么？"他质问道。因为需要取用一些铁锁搭建保护站，我把他机械塞绳套上的一些橡胶皮套取掉了。我爬得很短，但因为非常害怕，所以把大部分塞子都塞进了裂缝。我向他解释，在耗费数天的大岩壁线路上，将铁锁固定在每个机械塞上不合理。"我想我知道该如何管理自己的机械塞和铁锁。"他说。

"你为什么不把自己扣在保护站上？"我问。亚历克斯挨着我站在平台上，没有连接到任何东西上，我认为这是愚蠢且毫无必要的冒险，也这么告诉他了。但他已经对我失去信任，也受够了"安全先生"（他在旅途中给我起的绰号）的指导。他就那样不系绳地待着。

我以为亚历克斯一直是个吹毛求疵的家伙，但他的朋友克里斯·韦德纳后来告诉我，亚历克斯对人的态度2009年才开始改变。他们在2006年认识，那时亚历克斯还没有出名，他说亚历克斯当时说话声音柔和，待人体贴，对爬得不好的人非常宽容。2007年，他们攀爬酋长岩上的"金色之门"线路时，韦德纳几乎是被亚历克斯拉上去的。"他是个非常非常愿意帮助人的搭档，即使跟他相比，我爬得极其糟糕。"但是接下来几年，随着亚历克斯名气变大，他变成一个公众人物，韦德纳说他也变得更加自我。"我不知道是不是因为他年岁长了，对自己的能力更加自信，或是其他原因，"韦德纳回忆道，"但他确实变了，我都不太适应。"据韦德纳说，亚历克斯不能理解，为什么他的朋友不能像他一样充满攀岩激情，不能像他一样强壮，或者为什么跟他看待事物的方式不同。他变得丝毫没有同理心，韦德纳形容亚历克斯的自私就像"精神病患者那种自私"。

"他的执拗和刻薄极其夸张：'你为什么要喝咖啡，你为什么喝酒，你为什么往菜里加那么多盐？'"情况一度严重到韦德纳不再放盐，因为这比跟亚历克斯争论更容易忍受。

亚历克斯气哄哄地把橡胶皮套装回机械塞时，吉米也来到平台上。他抓起铁锁，跟亚历克斯一起梳理扣在上面的岩钩，就像整理钥匙串上的钥匙。有爪钩、天钩、鱼钩、尖头利珀钩和平头利珀钩❶，甚至有个自制钩子，那是我在家里的砂轮上打磨出来的。我把它叫作鹰钩，因为它形状像鹰嘴，另一个原因是我在酋长岩

---

❶ 以发明人埃德·利珀（Ed Leeper）的名字命名。

上听一个同名经典摇滚电台时想到可以做这么一个岩钩。吉米把岩钩放在岩壁上不同形状的棱上，解释选择这个而不是那个的原因，向亚历克斯展示如何测试岩钩是否放得牢固。他在一枚硬币大小的小石块上放置一个天钩，钩子形状类似牧羊杖，然后把体重压上去，金属尖插进小小的岩片后，他像拔掉坏死的脚指甲一样把它撬掉。"好好选。"吉米说，一边轻声笑，一边会意地看了下我。

几个月前，在喜马拉雅山脉梅鲁峰上 20 000 英尺的高度，吉米领攀过一个类似的绳距。有 20 多支队伍尝试过这条线路，其中包括一些世界上顶级的登山家，但没有一支取得很大进展。由于岩石的不稳定，吉米以大师级水准领攀的这一段后来被康拉德冠以"纸牌屋"之名，事实证明它是整条线路的关键。遗憾的是，队伍耗尽了食物和燃料，最后只能在离顶峰 100 米的高度下撤。

亚历克斯出发缓慢向上，在我看不见的小点之间做大跨度的移动。在踩一些脚点之前，他会踢一踢，测试它们是否牢固。很好，我想，他表现出一丝谨慎。他先往右，再往左拐，接着直上，翻越一处凸起，到达上方 25 英尺处的一个小平台，然后张开手臂像壁虎一样趴在岩壁上。他的绳子在空中舞动，我试着计算岩壁是否足够陡峭，让他在冲坠时不会砸到我所在的平台上。

"够高了，"吉米喊，"找个地方放好岩钩，打个挂片吧。"亚历克斯左手抠住一个小棱，伸手从安全带右侧的装备环上取下岩钩。他选出一个放在胸前的小棱上，轻轻向下搂，对它的牢固程度感到满意后，用一把快挂把自己的安全带扣在上面，慢慢把重量转移到岩钩上，左手仍然抓着手点，以防岩钩脱出来。

"岩钩绷紧正常吗？"他紧张地向下喊道，他的生命现在依托在一个 0.25 英寸宽的钢片上，而这块钢片则平衡在一个火柴盒宽的小沿上。

"完全正常。"我大声回答。然后亚历克斯打下人生第一个挂片，朝着上方一个看似平台的位置继续攀爬。他一直爬到绳子末端，沿途又放了 4 个挂片。当他高喊解除保护时，他已经出发两个小时，我和吉米看向对方。

这家伙刚刚在婆罗洲雨林疏松易碎的仰角岩壁上视攀完成了一段难度 5.12 的线路，并且看起来毫不费力。即使有顶绳保护，我仍然没有信心能够跟攀完成，因此用了上升器。到达保护站时，我抬头看亚历克斯。他的棕色眼睛睁得很大，看我的眼神跟先前完全不同。眼中的怒火已经消失，取而代之的是光芒和得意扬扬的笑意，他似乎全身都散发着光亮。我感觉自己好像刚从酷寒中走出，站在一堆烈火旁。我明白了为什么康拉德在跟亚历克斯攀爬酋长岩上的"厄尔尼诺"时，会为他倾倒。在亚历克斯发光时待在他旁边，感觉非常棒。"太刺激了，"亚历克斯说，"感觉太棒了。"我们击掌庆贺，我将手一转，握住了他巨大的手。他看着我微笑，现在我知道，我们可以毫无顾忌地抱怨对方，而不必担心这会损害我们的友谊。

吉米领攀了另一段，然后我们沿刚刚固定的绳索下降回营地。两个吊帐在上下两个紧挨的平台上，藏在白色的防雨篷下，四个拖包整齐地挂在帐篷门外，康拉德和凯文已经钻进上方的吊帐，因此我们三人挤进下面那个。平台的地形适合两个人睡在上面的帐篷舱里，一个人睡在帐篷底下的吊床中。

吉米向亚历克斯解释道，按照惯例，我们将通过猜拳游戏决定谁第一个去睡吊床，之后每晚轮换。"没事，"亚历克斯说，"我可以去睡吊床。"他从铝杆上翻下去，留我们享受上方相对宽敞的空间。他似乎乐意用一点点不舒适换取一些私密空间。

为了减轻重量，我们没带炉头，所以晚饭是装在塑封袋里的香肠、芝士和薄脆饼干，我们在两个平台间传递塑封袋，轮流吃饭。甜点是传吃一块焦糖牛奶巧克力。透过飘在中国南海上方的粉色和紫色云层，我可以看到远处陆地模糊的轮廓。我猜自己看到的是菲律宾。

"嘿，亚历克斯，你要给你领攀的那个绳距起什么名字？"康拉德问，他正在一个很小的黄色笔记本上画我们的线路图。大岩壁首攀后，为重要的绳距或地形命名是惯例。

"我还没考虑这个问题，"亚历克斯回答道，"不过你们觉得'埃米莉绳距'如何，美丽又吓人。""埃米莉"指的是埃米莉·哈林顿，康拉德最近刚把她签入北面运动员队伍。她22岁，跟亚历克斯年龄相仿，是世界上最好的女性攀岩者之一。她勇敢坚定，颇具吸引力，亚历克斯对她十分倾心。他知道攀登圈非常小，消息会迅速传开，埃米莉肯定会听说"埃米莉绳距"（她确实听说了）。我在亚历克斯这个年纪可没有勇气做这样的事。

我看向吉米，他刚欣赏完日落转过身来，双眼盯着防雨篷内侧。跟着他的目光，我第一次注意到，防雨篷破损十分严重，上面布满小洞和裂口。我记得康拉德在KK时就说，我们需要修一修防雨篷，用胶布补上那些洞，但我们一直没做。

"这是我们在梅鲁峰上用的吊帐，"吉米怀念地说，"当时天很冷，我们三个人挤在上面这层睡的。"

"你们会再回去完成梅鲁峰吗？"我问。

"算了吧，"他说，"我受够了。"

（两年后，吉米和康拉德、勒南一起回到梅鲁峰，完成了他们的线路。）

我们准备躺下睡觉时，亚历克斯已经安静下来，我猜他可能睡着了。我在大本营时注意到，他通常一天黑就上床。他是那种闭上眼睛就能睡着、一直打呼噜到早上的人。

"你们知道吗，我感觉自己像个胆小鬼。"亚历克斯突然开口。

"怎么讲？"我回应道，"你白天完成了我见过的最刺激的领攀。"

"我知道，"他回答，"但我吓死了。我不该那么害怕。"

第二天早上，康拉德、凯文和吉米沿绳上升，我和亚历克斯绳降下去试试看他能否自由攀登我们之前器械攀登通过的一些路段。我吊在挂片上给亚历克斯做保护，他正在磕一段难点，这时太阳突然钻到一片云后。之前的每一天，我们早上都是在晴空万里中醒来，基纳巴卢山周围丛林中夜间积聚的潮气在阳光下蒸发，云层慢慢堆积，并在午后发展为厚厚的积雨云，然后强雷暴席卷整片山区，伴以轰隆隆的雷电。起初我认为这些云跟之前的云层一样，但天很快暗下来，几乎变成黑夜。强风猛吹，大颗雨点砸到我们的头盔上。

"快他妈离开这儿吧。"我朝下方的亚历克斯高喊，我们赶紧沿着绳子返回吊帐。

回到营地时，雨已经从北边横泼过来，就像有人拎着水桶往岩壁上浇水。我们爬进吊帐，但跟待在外面区别不大。瀑布在四周倾泻而下，我听到峡谷下方传来阵阵咆哮，暴雨正在引发山洪。雨水从防雨篷上的洞里灌进来，大风剧烈地摇动着吊帐。我们听到呼喊声，接着有巨大物体下落的呼啸声。我从帐篷门顶的开口处向外望，看见电视机大小的石块在吊帐的各个方向落下。上方某个位置，康拉德、凯文和吉米仍然在恶劣的天气中"探雷"。

亚历克斯已经趴进吊床，并且不听我的劝阻，钻进睡袋。早上我把自己的睡袋收进防水袋中，扣在防雨篷顶部，所以它仍然干燥。但我的尼龙床已经像浴缸一样积满水。

床的两侧有两个金属扣眼用于排水，我从孔里向下看，看见亚历克斯苍白的脸露在睡袋外面。水从一个扣眼直接流到他的睡袋上。吊床没有类似的排水系统，而且还有防水涂层，所以肯定会积满水。亚历克斯固执地躺在一池水中，只是因为我告诉他不要那么做。他没有说出来，但是建议他收好干燥的睡袋，处理好目前的积水状况后再打开时，我想象得到他的想法，别瞎指挥我了，安全先生。现在可能是让这个高傲的小坏蛋吃点苦头的最佳时机，我看到他露在湿透的睡袋外的脸，他的表情似乎在说，是的，我就是蠢货，但我是个固执的蠢货，我决不让步！我笑了，他的脸上也慢慢现出淘气的傻笑。然后我们都大笑起来。

我听到外面有声响，穿过帐篷门，看到全身湿透的吉米在吊帐外的绳子上荡来荡去。

"康拉德还在爬。"他说。

"还在爬？"

"是的，他说他想爬完他的绳距，过去一点，我要进来了。"

我和吉米坐在各自的头盔上，像船员努力不让船沉下去一样，用杯子把尼龙床里的水往外舀。吉米掏出相机，将镜头对准我。我满脑子想的都是家里温暖的床。

"你在下面怎么样呀？"我喊道，探出身子查看亚历克斯的状况。我盯着他，虽然离他只有 3 英尺，但峡谷中的咆哮声让我们很难听到对方的声音。

"不太好，"他回答说，"我试着通过想女孩子打发时间，但没法集中注意力。"

"哇，看来你是真的很遭罪。"吉米从吊帐的铝框向外探出头发蓬乱的脑袋，对亚历克斯说，然后缩回来靠着湿漉漉的防雨篷。

"上面怎么样？"亚历克斯问。

"全是水，"我回答，"非常无聊，真希望带了本书来。"攀登者总是对重量斤斤计较，一般不往山上带书。2002 年，我参加沃伦·米勒娱乐公司组织的一次登山滑雪，在不列颠哥伦比亚海岸山岭的沃丁顿山上被暴风雪困了 3 天。为了不让自己疯掉，我和搭档"疯子里克"阿姆斯特朗设计出一个游戏：轮流用茶包上头戴圣诞老人帽的可爱小熊编故事。我们一连玩了好几个小时，轮流接对方的故事，努力编得荒诞不经，超越对方，故事的内容仅限我和里克知道。这些年来，在被风暴困住的多个露营地中，我讲过数不清的故事，有些完全是胡编乱造。我也曾像读《纽约客》一样读热巧克力包装袋上的说明。有一次在巴基斯坦，我在帐篷的地板上为一只我用岩钉拨弄进来的老迈苍蝇做了个迷宫。

几分钟后，亚历克斯的手里拿着一本撕了一半的书，从吊帐杆边伸过来。"拿去看。"他说，这是《卡拉马佐夫兄弟》的前一半。

"谢谢。"

"别客气。"他说

第二天早上雨停了，但是我们仍然被包裹在浓雾中，每样东西都湿透了。我翻身摸了摸睡袋底，它已经吸饱水。我和吉米就睡在一摊水中。那一刻，我只想结束整个行程。我告诉吉米自己的想法，他坐在我旁边，神色严肃。我喝着冰冷的速溶咖啡，摆出应该撤退的理由。吉米没有说太多，但我知道，他跟我的想法一致。这时，亚历克斯也从他的"刑讯室"中走出，站在平台上朝浓雾中小便。他没有说话，我认为他也默认攀登应该结束。

康拉德和凯文没有讲话，但我听到他们在吊帐里收拾东西。吉米刚要表达疑问，康拉德终于开口。"不要再哼哼唧唧了，"他强硬地说，"是时候干活了。"我和吉米难为情地看着对方，就像两个刚被父亲责骂的孩子。只是一场暴风雨而已。

三天后，我们到达顶峰，漂亮但没劲，似乎所有登顶都是如此。我们在线路上花费那么大力气，承受那么多风险，我认为顶峰难以匹配我们的付出是必然的。那种失落感太常见了，有的攀登者甚至说登顶毫不重要。这是种高尚的想法，但如果顶峰不重要，我们从底部出发时，到底要前往哪里呢？

康拉德曾告诉我，我会从跟"这个孩子"一起攀爬中学到很多，他是对的。亚历克斯让我想起那句攀登谚语："有老的攀登者，有大胆的攀登者，但是没有既老又大胆的攀登者。"他让我看到，或许是第一次看到，过去几年我在攀登上退了多远。在婆罗洲之前，我都没有意识到，如果我按照当前的退行速度，完全失去首攀新线路的欲望只是时间问题。

我的父母从来没攀岩过，一米也没爬过，他们一直在提醒我这种结局。"你觉得自己能爬到多大岁数？"一天父亲问我。后来，我有了孩子，他又问："不能爬了，你要做什么？"

"我只干攀登这件事。"我回答。父亲看穿了我没看到或者不愿承认的一个事实——我倾注生命的运动属于年轻人。确实有像康拉德这样的例外，他成了又老又大胆的攀登者，50多岁仍然走在这项运动的前沿。但是，跟他一起攀登加强了我不是这种人的觉悟。

自从父亲告诉我，一旦死了，我只是"虫子的食物"后，我就拼命寻找赋予生命意义的事情。但越是努力求索，答案越缥缈，随着时间流逝，我慢慢滑向虚无主义。如果生命真有内在的意义，我不知道它是什么。后来我发现了攀登，以及或许更重要的，攀登部落。攀登成为我的激情所在，那种激情带来的活力给了我此前缺失的方向和目的。攀登教我明白，狐狸对小王子说的那句话是什么意思——"人只有用心看才看得明白。重要的东西只用眼睛是看不到的。"

然而，我没有注意到，我在攀登上已经开始走下坡路，并且正在急速下滑。10 年前，我是初生牛犊，现在我虽然才 39 岁，可新一代年轻人已经开始称我为"老家伙""安全先生"。

所以我问了自己一个从没想过的问题：没有攀登，生活会变成什么样？我还没有准备好回答这个问题，但现在我不再像亚历克斯一样往前看，思索攀登将带我去往何方，我第一次看见了我筑建人生之路的地基上的裂缝。

打包营地物资回家之前，还有一项收尾工作——下撤采访。吉米和勒南拍了数小时的视频素材，康拉德、凯文和我给他们提供了许多材料，讲述年轻人与老人这个主题。我们基本上都秉持一个观点：跟亚历克斯这样优秀的年轻攀岩者一起攀爬，非常鼓舞人心。每一次惊人的猛扑，每一次非人类的下拉，甚至每一个低级错误，都强烈提醒我们，亚历克斯身上的那种激情仍然在我们胸中燃烧。

但要让这个主题成片，还需要亚历克斯承认，他实际上也从老人身上学到了东西。

"所以？"吉米边拍边问。

亚历克斯坐在营地外面的一块大石头上，茫然地盯着吉米。

"亚历克斯，说说吧。康拉德是世界上最有成就的全能攀登者之一。他有 40 多次远征经验。老实说你真的没从他那里学到任何东西吗？"

"但他不是一个真正的攀岩者。"亚历克斯回答。以他现在首次暴露的狭隘观点，如果你不能爬 5.14，你在山里所做的就是某种奇怪的探险徒步。他不会假装为之震惊。后来他说，他感觉像是吉米给他扔了根香蕉，然后说："好，现在跳吧，猴儿。"

"这家伙以为自己是老几？"吉米在亚历克斯离开营地后说，"我刚进这个圈子时对前辈极其尊敬。"

"是，我也是，"我回答，"我现在还是。"

"好吧，我向你保证，"吉米边收拾相机边说，"我再也不会跟他合作了。"

亚历克斯独自一人徒步下山。我和吉米走在一起，大部分时间都在讨论亚历克斯。这家伙就是个刻薄自大的怪胎，他不承认自己从老一辈身上学到经验，这是一种赤裸裸的冒犯。但是为什么我们仍然喜欢他呢？亚历克斯的自命不凡；他的傲慢；当你挫了他的锐气后，他看着你微笑——这些都非常可爱。你知道他在想，哥儿们，你难道没意识到我是个混蛋吗？你没有意识到，当你设法告诉我该怎么做时，你听起来有多愚蠢吗？这种态度放在大部分人身上，都令人无法忍受，但是放到亚历克斯身上，就变得有点可爱，可能因为他总能证明自己。比起攀登界普遍存在的假谦虚，亚历克斯的坦诚令人耳目一新。就像赞助商的商标一样，他的自大就贴在袖口上。

距离路口还有几分钟时，我们遇到坐在路边的亚历克斯。他早我们一个小时离开营地，而且走路很快，因此一定等了很长时间。"我在想，"他说，"你们想再做一次小采访吗？"我知道亚历克斯说我们的好话时不想有人在场，就走开了，留下吉米做采访。

第七章　非营利

迪恩·波特最初是被线路的名字——"深蓝海洋"——所吸引。他想象天空是一片深蓝色的海洋，如果滑脱，将坠入其中。第一眼看到线路，他知道，就是它了：这是一根灰橘相间的石灰岩柱子，在艾格峰西北刃脊上，高约 1 000 英尺，稍微有点仰角，难度5.12d，恰到好处——不是太难，但绝对不简单。

那是 2008 年 6 月，迪恩·波特在艾格峰底部，按他的话说，像"浮游生物一样生活"了一个多月。大部分时间都在下雨，尤其是下午，几乎一直被潮湿的雾气笼罩。为了打发时间，他和他的摄影师吉姆·赫斯特轮流徒步下山，到火车站里的自动售货机上买啤酒。一旦等到天气窗口，迪恩·波特计划背伞徒手攀登营地上方那个像墓碑一样高耸着的岩柱。迪恩·波特将穿上低空跳伞装备徒手攀爬这条线路，吉姆负责拍摄。如果一切按计划进行，在森德影视公司的下一部磐石影展影片中，会有他们的一个片段，该影展是每年探险运动的一个重要展示平台。

迪恩·波特一直宣称自己不为掌声或名利攀登，但在"精致拱门"闹剧之后，他急需挽救名声。事发两年后，人们还在

SuperTopo 论坛上谈论那件事，用"DA"（精致拱门的英文缩写）指代它。有时，情绪低落，迪恩·波特会怀疑自己还能否从这件事中走出来。他跟斯蒂夫的婚姻也因此毁了。他们还没正式离婚，但快了。现在又冒出个叫亚历克斯·霍诺德的少年，抢走所有风头。亚历克斯是极限运动领域的新面孔，所有赞助商都想跟他合作。迪恩·波特的事业面临无人问津的风险。他需要一些正面曝光。

只要天气稍微好点，他就独自攀上艾格峰西山脊，从顶上绳降下去，练习线路上的困难动作。如果条件允许，练习结束后，他会从一个叫"艾格蘑菇"的地方定点跳伞，在山谷中着陆，喝点啤酒，吃点法棍，然后徒步上山，回到营地。

"深蓝海洋"线路将是迪恩·波特首次尝试背伞徒手攀登这项大胆的新极限运动。跟单纯的徒手攀登不同，他会穿定点跳伞装备，这意味着掉落不会必然导致死亡。但这也不是定点跳伞，因为跳伞的时机——如果真的发生——是不可控的。如果意外滑脚或脱手，他就没有横向的起飞动量；从离岩壁几英寸的位置落下，他需要找到头朝外离开岩壁的方法，以防直接撞到岩壁上。

他能调整好自己，离开岩壁足够远以成功开伞吗？他看到过其他跳伞者因为伞开得不合适或被东西挂住，撞到岩壁上。那些人多数都死掉了。为了提高成功率，他能做的就是练习以扭曲、不可控的姿势跳伞，比如侧向掉落、翻滚掉落或者后仰掉落。一天，在第四个绳距上练习整条线路的第一个难点时，他往山下扔了块石头，这是他在山脊上捡到放兜里带着的。一个 1 000，两个 1 000，三个 1 000，四个 1 000，他默数，然后听到石头撞击岩壁底部缓坡的炸裂声。想象从线路不同难点掉落的次数越多，他越意识到，降落伞能提供的存活机会十分渺茫。背伞徒手攀登既不是徒手攀岩，也远不是带绳攀登。在一条超出自己能力的线路上尝试徒手攀登，风险高得离谱，即使对"黑暗巫师"迪恩·波特来说，也是如此。

时间拖得越久，波特越能感觉到压力和焦虑。他知道自己正在拿吉姆出气。他们讨论过这个问题。波特告诉吉姆，他非常讨厌自己对待吉姆的态度，但他控制不住自己。他说他必须变成一个控制狂，因为如果他无法控制生活中的每个小细节，又怎么能够在跳伞、徒手攀登和玩无保护高空扁带时保持控制？

这是波特的性格缺陷，他是阴郁个性和充沛生命力的诡异结合体。他知道自己也是这么对待斯蒂夫的，这是她离开自己的原因之一。现在他正这样对待吉姆——他认识最久的朋友之一。虽然吉姆脾气好，但一个人的忍耐度是有限的。波特刚刚因为吉姆没有完全按照自己的要求做咖啡对他发火。如果波特不收敛，吉姆也会马上离开。到时候谁来拍摄波特的艺术呢？

在艾格峰底部露营数周后，一天，他们醒来看到晴空万里。吉姆沿着山脊走到线路顶部。波特横移到岩壁的一个平台上，略过岩壁底部坡度较缓的几个绳距。在吉姆从顶上绳降下来时，波特开始攀登，一缕缕云朵逐渐在山顶聚集。爬到第四个绳距的难点时，云层开始翻滚、下沉，慢慢淹没上方的岩壁。吉姆吊在绳子上，在波特上方 25 英尺处端着相机拍摄：波特身穿绿色短袖和黑色短裤，背个紫黑相间的小包（里面是他的跳伞装备），飘浮在白色棉花的世界里。他抠住一个非常薄的侧拉点，用力锁住身体，往右上方很高的位置够一块棕色区域，那块岩石像河豚背部一样多刺。即使他完全抻长身体，离那个手点仍有 6 英寸。波特又尝试一次，结果一样。"见鬼。"他暗自骂道。有些不对劲。是因为跳伞装备吗？它太重了？他再试一次，仍然抓不到那个点。后来他意识到，是脚上得不够高，踩错了点。他调整脚的踩点，再次去拉，但小臂现在充满乳酸，手指因为抠得太用力几乎伸不直。跳伞装备像铅块一样压在背上。他意识到无法继续爬，需要跳下去。他扭头看到厚厚的云层已经完全将艾格峰北壁吞没，只能盲跳入云里，在完全看不清周围的情况下在空中调整方向——几乎肯定会出事。只有一线存活的希望。"哥们儿，"他高喊，"我跳不了，你得救我。"

吉姆正在全神贯注地拍摄，根本没有意识到问题的严重性。前一秒他还在透过取景框，看波特摸索那个够不到的支点，下一秒却开始疯了似的想办法挽救朋友的生命。吉姆迅速收起相机，丢下之前为防穿帮盘好扣在安全带上的绳子。他向后掰着 GriGri❶ 的把手，让保护器松开绳子，以超过安全标准的速度绳降，到达跟波特齐平的高度。吉姆脚踢岩壁，让自己像钟摆一样摆荡。波特正抓着两个难度达到 5.12 的小点，濒临脱手，随时可能不得不松手，冒险跳入浓浓白雾中。吉姆荡得越来越近。波特向左转头看吉姆，他们双目对视。波特扑了出去，刹那间他飞到空中，像熊一样双臂环抱吉姆的腰，两人叠在一起荡回笼罩着迷雾的艾格峰北壁。

停止摆荡时，他们震惊地看着对方，不敢相信刚刚发生的事。波特的定制定点跳伞装备上有条安全带，上面有个大号的 D 形环，吉姆腾出一只手，从自己的安全带上取下一把上升器，连在 D 形

---

❶ 一种可以自动锁住制动端的保护器。

环上，然后又把上升器扣在绳子上。他们轮流缓慢而小心地沿着吉姆那天早些时候铺设的固定路绳上升。

安全到达岩壁顶部的山脊后，波特朝吉姆发火，认为事情落到以救援收场全怪他，因为是吉姆强迫自己那天去爬。

吉姆受够了。他开始取笑、戏弄波特，让波特知道他有多么愚蠢。"如果你是为了拍摄而爬，不是为自己而爬，"吉姆说，"那你就是个白痴。"波特反击说要炒掉吉姆。如果真要这样，吉姆回答说，我就马上离开，删除这些素材。

这句话让波特彻底失控。"你不能毁掉我的艺术。"他咆哮着冲向自己的老朋友。

吉姆是极限越野跑高手，他手里拿着相机，开始往山上跑。那时天已经下起雨，整座山都淹没在浓雾中，能见度只有几英尺。波特跟在吉姆后面追，吉姆一直朝山顶跑。最终波特意识到他永远追不上了，便捡起一块石头，朝朋友扔去，差点打中。吉姆也捡了块石头朝波特扔去。两人相互扔了几分钟石头后，随着肾上腺素消退，都累得趴在地上，他们为自己在艾格峰上的这种幼稚行为感到沮丧。天上还飘着细雨，他俩都全身湿透；因为在乳白天空下跑出去太远，不知道自己身在何地。"气死了，我觉得找不到下山的路了。"波特说。吉姆仍然拿着相机，走到波特坐着的位置。

"嘿，哥们儿，你似乎有很多话想说，我们做个采访怎么样？"

两周之后，波特再次尝试，这一次他成功完成世界上首次背伞徒手攀登。吉姆也用相机记录了过程。这部影片最终出现在森德影视公司磐石影展的片子里。影片结尾，波特说道："通过推进自己的极限，我将不可能变为可能……相信自己，我认为这是挑战不可能最关键的因素。"失败的尝试、救援、石头战，这些都没有出现在影片中。

"酋长岩只是时间问题，而这个时间总是比想象的短。"2008年卡尔·布拉利奇在 SuperTopo 论坛上写道，"我还记得有一阵子人们认为自由完攀酋长岩几乎不可想象，更不要说徒手攀登。对不可能的界定我们需要三思。"

"月华拱壁"和"深蓝海洋"后的四年里，亚历克斯和波特的活动轨迹相似，两者的中心都是酋长岩。每个人都喜欢看对台戏，键盘侠选择 SuperTopo 作为平台，经常猜测他俩谁会抢到攀岩的圣杯。这已经不是可不可以的问题，而是什么时候的问题，以及两人中谁会摘得荣誉的问题。

"跟其他人一样，我肯定考虑过。"波特告诉《户外》杂志，"一旦开始对某件事产生执念，我就会想尽一切办法做成。"但是波特面临一个困境，因为酋长岩上最明显的徒手攀登线路都以"爆裂光板"开始。这块光板不够陡峭，不适合背伞徒手攀登，而这是他为自己设想的完成这项成就的方式。"我还没有找到解决这个难题的方法，所以现在还没有确定的计划。"

后来，波特在酋长岩西壁顶部找到一条"魔法通道"，可以通过它进入"搭便车"最上面的 6 个绳距。他从"猛鬼吓人"线路的顶部倒攀，然后沿酋长岩西壁上一个很长的平台——"感恩平台"——横移到达这个通道。2011 年他徒手攀登了这条 U 形连线，称它为"寄生虫"，难度定级是 5.11d。后来他告诉《户外》杂志，这是他从地面起步徒手攀登（酋长岩）的第一步。

在酋长岩最左侧，悬崖底部开始陡升的地方有一条叫作"西壁"的线路，该"西壁"不是指酋长岩西壁，后者是指"鼻子"线路左边的整面岩壁。"西壁"线路高 1 800 英尺，难度为 5.11c。许多人认为它的总体难度是 V 级（总体难度是对线路长度的定级，V 级和 VI 级才算大岩壁）。在峭壁最东边的拐角上还有一条"东支脊"线路，高 1 200 英尺，难度是 IV 级。酋长岩上的其他线路都是 VI 级。没有人将"东支脊"视为一条"酋长岩线路"，它只有 9 个绳距。但是攀登者对"西壁"线路的定位争论已久。完攀它是否可以合理宣称自己是酋长岩俱乐部的成员？SuperTopo 论坛上的大部分网民认为不是——他们的争论没完没了。一个自称 bvb 的人评论道："'西壁'线路带给人的心理压力跟正面的线路没法比……在难度 11b/c 的那段指缝上，暴露感即将出现时，岩壁突然将你遮挡起来，你不再觉得自己飞翔在悬崖之上。"

2012 年 5 月，波特跟他的朋友肖恩·利里从"西壁"线路横移到"寄生虫"。波特告诉肖恩，他打算在这条线路上完成酋长岩的首次徒手攀登。小道消息在优胜美地迅速传开，但亚历克斯很早就知道了波特的计划。

两天前，亚历克斯跟汤米·考德威尔在 21 个小时内自由完攀了优胜美地公园内 3 座最大的岩壁——酋长岩、半穹顶和沃特金斯峰。这次魔鬼连攀总计有 7 000 英尺高难度垂直岩壁——77 个绳距，最高难度达到 5.13a。波特和蒂米·奥尼尔在 2001 年首次尝试连攀，但是器械攀登了大部分困难路段。经过刻苦训练，用自由攀登完成连攀，从而胜人一筹，这本是波特的主意。那时，他不必担心其他人捷足先登。但是亚历克斯和汤米登场后，情况发生了变化。

波特一直在跟利里为自由连攀训练。他们计划从每座岩壁的顶部跳伞下来，节约徒步下山的时间。汤米和亚历克斯认为"三连攀皇冠"是波特的创意，出于尊重，他们推迟尝试，留给波特几个岩季去完成。但到了2012年春季，波特还没准备好，他们认为等待的时间足够长了。

亚历克斯不想在"西壁"线路上再羞辱波特一次，但他也不想整个后半生都要向人解释，"西壁"线路为什么算不上真正的酋长岩线路。你很难向非攀岩者解释那种微妙的差异。亚历克斯后来告诉我，如果波特徒手攀登"西壁"，然后称自己是首位徒手攀登酋长岩的人，那"将是世界上最令人厌恶的事，我忍不了"。休息一天，又花一天时间到线路上练习之后，亚历克斯徒手攀登了"西壁"线路。他跟几个人说了这次攀登，随后消息传开。这很重要，如此一来，波特就会知道，这项成就不是那么伟大，不要因此自称首次完成了什么。当然，SuperTopo论坛上马上有了一个帖子。亚历亚斯后来承认是他发的，"专门为了教训波特"，他说那可能是他最公开的竞争行为。

第二天，波特徒步上山，取走存放在"西壁"线路底部的装备。他再也没有爬过那条线，也放弃尝试自由完攀"三连攀皇冠"。做已经有人完成的事还有什么意义？

几天之后，亚历克斯跟一群人出去抱石。到了抱石场地，发现波特在那里。"我很怕他会打死我。"亚历克斯告诉我。但是波特很友善，很尊重他，也一点没提"西壁"或者"三连攀皇冠"，不过，他显然明白——很可能比任何人都懂——亚历克斯过去一周取得的成就。他大度地向对手脱帽致敬，这个对手刚刚抹去人们对谁是优胜美地王者的最后一丝疑问。波特是时候找个新的帽钩挂自己的帽子了。

"成为王者的感觉很棒。"梅尔·布鲁克斯在他的经典影片《帝国时代》中说。成为攀岩界的王者确实带来了好处。2011 年，部分由于《60 分钟》的专题报道，亚历克斯很快成了美国家喻户晓的攀岩者。他为花旗银行拍摄商业广告，工作两天的报酬超过他姐姐斯塔西亚在一个非营利机构过去 5 年的工资。他跟北面签了一个多年的合同，赞助费高达 6 位数。他的经纪人甚至为他运作了一个商业项目，即徒手攀登世界最高建筑物——1 671 英尺的台北 101 大厦，并由电视实时转播。这次攀登预计将为他带来 6 位数的收入，耗时最多几个小时。不过项目没有成行。

现在亚历克斯的收入是几年前的十多倍，然而他的花销跟职业生涯起步时相差不大。他仍然住在自己的房车里，每年的支出大约是 15 000 美元。他的财务顾问想要跟他谈论指数基金、房地产和个人退休金，但亚历克斯另有打算。

2010 年秋，亚历克斯和我，还有吉米·金等人一起去乍得攀岩。我们是第一批探索撒哈拉南部边缘面积达 23 000 平方英里的恩内迪高原的攀岩者。我们首攀了大约 20 座独立的砂岩塔峰。不过，给亚历克斯留下深刻印象的不是攀岩。这是亚历克斯第一次来到发展中国家，也是他第一次亲眼见到真正的贫困。2010 年，乍得的人均寿命是 49 岁。

为了去到恩内迪，我们需要在野路上开 3 天车，跨越整个撒哈拉。大约在路途中段，在如邦纳维尔盐碱滩一样茫茫无际的平原中心，我们遇到两个骑骆驼的人，两头骆驼都驮着沉重的物资。两人裹着头巾，待在原地，瞪大眼睛盯着我们，然后其中一个跳下来，从褪色的布兜里掏出一个破破烂烂的铁碗，开始往碗里挤骆驼奶。盛到一半时，他慢跑到我们的车前，给我们喝漂满气泡的鲜奶。亚历克斯拿起碗，喝了一口。我们给了他们一些面包和水。他们走远后，亚历克斯问地接："他们是什么人？"

"他们是图布人，"他回答，"从利比亚回来，骆驼背上的包里装的是换来的盐和其他生活必需品，他们正在把这些东西运回自己的村里。"

"哇。"亚历克斯惊叹着缩回路虎车的座位里。这些家伙无后援穿越沙漠的献身精神令我们所有人震惊。这有些像亚历克斯去徒手攀登，只不过这些家伙是为了活下去。不像我们，他们不必人为地创造挑战，好让自己的生活变得艰难。

我们有6个人，两辆吉普车，但亚历克斯和我总会坐到一辆车，也许因为只有我和他想说话。我可以抛出任何话题，亚历克斯必然会有自己的观点，至少愿意唱反调。我们大部分时间讨论的都是攀岩，但也探讨灵性、无神论、宇宙、奇点，以及我个人最喜欢聊的——心电感应。我们很少讨论人，有一个人除外——约翰·巴卡尔。巴卡尔在前一年的7月份去世。徒手攀登150万英尺——据他个人估算——后，他最终在52岁从岩壁上掉落。没有人知道具体发生了什么。他住在加州的马默斯莱克斯，事发时正在自家附近一座80英尺的岩壁——戴克墙上徒手攀登一条难度5.10a的线路。拐角处的几个攀岩者听见一声低沉的巨响，就像有人从岩壁顶部扔了个背包下来。他们跑过去一看，发现是他。

他的死震惊整个攀岩圈。像约翰·巴卡尔这样的硬汉怎么会出这种事？亚历克斯拒绝相信巴卡尔脚滑了，那天他在吉普车中解释了一番。他推测是突发心脏病或中风。又或许在他出手够一个很高的点时，一只在岩壁顶上蹦跶的小鼠踢下一块石头，正好砸中他的头部。"肯定有意外情况，"亚历克斯说，"约翰·巴卡尔不可能是自己掉下去的。"

那时，我感觉亚历克斯只是在合理化自己的想法。巴卡尔可能就是脚滑了。糟糕的事情总会发生。但是在我仔细研究过巴卡尔死前的状况后，我发觉亚历克斯的直觉可能是对的。

截至 2006 年，巴卡尔跟一家名为 Acopa 的攀岩鞋新品牌合作了 3 年。他在设计鞋，经常到墨西哥一种特殊黏性橡胶的生产地出差。退出优胜美地攀登圈后，他逐渐找回自己的攀岩状态，经常徒手攀岩，难度达到 5.11。但这时真正赋予他生命意义的，是他 9 岁大的儿子泰勒斯。巴卡尔仍然会演奏他的旧萨克斯，最喜欢跟泰勒斯分享他对音乐的热情。那年夏天，他从盐湖城的户外零售展开车返回加州的家，在驾驶途中睡着了。醒来时，他发现车身翻转躺在路边，自己的脖子骨折。坐在副驾的女朋友因为系着安全带没有受伤，但是在后座睡着的生意伙伴史蒂夫·卡拉法被甩出车外，当场死亡。

一年之后巴卡尔才回到岩壁，终于重新开始攀岩，并且慢慢地捡起徒手攀岩。但他变了一个人。车祸让他仿佛老了许多，不仅因为他的脖子断了 5 根椎骨，更因为他永远无法原谅自己害死一个好朋友。朋友们非常担心他。有人某天在毕晓普的欧文斯河谷看见他徒手攀岩，动作看起来很不稳。迪恩·菲德尔曼当时正在跟巴卡尔合作编写一本关于岩石大师的书，他在巴尔克摔死一个月前问道："你还好吗？还能爬得稳吗？"

这个问题激怒了巴卡尔，他生气地回道："稳，我他妈稳得很。"

摔死前两周，巴卡尔在 SuperTopo 上写了下面这段话：

巴卡尔

岩馆选手

马默斯莱克斯，加州

有人得过颈椎狭窄这种病吗？

确切地说是颈椎椎间孔狭窄？

你有哪些症状？怎么出现的？做过哪些治疗？

治疗有效吗？

想听听一些攀岩者的观点。

谢谢，JB

有几十个人回复了。几天之后，巴卡尔再次发帖：

感谢大家的回复。现在我在做深层组织按摩和针灸，似乎有点效果，但是我只做了6周，每周一次。

我的左臂和肩膀还有些问题，用力扭时，就像有人突然关了开关。我会听听我的外科医生怎么说，也会继续治疗，看看伤情是否好转。

同时我会参考其他攀岩者的经验——如果有的话，并且想想自己该如何处理这个问题。

感谢大家的回复，这给了我很大帮助。

2012年秋天，亚历克斯跟朋友莫里·伯德韦尔在埃尔多拉多峡谷攀岩，这片岩场就在科罗拉多的博尔德城外。那天晚上他们开车回城里时，亚历克斯随口提及，他在考虑做一个非营利基金会。他说想利用自己的名气和一些可支配的收入，让这个世界变得好一点。他告诉伯德韦尔他在乍得看到的贫困，以及他对世界的看法因之发生的变化。

伯德韦尔在俄克拉何马出生、长大，在威奇托山训练攀岩。他当时已经成为博尔德的执业律师，业务方向是商业、企业和非营利机构。伯德韦尔正好具备亚历克斯寻求的专业技能。

几周之后，亚历克斯和我出发前往阿曼的穆桑代姆半岛，做一次航海攀岩远征，霍尔木兹海峡南部海岸上一块神奇的峡湾陆地令我们心驰神往。三周里，我们探索了整片区域巨大的攀登潜能，在海岸线上发现数百英里无人触摸过的峭壁。我们还了解到偏远小渔村的库姆扎里人的生活，那里只有坐船才能到。库姆扎里是个家族网络，有自己混杂多种语言的方言，这是从古至今一直在发生的文化冲突的遗产。语言学家们不知道库姆扎里人的语言是如何发展的，但它混合了波斯语、阿拉伯语、印度语、葡萄牙语、法语、意大利语、西班牙语，甚至英语。一种说法是，库姆扎里人是来自大陆的游牧民族，后来被阿拉伯人、也门人和葡萄牙入侵者驱赶到半岛的最边缘。另一种更有趣的看法（我编造的）是，他们的祖先里有被冲上岸的沉船船员，时间或许可以追溯到中世纪。

亚历克斯大部分时间在做自己的事。我经常在早上用小船把他送到岸边，看着他到村里去溜达，随后他会去探索这些村子后面的岩壁。除了亚历克斯自己，没人知道他去过哪里，遇见了谁，或者首攀了多少岩壁。但有一天晚上回到船里时，他很兴奋，因为他在徒手攀登很长一段距离后发现，在一个高耸、孤立的山脊上，有座神秘的堡垒。

"我无法想象他们是怎么建造的，又是为什么而建。"他思索着，眼里散发出那种我只在他完成困难的攀登后才见过的光亮。

从中东回来后，亚历克斯马上给伯德韦尔打电话。去埃尔多拉多峡谷攀岩后的几个月里，他分析了自己的选择，意识到没有比伯德韦尔更适合运营霍诺德基金的搭档。"你愿意帮我让这个基金落地吗？"他问。

"我一直在期待你问这个问题。"伯德韦尔回复。

几天之后，他们起草公司章程，申请免税的非营利组织身份。他们建好网站，注册 Facebook，发布基金的使命："霍诺德基金致力于在全世界范围内推动太阳能的普及，以减少环境破坏，解决不平等问题。"

他们没有公布亚历克斯个人捐赠 50 000 美元（当年收入的1/3）启动基金——他的财务顾问曾经建议他把这些钱投资于一个互惠基金。"亚历克斯不善于表达内心情感，"伯德韦尔说，"但他跟其他人一样感情丰富。他是那种用实际行动表达的人。"

基金启动后不久，亚历克斯在一次演讲活动中遇到特德·赫瑟。赫瑟也攀岩，那时，他正在为纽约的彭博新能源财经做清洁能源的市场调研。他的工作是撰写关于该行业一切变化的报告。奥巴马总统在任期内大力推动清洁能源，所以这个产业正处在拐点。技术的变化速度远远快于相应的政策变化。政府和企业的巨额投资正在进入清洁能源行业。赫瑟的工作是找出赢家和输家。

他开始给亚历克斯发送自己的报告。这些报告长达 20 到 30页，内容极其专业，赫瑟说他的大部分客户都不会看，更别提理解了。但亚历克斯读了，而且读得很认真。他向赫瑟提出的问题尖锐、直指核心。亚历克斯没多久就意识到，霍诺德基金可以产生最大影响的地方是非洲乡村，那里的许多人还没用上电。更具体地说，亚历克斯对随用随付的太阳能系统感兴趣。赫瑟在这个产业工作十多年，已经得出结论：这就是清洁能源市场上一块独特的蛋糕，也最有可能带来革命性变化。他没有向亚历克斯指明，只是发去报告，亚历克斯完全是自己想到的。"他凭借自己的聪明才智和逻辑推理，很快就找到答案，"赫瑟说，"真的十分惊人。"

霍诺德基金的第一个项目落地在亚利桑那州纳瓦霍的凯恩塔地区，亚历克斯、伯德韦尔、锡达·赖特与合作方大象能源一起，为当地人安装太阳能面板，这里的居民等待接入电网已经很多年了。接下来还有更多项目，去安哥拉的未知区域攀爬新线路的旅程也结合了太阳能项目。

但是亚历克斯没用自己的明星身份扩大霍诺德基金的体量。他捐出自己的大部分收入，谨慎细致地做每一个项目，没有任何吹嘘和宣传。伯德韦尔说，亚历克斯没有高调宣传自己的基金，是因为那时基金做的事还很少。"他在放长线。"赫瑟认为。

"亚历克斯跟钱的关系十分有趣，"赫瑟说，"对于每年捐赠30%～40%的收入，他比其他人表现得从容。亚历克斯不像大部分人那样在意钱。这是他性格的一部分，也是他独特的原因。"

赫瑟跟我讲过一件事。亚历克斯在旧金山对着一帮金融大佬演讲。分享结束后，亚历克斯思考他对风险的看法跟台下的听众有何不同。"他们确实可能赔光自己对冲基金里的所有钱，"亚历克斯说，"但是他们仍然可以回家，晚上睡在舒适的床上。他们不会死。"

第八章 秘密的"黎明墙"

房车在 120 号高速路上飞驰，拐过一道弯，轮胎发出摩擦地面的声音。亚历克斯没有全神贯注于路况，他很少专心开车，也很讨厌开车。"开车就是浪费生命。"他曾经告诉我。开车一直是他处理杂事、查看邮件的时间。有时，在较直的路上，他会阅读《纽约客》的长文。但是在 2015 年 1 月 14 日这个漆黑的晚上，亚历克斯有点心烦意乱。他正在跟贝卡·考德威尔讲电话，得到一个不好的消息。亚历克斯本来计划带着汤米和贝卡 22 个月大的儿子菲茨爬到酋长岩顶部，去迎接登顶"黎明墙"的汤米，现在计划取消了。

汤米和搭档凯文·乔治森已经在岩壁上爬了 18 天。现在他们离顶峰只有几个绳距，而且这些绳距的难度完全在他们的能力范围内。汤米第一次设想这趟攀登要追溯到 2007 年。那时，没人想过可以自由攀登酋长岩上这块最高大、最陡峭的区域。这个想法太超出现实，汤米甚至怯于承认他在考虑这件事，至少一开始是如此。第一次从这面岩壁绳降下去查看时，他发现有很长一片区域似乎都爬不了。但他没有气馁，这种不可能性深深吸引了他。

"黎明墙"很快变成他的执念。凯文在2009年秋天加入进来，成为他的搭档。接下来几年间，两人在酋长岩的这面岩壁上花费数月时间，逐渐拼凑出一条线路。在汤米首次设想这一壮举的7年之后，它终于近在咫尺了。

阻止亚历克斯的人不是贝卡。她跟汤米一样，认为这个计划相当安全，即使亚历克斯是想带着菲茨走"东平台"——这条线路是登顶酋长岩的捷径，途中有个500英尺高的峭壁。亚历克斯原计划将菲茨放在婴儿背包里，然后把背包绑在自己背上，沿固定路绳推上升器爬到山顶。怎么可能有问题呢？问题出在汤米主要的赞助商巴塔哥尼亚那里，他们听说了这个计划，公司管理层不太喜欢。亚历克斯恼怒的是，这些人不理性，没逻辑，胡乱担心可以忽略不计的小概率事件。亚历克斯的副驾上坐着乔·胡珀，《男士》杂志的记者。胡珀打算陪亚历克斯爬到酋长岩顶。亚历克斯挂掉电话后，转头对胡珀说："典型的公关废话，真恶心，这就是她（巴塔哥尼亚市场部的员工）坐办公室的原因。我们不坐办公室，因为我们做实事。"他停顿一会儿，随后补充道："我真他妈讨厌做公关的人。"

第二天早上，亚历克斯和胡珀爬到酋长岩顶上时，凯文和汤米距离登顶只有几百英尺。有40多个人前来庆祝这一重大时刻。人群里有很多记者，包括《纽约时报》的约翰·布兰奇，还有一位来自美国广播公司、穿着闪亮时髦军靴的活跃女摄影师。贝卡、凯文的女友和父亲也在。有朋友，有赞助商，甚至有些看热闹的人，他们是当地的流浪攀岩者，不会错过这个历史时刻。这种氛围让胡珀想起音乐会后聚在后台的人群。烟味在空中飘荡。

阴影中还残留有几块冰，但气温适中，天气晴朗。攀岩者称这个时期为"一二月"。几个摄影师吊在峭壁边缘的绳子上，告诉大家汤米刚刚到达最后一个保护站。但这个保护站在岩壁边缘下方一个大家看不到的地方。每个人都在等待汤米和凯文出现时，亚历克斯跳下陡峭的光板，消失在边缘处。汤米登顶时，亚历克斯正在那儿等他。他们拥抱了一下，汤米保护凯文上来时，两人闲聊起来。等凯文登顶，亚历克斯祝贺两位朋友完成人生中最重要的攀登后就走开了。在相机的闪光灯中，两位蓬头垢面、满脸胡须的攀岩者摇晃着爬上最后的大光板，他们的腿已经近三周没有接触平地。在人群的注视下，汤米和凯文停下来，互相拥抱。

汤米患上感冒，嗓子哑了，看起来有点不知所措。他笨拙地抱住妻子，显然不太适应跟这么多人分享这个亲密时刻。他大概爬过 60 次酋长岩，但在此之前，最多只有一两个朋友在顶上迎接过他。凯文正相反，他像得胜归来的英雄一样，兴致高昂地接受人们的欢呼。他跟美丽的女友热烈拥抱，相机闪光灯在他们周围响个不停。有人递给他们香槟。汤米拧开他那瓶的瓶塞，开始喝起来。凯文摇晃他那瓶，像刚刚赢得世界冠军一样往周围喷洒。众人欢呼起来。

庆祝稍告一段落后，胡珀上前祝贺汤米，正跟汤米握手时，一个巴塔哥尼亚的人把他赶走，说现在"禁止靠近"汤米。这个人是庆祝仪式的负责人，管得相当多。

不一会儿，这个巴塔哥尼亚的负责人大喊："如果电话铃响了，大家都得安静，可能是总统打来的。"人群中传来一阵低声议论。

"要是总统打电话来，也太倒胃口了。"有人说。奥巴马确实发来贺电，但那是后来的事。

亚历克斯站在人群后面静静观察。在这之前，他是世界上最著名的攀岩者，但现在不是了。这个名号如今属于汤米·考德威尔。汤米和搭档在 12 月下旬离开地面开始攀爬后不久，消息就迅速传开：勇猛的攀岩者正在奋力攀爬世界上最困难的大岩壁线路。通过高速网络信号，汤米和凯文每晚在吊帐中用智能手机在各自的 Instagram 和 Facebook 上更新攀登进展。这就像电视直播，只不过你可以发表评论，幸运的话，还能跟场上的明星交流互动。

情况并非一直如此。千禧一代不了解过去，但在互联网普及之前就开始攀岩的我们知道，过去攀登者出发远征之后，将跟外界切断联系。1996 年我没有搭乘航班按时从巴芬岛回来时，我的父母没有办法知道我是死了，还是没能按时返回。进行大川口塔的那次 Quokka 实验时，我们还不知道互联网和社交媒体的兴起将对攀登文化造成如此深远的改变。到 2015 年，职业攀登者不仅有可能让粉丝为自己的攀登实时点赞，而且他们期待如此。赞助合同经常包含社交媒体方面的约定：多久更新一次，使用什么标签词，甚至用哪些创造性的引导语。无论好坏，社交媒体已经成为攀登者相互交流的主要方式，也是宣传自己成就的重要渠道，几乎没有人不被卷入这场风暴。

汤米和凯文在岩壁上的 19 天里，大部分时间是在所谓的大本营中度过的，这是离地面 1 200 英尺高的一个吊帐。固定路绳直通地面，每隔几天，一些好友就会沿着绳子爬上来，送几包补给物资。某次运送补给时，亚历克斯带着一包东西爬上来。到达吊帐后，他看着汤米问："哥们儿，我本来以为你们会极其硬核，这会是引领未来的攀登。怎么搞出这些乱七八糟的事来？"典型的亚历克斯行为。汤米后来说，大多数人都认为十分出色的事情，在亚历克斯那里会变成"差劲"。

线路的难点就在营地上方，一片被称为"方解石横移"的区域，约 200 英尺长，是一条水平的光滑方解石带，角度几乎垂直，需要依靠摩擦力攀登。即使在上面掉落过数百次，汤米还是为寻找通过这片障碍的方式努力了数年，这是他永不放弃的证明。后来，离开地面一周后，他终于找到解开这个谜题的动作顺序。事后，他也不确定自己具体是如何通过的。没有什么比竞争更能激发人的潜力，汤米的成功强烈地鼓舞着凯文，接下来他的尝试也成功了。那个绳距可能是大岩壁线路上最难的，定级为 5.14d。不过后面的第 15 个绳距也同样困难。汤米次日红点了这个绳距，但凯文差一点，他掉了一次又一次。每尝试攀爬一次那些刀刃般锋利的小点，他指尖的皮就磨薄一点，直到中指指肚被划破。"那些动作很难，但问题是，你必须想要去抓点。"一天晚上，凯文在吊帐中接受采访时，告诉记者安德鲁·比沙拉特，"你需要对疼痛不管不顾，这很难。"

他用胶水将破口粘起来，并且不得不用胶布把指尖缠上，这将极大地限制他抓握岩点。如果伤口越来越大，血液渗出来浸湿胶布，就会像抹了润滑液，无法再继续爬。

这些故事都被分享在 Instagram 上，并且被一直跟拍此次攀登的摄影团队记录下来，森德影视公司将制作一部长纪录片。人们发出疑问：如果凯文卡在第 15 个绳距上怎么办？汤米会扔下他继续爬吗？如果凯文不能分享成功，他会愿意支持汤米，一直保护他登顶吗？如果他们中只有一个人成功，这次攀登算不算数？在网民随心所欲地争论那些吹毛求疵的问题时（包括汤米是否可以宣称自己完成一次自由攀登，因为他在完成下方一些简单的绳距时，是跟攀，而不是领攀），凯文每天都继续保护汤米红点更多绳距。晚上汤米则会保护凯文，让凯文一天接着一天尝试第15个绳距。

就在所有人都认为凯文出局时，他奋力一击，挽救了自己此前在"黎明墙"上的所有付出。随着胶布从用胶水黏合的指尖上一点点滑脱，凯文大叫一声，扑向最后的把手点，也是整个绳距上唯一的好手点。这一次，他抓住了。

这不是第一次全世界焦急等待看攀岩者能否成功登顶"黎明墙"。类似情形在45年前发生过。那时人们还把它称作"第一缕阳光照到的墙"，它的首攀由沃伦·哈丁和迪恩·考德威尔（跟汤米不是亲戚）在1970年完成（采用当时传统的器械攀登），也标志着这项运动历史上最伟大的竞争达到顶点。

20世纪50年代被认为是优胜美地的黄金年代，见证了峡谷内一些大峭壁的首登。这种规模的攀岩逐渐被大家称作大岩壁攀登。因为以前没有人爬过这么高的崖壁，跟这些高大独峰斗争的人需要发明新工具和新技术。这个时期最活跃的一群人中，罗亚尔·罗宾斯和沃伦·哈丁因为个性上的极大反差，代表了黄金时期的阴阳两面。

罗宾斯严肃认真，是来自伯克利的知识分子，他身上总带着一个牛皮笔记本，记录从阅读中得到的想法，他似乎总在读有趣的书。罗宾斯一直留着军人般的发型，短而整齐，戴着玳瑁眼镜。他高大有力，有着运动员的身材，给人一种威严甚至自大的感觉。他是极有天赋的自由攀登者，在1952年17岁时开辟了美国首条难度 5.9 的线路——南加州塔奎兹那条"打开的书"。

罗宾斯是个纯粹主义者。对他来说，攀岩重要的不是登顶这个结果，而是登顶的方式。他支持极简主义的攀登原则：攀岩者应该尽量少留下痕迹。他不仅要求自己和搭档遵守这个标准，还要求所有攀岩者都遵守。到他成年时，岩壁的裂缝已经因为岩钉的使用，留下永久疤痕，岩钉被一次次锤进又拔出，使岩壁上的洞逐渐扩大。所以攀岩需要遵守一定的规范，未来的攀岩者才能继续享受现有的岩壁。作为这项运动的领军人物，罗宾斯认为他有义务让大家知道原则是什么。

哈丁在各个方面都是另一个极端。他狂野而富有魅力，有种粗俗的幽默感。他超速驾驶，酗酒，身边经常有漂亮姑娘陪伴。他的眼睛里似乎永远闪着坏主意。哈丁身材矮小结实，说话时音调很高，他留着长发，经常用发胶抹得光亮，也很少剃胡子。朋友给他起了个绰号，叫"蝙蝠人"，因为他大部分时间总是头朝下倒挂着。

哈丁认为，攀岩就是反秩序。他毫不在意那些不喜欢他攀岩风格的人怎么想。他称罗宾斯及其支持者为"峡谷清教徒"。为了反对他们的高尚原则，他创立了低山吃喝玩乐俱乐部，宗旨是暴饮暴食、懒惰行乐。他们的格言是"享乐万岁"。我参加过一次他们的聚会——蝙蝠人的 70 岁生日会，办在内华达山脉东面一个无人知晓的偏远岩场。我记得沃伦的白色 T 恤上满是红酒污渍，天黑后不久，他颤颤巍巍地走向自己的帐篷。那天晚上晚些时候，他的好友们因为要睡觉，数次警告我们不要说话后，殴打了我们。我的一个朋友被一个老家伙用铲子打了一下。

但罗宾斯和哈丁有一个共同之处，那就是强烈的好胜心，尤其是要胜过对方。在争夺峡谷各面岩壁的首攀中，罗宾斯在1954年用7天时间登顶半穹顶，率先取得优势。听到罗宾斯和他的队伍完成半穹顶首攀时，哈丁也正为此做准备。他们在山顶相遇，哈丁表示祝贺，但心里憋了一肚子火。"我们十分不服，在峡谷里抱怨了几天，谋划该如何反击。"哈丁后来回忆，"比半穹顶简单的线路都不在考虑范围内，我们要去爬更大的线路。"

因此他决定去尝试峡谷皇冠上的明珠——酋长岩，它是北美除巴芬岛（那时候还没被攀岩者发现）外最高大、最陡峭的岩壁。他对这座庞然巨峰的进攻开始于1957年7月。哈丁和两个搭档——马克·鲍威尔和威廉·"傻瓜"·弗雷尔——很快发现，他们被高耸的掌缝和拳缝挡住去路，和这些过宽的裂缝相比，他们携带的岩钉都太细了。回到地面后，他们向好友弗兰克·塔弗说明遇到的问题，弗兰克锯下一些老式木柴炉子的腿，制成适用于那些宽裂缝的简易岩钉，解决了这个问题。今天这段岩壁就被称为"炉子腿"。

哈丁和一组不停轮换的搭档花费两个攀岩季，才在酋长岩中央完成了他们的杰作，这条线路因为沿着岩壁中间的脊线往上，被大家称为"鼻子"。罗宾斯和他的队伍攀登半穹顶时使用了阿式攀登，哈丁和他的团队完全相反，固定了数百英尺的路绳，跟1953年首登珠峰的方式类似。因为铺有尼龙绳，攀岩者可以在岩壁上下穿梭，往多个营地拖拽食物和装备，包括大量的廉价红酒，有一次还有一整只感恩节火鸡，那是哈丁的妈妈亲手烤的。

哈丁、韦恩·梅里和乔治·惠特莫尔（鲍威尔和弗雷尔早已退出）在1958年11月12日登顶，总共花费45天才打通整条线路。"打进最后一个挂片，用尽最后力气从峭壁边缘翻到山顶时，我不清楚

加拿大巴芬岛地区，杰夫·查普曼在极地太阳塔峰的北壁上沿固定路绳爬升。马克·辛诺特摄

上图中的查普曼拍摄的反像。队伍在开辟新线路"伟大而秘密的表演"时，在这个吊帐中度过了36个夜晚。马克·辛诺特影集

"美国疯狂小子"，大约拍摄于1982年。上排左起：保罗·格彻尔、墨菲·阿恩特、杰夫·查普曼、斯科特·菲茨杰拉德、作者、布鲁斯·巴里、本·巴尔、姓名不详。下排左起：杰西·麦卡利尔、艾米·辛诺特、罗伯特·弗罗斯特、泰勒·汉密尔顿、泰勒·瓦登博内。感谢弗罗斯特家供图

在 1957 年的酋长岩首攀中，沃伦·哈丁攀爬"鼻子"线路。当时是感恩节，队伍把一整只火鸡和一瓶白葡萄酒拖上岩壁庆祝节日。这次首攀耗时 45 天，跨越两个岩季，最终在 1958 年 11 月完成。阿伦·斯特克摄

年轻的罗亚尔·罗宾斯在斯托尼角岩场，这个岩场是洛杉矶郊外的一个抱石岩场。20 世纪 50 年代至 60 年代，优胜美地黄金年代的许多代表性攀岩者都在这里锻炼自己的技术。弗兰克·胡佛摄，感谢迪恩·菲德尔曼供图

琳恩·希尔。1993 年，她完成酋长岩"鼻子"线路的自由攀登，许多人曾认为这是一项不可能完成的成就。后来，她的俏皮话"搞定它了，小伙子们"广为流传。迪恩·菲德尔曼摄

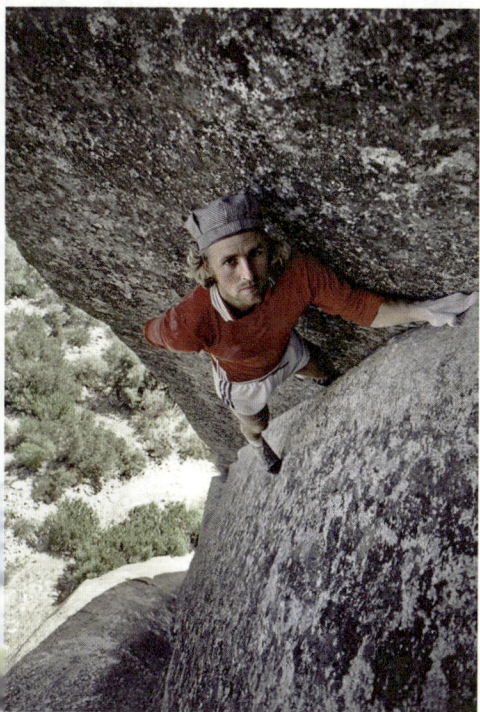

1982 年，约翰·巴卡尔徒手攀登"新维度"。1976 年他就曾完成这面 300 英尺高、5.11 级别岩壁的无绳攀登，改写了人们对可能性的认知，当时优胜美地使用绳子攀登完成的最高难度只比此次攀登高一级。菲尔·巴德摄

无论是在攀岩时，还是不攀岩时，岩猴们都以搞怪闻名。图中，亚历克斯·休伯正从一个巨石上跳下，难度很大，这块石头就在优胜美地 Camp 4 营地外面。休伯在 1998 年完成"搭便车"的首次自由攀登。注意图中石头下方铺着抱石垫，在他落地时将给予缓冲。迪恩·菲德尔曼摄

伊沃·尼诺夫（前）、迪恩·波特和查尔斯·"琼戈"·塔克（站立者）在优胜美地峡谷内"琼戈的办公室"中放松。扁带绑在树上时，长木棍可用于保护树干。迪恩·菲德尔曼摄

迪恩·波特在"塔夫特点"走扁带，背景中酋长岩清晰可见。后来，波特和朋友格雷厄姆·亨特就是在这附近定点跳伞时意外身亡，他们试图飞过的缺口位于图片中间。迪恩·菲德尔曼摄

1999 年在喀喇昆仑山脉大川口塔的高处，亚历克斯·洛跟攀作者领攀的一个绳距。他左手中的一截钢缆用来拔出卡死的岩钉。马克·辛诺特摄

亚历克斯·洛在大川口塔的顶峰山脊上。这张照片拍完几分钟后，领攀下一个绳距时，他沿着山脊的另一侧滑坠了约 50 英尺。贾里德·奥格登摄

大川口塔上的最后一个露营地。拍完这张照片后不久，作者发现洛因为冲坠受伤很重，没能爬进睡袋，整晚都坐在这个平台上。马克·辛诺特摄

左起：贾里德·奥格登、作者和洛在暴风雪中紧张地完成下降后在头墙底部露营。贾里德·奥格登摄

左起：康拉德·安克尔，吉米·金和亚历克斯·霍诺德在前往婆罗洲基纳巴卢山洛之谷的路上。马克·辛诺特摄

年轻的亚历克斯·霍诺德在基纳巴卢山的山坡上。这是霍诺德的第一次国际远征攀登。马克·辛诺特摄

吉米·金在婆罗洲的岩壁上，洛之谷就位于他身后，这条沟谷在 6 英里内垂直下降 10 000 英尺。马克·辛诺特摄

乍得恩内迪高原上的砂岩塔峰。2010 年，作者带领第一支攀登队进入这片区域。这支包括亚历克斯·霍诺德、詹姆斯·皮尔逊等人在内的队伍首攀了 20 多座塔峰。这里仍有数千座塔峰等待着未来的攀登者。马克·辛诺特摄

在这趟远征末尾，探索一个峡谷时，队伍偶遇一伙持刀劫匪。照片是勒南·奥兹图尔克当时拍摄的视频中的截屏。勒南·奥兹图尔克摄，《Camp 4》影集

2011 年，亚历克斯·霍诺德、作者和黑兹尔·芬德利在加拿大纽芬兰南岸恶魔湾。尽管天气恶劣，他们还是完攀了背景中的岩壁，并将线路命名为"真没想到！"。蒂姆·肯普尔摄

2012 年，芬德利和霍诺德搭乘一艘双体船查看阿曼穆桑代姆半岛上的攀登目标，作者在掌舵。这片区域有时被称为"波斯湾上的挪威"，队伍在这里探索三周。那天下午，霍诺德徒手攀登了峡湾顶端的一面岩壁，当地居民因此告诉作者他们认为霍诺德是个巫师。马克·辛诺特摄

霍诺德评估手臂的酸胀程度，他刚刚在摩洛哥塔基亚的大岩壁上徒手爬完一条 1 800 英尺的仰角线路，线路的名字是"暗流"。2016年霍诺德跟汤米·考德威尔一起在塔基亚训练，随后在秋季第一次尝试徒手攀登酋长岩。马克·辛诺特摄

塔基亚峡谷中众多柏柏尔桥中的一座。马克·辛诺特摄

亚历克斯·霍诺德和托马斯·辛诺特。
汉普顿·辛诺特摄

作者（左）跟汤米·考德威尔
在优胜美地村内遛娃闲聊。汉
普顿·辛诺特摄

亚历克斯·霍诺德的妈妈迪尔德丽·沃罗尼克在"阳面长凳"线路上攀爬。这张照片拍摄于亚历克斯首次尝试徒手攀登酋长岩的前一周，沃罗尼克对儿子的攀登计划毫不知情。马克·辛诺特摄

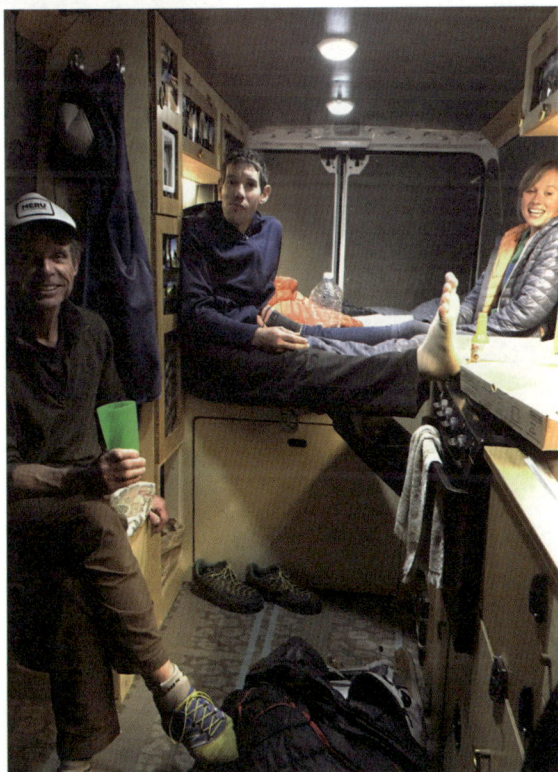

左起：彼得·克罗夫特、亚历克斯·霍诺德和他的女友"桑妮"·麦坎德利斯坐在"箱子"里，亚历克斯有时称他的道奇 ProMaster 房车为"箱子"。那个岩季早期，亚历克斯在"搭便车"线路上摔伤了脚踝，所以图片中他抬高了脚。马克·辛诺特摄

2017 年 6 月 3 日，亚历克斯·霍诺德在首次徒手攀登酋长岩的过程中，爬过距离峡谷底部 2 500 英尺的"耐力夹角"。汤米·考德威尔称这次攀登为"徒手攀登的登月"。奥斯汀·西亚达克摄

作者就是在酋长岩这片草地上使用高倍望远镜观看他的朋友徒手攀登，他几乎紧张得"喘不过气来"。马克·辛诺特摄

透过作者的望远镜取景器拍摄的一幅照片，这是亚历克斯众多训练中的一次。包括吉米·金在内的一支摄影团队吊在附近的绳子上。马克·辛诺特摄

2002 年作者尝试自由攀登"搭便车"，但没有成功，照片中他即将爬到"耐力夹角"的顶部，几乎和上图中亚历克斯所在的位置相同。卡梅伦·劳森摄

完成酋长岩的徒手攀登后，亚历克斯告诉作者，在攀爬过程中他就已经开始思考自己的下一个目标了。一小时后，作者拍下这张亚历克斯吊指力板的照片。马克·辛诺特摄

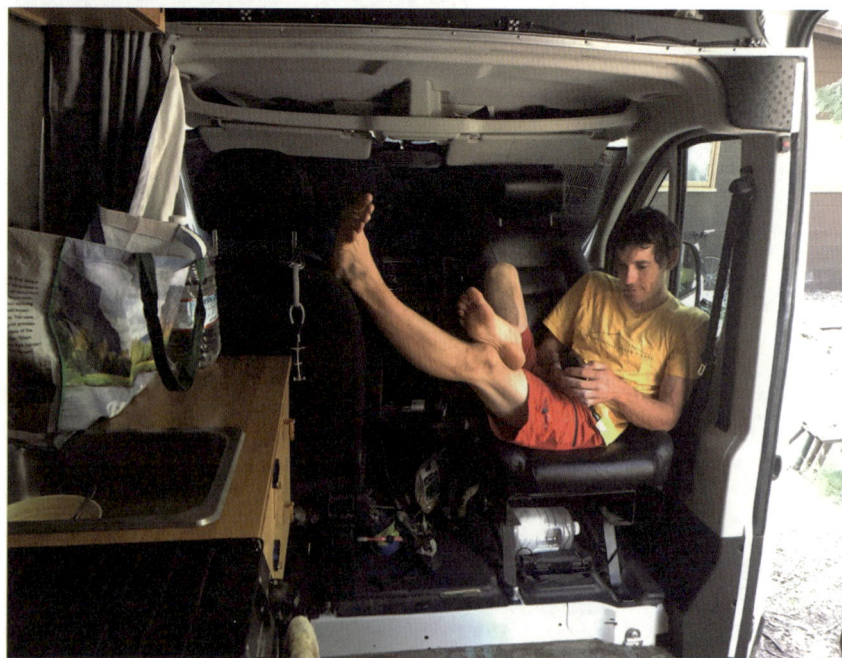

攀登结束后，亚历克斯收到许多朋友发来的信息。他开玩笑说需要使用自动回复功能才能回复所有人。在他腿下方的房车地板上，放着他在攀登中使用的所有装备——攀岩鞋和粉袋。马克·辛诺特摄

到底是谁征服了谁，"哈丁在他的书《死命向下》（*Downward Bound*）中这样描写那段经历，"我确实记得酋长岩的状态比我好很多。"

罗宾斯对此当然非常不屑。远征式的攀登，打挂片，接着宣传炒作，这简直令他无法忍受。他的回应是在两年后阿式攀登了哈丁的线路。他完成酋长岩的第二次完攀，没有使用固定路绳，用时 7 天。由此开启两人之间长达 10 年的角逐。

到了 1970 年，峡谷里还剩下一面岩壁没人尝试过，那就是酋长岩"鼻子"线路右侧，东南壁的一块区域——当时还叫"第一缕阳光照到的墙"，它是整个峡谷中最高大、最具威慑力的岩壁，从酋长岩底部一个被称作"壁龛"的洞穴凹陷处开始，然后向天空延伸 3 000 英尺，是一整块倒仰的光滑岩面。罗宾斯用望远镜研究过它。虽然中间有些裂缝，但在他看来，大部分都是光面。无论谁爬——如果有人去爬的话——都要打上挂片梯子，连通裂缝系统。据罗宾斯估算，完攀"第一缕阳光照到的墙"需要打很多挂片。因此他宣布，这面岩壁不可爬。

如果罗宾斯不下这个定论，哈丁可能会将注意力转向别处，但是当他的宿敌宣称"第一缕阳光照到的墙"不可爬，他的攀登欲望变得难以抑制。

1970 年 10 月，已经 47 岁的哈丁跟小他 20 岁的朋友迪恩·考德威尔离开地面，开始攀爬。这次，他没有留下直通地面的固定路绳，而是用了单次冲击的方式。跟罗宾斯的预测一样，哈丁被迫打下很多挂片，尤其是在前几百英尺。钻头撞击岩壁，叮——叮——叮，在岩壁底部听得一清二楚，罗宾斯在下面看着，为对手的厚颜无耻感到恼怒。

哈丁和考德威尔在岩壁上的第三周开始时，一场暴风雪侵入山谷。他们被困在"蝙蝠帐"中，这个内置防雨篷的特殊吊床由哈丁的公司 B.A.T. 设计。这几个大写字母巧妙地与他的绰号双关，但实际上代表"根本不合理的技术"（Basically Absurd Technology）。公园管理处以为他们被困，准备营救，草地上也聚起一帮围观者。但事实上，哈丁和考德威尔在一个被他们称为"酒鬼塔"的地方扎营后，正十分享受，他们有计划地小口喝一瓶白兰地，分配好每顿的沙丁鱼、芝士片和什锦水果罐头。知道下方正在进行的事后，哈丁写了张纸条，塞进空铝罐扔下山。一个路人捡到，把纸条交给正在草地上集合的公园管理员。"我们不需要，不允许，也不接受救援！我们一定是你们能想到的最悲惨的可怜虫，浑身湿透、冻得发抖、臭气熏天。但我们还活着，比大多数人都更真实地活着。"

但是没人在酋长岩上连续生活过那么长时间，公园管理员认为他们更了解状况。第二天，他们从岩壁顶部放下绳子。经过一阵激烈的来回呼喊后，哈丁和考德威尔明确表示，他们状态很好，坚定拒绝援助。哈丁后来说，如果救援人员下来，他和考德威尔已经准备好用岩钉锤赶走他们。媒体听到铝罐和攀岩者拒绝救援的故事后，马上把它做成封面新闻，一直到攀登结束才撤下来。

1970 年 11 月 19 日中午，哈丁和考德威尔登顶。在岩壁上生活了 27 天后，他们跌跌撞撞地走进疯狂的媒体中，上一次受到如此礼遇的还是埃德蒙·希拉里首登珠峰归来。顶峰上等待的众人——记者、朋友和女友——让哈丁十分感动，他走到一块石头后面激动地哭了几分钟。重新出现时，虽然眼中仍然噙着泪水，但他已经准备好扮演美国第一个攀岩超级明星。

他从优胜美地直接去了纽约，接着又去了洛杉矶。他和考德威尔出席各大访谈秀。《生活》杂志采访他们后做了一篇关于此次攀登的专题报道。美国广播电台《体育大世界》栏目的霍华德·科赛尔也采访了他们。接下来是巡回演讲，每次演讲后通常都有持续到凌晨的狂野聚会。当然，蝙蝠人总是站到最后的那个。他很慷慨，对待钱财和女人都很随性。狂热最终退潮时，哈丁失望地发现，自己已经花光了赚到的每一分钱。几周之后，他回到一支加州修路工程队，继续做那次攀登之前的工作。

"第一缕阳光照到的墙"的首攀严重冒犯到罗宾斯，那330个挂片就像打在他身上一样。秩序已经被打乱，在自认为正义的冲动下，他宣布将完成这面岩壁的第二次攀登，并在攀爬过程中敲掉所有挂片，抹去这条线路。但是，爬完4个绳距到达第一个露营地后，和搭档唐·劳里亚躺在吊床中时，他开始重新思考自己的观点。两个人都不确定他们是否在做正确的事，尤其是考虑到这是他们完成过的最令人激动的攀爬。早上，罗宾斯转头对劳里亚说，他决定放弃敲线路上的挂片。他后来写道："身边有个人对既定规则不屑一顾是好事……哈丁就是这样一个独行其是的人。"

自己的对手可能在按不同的规则玩这项运动，但他确实在认真地玩，而且玩得很好。罗宾斯意识到，在所有不同背后，他和哈丁有更多共同之处，只是他们都不想承认。有了这种认识，攀登历史上最伟大的竞赛——以及优胜美地的黄金年代——迎来美好的结局。

汤米和凯文登顶后，《纽约时报》的约翰·布兰奇第一时间采访了他们。凯文在采访中说出了一个金句："我认为每个人都有一天会完成自己的'黎明墙'，他们或许可以在生活的其他方面找到这样的目标。"他的这番话让人想起莫里斯·埃尔佐格在经典登山著作《安纳普尔纳》中的结语:"人的一生中都有自己的安纳普尔纳。"当时亚历克斯就站在汤米和凯文旁边。

那些最优秀的攀登者,那些真正超越其他人、名垂青史的攀登者至少有一条定义自己的超级线路,这条线路改写了人类潜能的边界,成为下一代攀登者的参考基准。即使汤米和凯文不再爬其他重要线路,他们在余生仍然可以靠这条线确立自己的位置。埃德蒙·希拉里和丹增·诺盖首登珠峰。莱因霍尔德·梅斯纳尔第一个无氧站在世界之巅。哈丁首攀"鼻子"和"第一缕阳光照到的墙"。琳恩·希尔第一个在一天内自由完攀"鼻子"线路。但是亚历克斯还没有取得能定义自己的独特成就,至少在他心里没有。徒手攀登半穿顶西北壁上罗宾斯的线路不是终点,因为明显还应该往前一步。亚历克斯知道,只有一个人可以考虑这一步。

没人知道,甚至最亲密的朋友都不知道,亚历克斯早已启动徒手攀登酋长岩的进程。数年前,汤米悄悄从山顶绳降下去,查看是否有足够多的支点让他能自由攀登"黎明墙";大约同一时期,亚历克斯就列出了一系列他要徒手攀登的线路,作为徒手攀登酋长岩的垫脚石。每条线路都跟"搭便车"上的特定路段有共同之处,他认为"搭便车"是最有可能徒手攀登酋长岩的线路。2014 年 1 月,他攀爬了墨西哥的"闪亮之路",难度 5.12+,特点是陡峭的技术型岩面,跟"搭便车"的"抱石难题"相似。同年 8 月,他徒手攀登了"大学墙",这条线路位于加拿大不列颠哥伦比亚的斯阔米什,难度是 5.12-,有很多巨大的宽缝,跟他要在酋长岩上面对的"恶魔宽缝"相似。

为了徒手攀登"大学墙",亚历克斯磕了好几天线做准备,但是仍然没把动作练到自己觉得可以的程度。他后来告诉我，他差不多练到了95%。他一直认为，在一次徒手攀登中，他至少应该对结果有99%的把握，更理想的情况是小数点后面再多几个9。所以他把"大学墙"搁在一边，先去做其他事。两周半后，他还在斯阔米什，有一天，在攀岩的时候，他感觉所有线路都很简单，小点变成大点，鞋子像用胶水粘在岩壁上一样，他有使不完的力气。所以他来到"大学墙"底部，开始攀登。他之前演练过难点处一组非常复杂的动作，反抠住一个岩片的底部，小心地在一系列几乎难以看清的小点上挪动几次脚。这几个动作他此前从没觉得完全有把握。但当他来到反抠点，右手锁住，双脚踩向高处时，他感觉自己非常强壮，甚至不需要按照练习过的动作顺序做。于是他直接出手去抓高处的一个大点。他后来用了"超脱"这个词向我描述那一刻。

离开斯阔米什，亚历克斯去到密针岩场，该岩场位于优胜美地以南几个小时车程的内华达山脚。在这里，亚历克斯把目光锁定在他清单上的"浪漫武士"线路，难度为5.12b。8年前他爬过这条线路，永远不会忘记名为"欺骗之书"的路段，这是一个棘手的对撑夹角❶，在900英尺高的线路顶部，在爬"搭便车"上的"特氟龙夹角"之前，攀爬它是一个很好的演练。

来自南加州的迈克尔·里尔登是个浮夸且有争议的攀岩者，他宣称自己在2005年徒手攀登过"浪漫武士"。里尔登本来是颇有魅力的摇滚歌手，后来转型演员，又转为电影导演，以裸体攀岩和在山顶的留言簿中留下个人特殊物品——短裤和洗阴液瓶

---

❶ 指需要将双手、双脚支撑在相对的岩壁上以保持平衡、向上移动的夹角岩壁。

子——为大家所知。里尔登的这次攀登让人觉得难以置信，是因为他说自己是视攀完成的。攀登纪录和这项运动公认的历史一直建立在个人信誉的基础之上。只要一个攀登者说自己完成了某些线路，人们就会相信他，但也有过一些破坏这项传统的臭名昭著的例子。首先是弗雷德里克·库克，他声称自己在1906年首登迪纳利。他提供的照片显示，他的队友将一面旗子插在一个顶峰上，结果那是数英里之外一个不知名小山的顶峰。还有切萨雷·马埃斯特里，这个意大利人一直坚称自己在1959年首攀了巴塔哥尼亚的托雷峰，这次攀登远超时代，直到2012年才有人重复。据马埃斯特里说，他的搭档托尼·埃格在下撤中被冰崩卷下山，相机和登山的照片也随托尼而去。马埃斯特里还说，重复这条线路的人会在岩壁高处找到他留下的挂片，但一支现代顶尖队伍最终完攀托雷峰北壁时，他们没有发现挂片，线路也跟马埃斯特里的描述不一致。

里尔登宣称自己徒手攀登"浪漫武士"后，质疑马上出现，因为如果他的话不假，这会是当时最大胆的徒手攀登。争议点被一个昵称莱维的人发在SuperTopo论坛的一篇帖子里。他一开头便询问是否有人看到里尔登徒手攀登任何线路，好奇如果里尔登徒手攀登过很多困难线路，为什么没有人见证。"他是一个不错的家伙，非常友善，"莱维写道，"但是相比其他'运动'，在攀岩中，个人信用就是一切。我们没有裁判或评委来判断一次攀登是否合格，大家只凭一个人的话就相信他的成就。如果有我认识的人告诉我：'是的，我看见他徒手爬了'，那就足够了。但到目前为止，我没听到过任何可信的报告，说见过迈克尔·里尔登口中的那些攀登。"

彼得·克罗夫特是里尔登的质疑者中最值得注意的，他认识里尔登。克罗夫特告诉我他喜欢里尔登，但也从很多"知名攀岩者"那儿听过里尔登撒谎的故事。"我并不是说有 99% 的把握确定他没有做过那些攀登，"克罗夫特说，"而是我知道里尔登说的那些事没有发生。"克罗夫特提到了各种各样的故事，包括里尔登被人拆穿编造在英国和约书亚树的徒手攀登，不过他说，如果我有兴趣了解有关里尔登的一些真相，应该去找彼得·莫蒂默核实。

2005 年夏天，里尔登从密针岩场回来不久，莫蒂默到他南加州的家里拜访他。里尔登告诉好友莫蒂默，他独自去密针岩场查看了一些线路，这是一趟"放松之旅"。他一点都没提自己做了当时历史上最伟大的徒手攀登。

几个月后，莫蒂默听说里尔登在宣扬自己徒手视攀了"浪漫武士"。起初他为好友感到激动，但是后来他意识到，里尔登说的徒手攀登发生在那次没有成果的"放松之旅"。因此莫蒂默直接质问他："你为什么没告诉我'浪漫武士'的事？"

"这太特殊了，我需要保密。"里尔登回答。据莫蒂默说，这完全不像他的做事风格，因为他喜欢聚光灯，也毫不掩饰地期望自己作为徒手攀岩大师的表现能得到他人的欣赏。莫蒂默表示不信时，里尔登反击说他有照片为证。"这很扯，"莫蒂默回复说，"你告诉我你是一个人去的。"这些照片确实存在，很容易就能在谷歌上搜索到。照片中，里尔登穿着红色 T 恤和蓝色短裤，金色的长发在微风中飘扬，他吊在一条裂缝上，裂缝位于一个类似向右翻开的书本的岩面中央，离地数百英尺高。跟约翰·巴卡尔在"新维度"线路上的标志性形象相仿，他也直视镜头，不同的是，他还朝镜头竖起中指。

莫蒂默联系摄影师马克·奈尔斯，马克坦言，照片是摆拍的。他们从山顶降下去，里尔登摆姿势拍照，就像亚历克斯后来在"月华拱壁"上为莫蒂默做的一样。"从那一刻起我就不再相信他了。"莫蒂默说。里尔登后来改变了对这些照片的说法，他告诉《岩与冰》杂志，照片确实是攀登几周后摆拍的。

2007 年，莫蒂默的工作搭档尼克·罗森在撰写一篇关于那次争议的文章时，突然接到里尔登在爱尔兰一处海岩底部被巨浪卷入大海的消息。海水温度不到 10 摄氏度，海浪迅速把他冲离海岸。爱尔兰海岸警卫队到达现场时，42 岁的里尔登已经无影无踪，他的尸体一直没被找到。罗森和莫蒂默放弃了那篇文章。

但是，仍然有很多人相信里尔登做过他所说的每件事。《岩与冰》的编辑杜安·罗利调查过里尔登声称的那些攀登。他检查照片上的时间，交叉验证天气预报，采访见证者。"全都对得上。"罗利说。但他的调查都发生在我跟他分享莫蒂默的陈述之前。罗利想知道，为什么在《岩与冰》报道这个争议时，莫蒂默的信息没有透露出来。"这件事一直有些疑点，"他说，"现在，疑点可能更多了。"

有一个人坚定不移地站在里尔登这边，他就是约翰·巴卡尔。他们是朋友，经常一起徒手攀登。巴卡尔告诉罗利，里尔登经常在他旁边上下刷线。攀登"浪漫武士"是骗局的流言传开时，巴卡尔提出要给那些能跟着里尔登爬一天的人终身免费提供 Acopa 攀岩鞋，但没有人回应。这让人想起他在 20 世纪 80 年代早期悬赏 10 000 美元，给那些能跟他爬一天的人。

亚历克斯不关心流言。在他看来，如果里尔登说他爬过，他就爬过。所以问题成了这是否重要。有人认为很重要，彼得·克罗夫特是其中之一。"如果我们看重历史，就应该把荣誉给那些值得的人。"克罗夫特说，"而历史确实重要，因此它（关于里尔登的真相）应该在某个时间被曝光出来。"

9月，亚历克斯开车进入密针岩场，停在一个泥地停车区，在房车中睡了一晚。第二天，他从山顶绳降下去，用一个铝制的微型单向滑轮自我保护，反复演练线路的难点绳距。这个滑轮原本是用来在洞里或岩壁上拖拽包裹的。它包含一个棘轮，在两次提拉之间能够防止物品后退。用攀岩者的行话说，这叫"单向锁定"。攀岩者发现，在固定路绳上自我保护时，微型单向滑轮非常好用，这样的攀登被称为"滑轮自保攀登"，这个词来源于微型单向滑轮的前辈迷你单向滑轮，迷你单向滑轮更大、更重，但是工作原理相同。亚历克斯将一把丝扣锁❶扣进装置的小孔中，再连到自己的安全带上。在他往上爬的时候，微型单向滑轮会在他的腰部沿着绳子滚动。如果他掉了，带有小倒齿的棘轮会卡住绳子，防止他下落。滑轮自保攀登的美妙之处是，攀岩者可以独自到线路上演练动作，不需要另一个人做保护。用这种方式你就不会"浪费其他人的生命"，亚历克斯曾经这样告诉我。

当晚亚历克斯回到房车中，发现燃气用尽，没办法用仅有的意大利面和芝士做晚饭。他考虑过开车出去弄点燃料，但是能够补充燃料的地方非常远，他不如干脆回优胜美地去。早上应该直接去爬"浪漫武士"吗？这似乎不是个好主意。他原计划再用一两天演练动作，因为爬起来感觉又艰难，又不牢靠。那天晚上他留了下来，

---

❶ 与普通铁锁相比，使用时通过扣紧螺丝使铁锁处于闭合状态，避免了不慎碰开的危险。

第二天一早吃能量棒时，他自言自语道，去他的，我要去爬。

在线路底部，他努力清空肠胃，但是拉不出来。这不是个好兆头，但他还是起步了。线路的前 400 英尺相对简单，亚历克斯爬得很快。来到第一个难点时，他感觉肚子不舒服。但他正处在一个陡峭的绳距中央，没有可以停下的平台，直接在线路上大便太恶心。亚历克斯向左看，发现一个可以当水平扶手的岩片。他抓住它，横向移动到离线路 20 英尺的地方，在仰角光壁上吊在一个难度 5.10 的手点上。他换手取下肩膀上的背包，将小包塞进裂缝；然后吊在一只手臂上，拉下裤子，抬高双腿呈蹲姿，"空投"粪便。拉完史上最大胆的一次大便之后，他擦净屁股，提上裤子，完美完攀线路。后来他把那次徒手攀登告诉了两个朋友，但没有透露给杂志，也没有在社交媒体上提及，更没有回去摆拍。亚历克斯把它留在了自己心中。

2015 年，迪恩·波特已经不怎么爬了。他大部分时间都在优胜美地的不同岩壁上做非法翼装飞行。他跳过公园内所有的高大峭壁，许多跳点都是首跳，并且不停地寻找新的跳点。半穹顶一直是他的最爱。他会跟他的蓝色赫勒犬"维斯波"一起，沿着一条秘密的小山路徒步到半穹顶西侧斜面的底部，到达后，他会把狗放进背包，带着她和跳伞装备，徒手攀爬一条 2 000 英尺长、难度为 5.7 的线路——"巨蛇岩脉"。在山顶上，他为维斯波戴上一副摩托车眼镜，确保她牢固地绑在自己背上，然后从"跳水板"上跳下。天气好的时候，他们能够像乌鸦一样贴着峭壁俯冲一分多钟，然后打开降落伞，拐进峡谷中，飘到镜子湖沿岸的一块小草地上，轻轻着陆。

攀登完艾格峰的"深蓝海洋"之后，迪恩·波特只在优胜美地讲台岩的"异域"线路上做过背伞徒手攀登。背伞徒手攀登是个卓有远见的想法，但是在职业攀岩界，他是唯一对这项运动有兴趣的人，由此可见它多么危险。主要问题是没那么多能满足开伞需求的陡峭岩壁。

但背伞徒手攀登间接催生出他的下一个执念，他称之为人类飞翔，具体就是从一座高山的悬崖顶部跳下，沿山的一侧飞下，然后在雪坡上着陆——不打开降落伞。他已经在大不列颠哥伦比亚的海岸山岭找到实践这个想法的绝佳地点。

迪恩·波特将这个主意推销给《国家地理》，邀我写报道，也拉了吉米·金来拍摄。签完保密协议之后，我知道了细节。我了解到波特在跟航空工程师马克西姆·德·容合作，研发一件定制翼装，上面会配有身体护具，类似越野摩托车手和极限滑雪者穿戴的护具。定制翼装的胸前还固定有一个"水獭"，帮助他着陆时在雪地上滑行。

但是这个项目没能做成，所以我没有跟着波特去大不列颠哥伦比亚。在那里，他跟吉姆·赫斯特住在一个小木屋中，与外界隔绝。吉姆去是为《空中飞人》拍摄素材，这是一部关于波特生活的纪录片，制作周期已经接近10年。没跳成的原因至今不清楚。我一直认为这跟波特的好友肖恩·利里的死有关。2014年4月，肖恩在锡安国家公园死于一场定点跳伞事故，他在飞行时撞到一处山脊，在山脊下方的平台上发现肖恩尸体的人正是波特。

不过波特仍然在跟马克西姆合作研发一款包含垂直稳定器的定制翼装。他对航空学研究得越深入，越清楚地发现翼装设计的内在缺陷。借助像飞鼠翅膀一样的两翼，翼装飞行者获得的滑翔比率 ❶ 可以达到2.5∶1。但问题不在滑行，而是在飞行轨道。对于大多数飞行器来说，方向的稳定和转向依靠尾鳍。翼装没有鳍，因此更像一片落叶而不是鱼雷。定点跳伞者的身体姿势出现一丁点错误，就会失去控制，像从摩天大厦上掉落的木板一样，在空中翻滚下落。波特认为这种设计缺陷可能是导致利里死亡的原因，这让他极其悔恨，因为是他把利里带入这项运动的。

波特住在西优胜美地，那是公园内的一个小镇。他家房前马路以北的"塔夫特点"是他喜欢的另一个跳点。2015年5月16日晚上，他选择的正是这个跳点，那时汤米和凯文完攀"黎明墙"差不多刚好过去4个月。43岁的波特身边站着他的朋友，经常一起定点跳伞的搭档格雷厄姆·亨特，29岁的格雷厄姆是世界上最优秀的翼装飞行者之一。那是一个月朗风清的夜晚。波特很久之前就视为自己图腾的乌鸦，在高处随热气流疾升。上升的热空气是个好兆头，因为这有助于他们从平台上跳下后飞离岩壁。

但是波特感觉不太好。那天早些时候，他给格雷厄姆留言，说自己身体不适，不能飞。后来，他又改变主意。过去有几次，他们曾在飞行中穿过跳点下方1 000英尺处的山脊上的一个缺口。因为天气条件似乎很完美，他们决定去飞那个缺口。波特的女朋友珍·拉普在附近拍他们起跳。

"准备好了吗？"波特问。

"准备好了。"格雷厄姆一边回答，一边往衣兜里塞手机，他刚刚跟正在峡谷中寻着陆区的女朋友丽贝卡·海尼通过电话。

---

❶ 没有任何动力的情况下滑翔的距离和下降高度的比率。

波特先跳，格雷厄姆紧跟着。拉普拍摄的照片显示，波特直奔那个缺口，格雷厄姆飞得更高一点，稍微靠后。他们从拉普的视野中消失；接着，拉普接连听到砰砰两声巨响。那是他们开伞的声音吗？她希望如此，但是感觉不像。她给两人发信息，没有收到回复。她尝试用对讲机呼叫。丽贝卡在下面的河边等着。但是波特和格雷厄姆没有着陆。优胜美地公园的救援队赶到时，天已经黑了，无法彻底搜索现场。

天一亮，一架加州高速公路巡逻直升机就发现了两人的尸体，就在缺口下方的一个碎石坡上。

听到朋友遇难的消息时，吉姆·赫斯特正在去科罗拉多大峡谷的路上。他马上掉转车头，前往优胜美地。救援队分析不了事故原因，很多疑问没有答案，这让两人的朋友和家人难以理解，世界上最好的两个定点跳伞者为何会在一次常规飞行中出事。一种猜测是，他们可能在空中发生了碰撞；或者他们飞得太近，产生的乱流导致他们失去控制。

吉姆和另一名定点跳伞者科尔宾·乌辛格从"塔夫特点"绳降下去，查看缺口的情况。他们发现一棵松树的树尖不见了。根据现场的发现和拉普的照片，测算过角度和轨迹后，他们推测出可能的事发经过。

照片显示波特飞得比格雷厄姆低很多。这可能是因为他的翼装拉链有部分拉开了，这是他的尸体被发现时人们看到的。看起来格雷厄姆正在向左转弯，这跟他决定不去飞那个缺口一致。但他后来却突然急转向右。他为什么这样做永远是个谜，但是那个转弯让他付出了生命的代价。吉姆认为，从格雷厄姆飞近山脊的角度看去，他无法在绿色森林背景中分辨出他撞上的那棵树。树尖碎成四块，躺在缺口下方的碎石上，断口的直径约 8 英寸。波特成功穿过缺口，但他的高度不足以让他躲开后面冲沟中的低角度地形。他以每小时上百英里的速度撞上岩壁。

在最后的分析中，吉姆认为波特飞得太低了，只能提早打开降落伞，冒险在地势较高处尝试粗暴的、计划外的着陆，而这么做有可能导致重创。"塔夫特点"的气流是上升的，但是缺口另一面是朝北的寒冷岩壁。一个当地的飞行员后来告诉吉姆，那个地方以乱流和倒灌风出名，每个飞行员都会不惜一切躲开那种气流。波特和格雷厄姆认为有利的上升热气流，实际上可能增强了缺口北侧的倒灌风，因为冷空气会下沉，向下挤压上升的热空气。

吉姆和乌辛格爬到缺口处，发现另一侧波特撞击的地方，离缺口大概 100 英尺远。"抬高 4 英尺他就能逃过这一劫，"吉姆说，"他可能只有 0.25 秒的时间意识到自己要撞死了。"他们手脚并用在这个区域爬上爬下时，发现朋友的遗骸散落在半径 75 英尺的范围内，就像一场天葬。据吉姆说，蜥蜴蹲坐在波特的脑浆旁，等待苍蝇落下。"这会是波特喜欢的结局。"他说。波特的另一位好朋友迪恩·菲德尔曼也同意这个观点。死亡现场令人毛骨悚然，但是对于一个"一直想要跟优胜美地融为一体"的人来说，这个结局很合适。

亚历克斯和波特的关系很复杂，但波特的死对亚历克斯的打击很大。多年前，童年的亚历克斯在卧室里策划外逃时，给予他力量的正是《岩石大师》中波特的影像。他们可能是对手，有着极其不同的攀岩风格，就像哈丁和罗宾斯一样，但是在内心深处，他们是不折不扣的灵魂伙伴，都因为相同的简单的理由而向前推进自己：攀岩能让他们快乐，让他们逃离日常生活的俗务。自从亚历克斯在酋长岩的"西壁"线路上赢了波特之后，朋友们注意到，他们反而变得更加亲密。随着他们各自的内心逐渐强大，他们也更加尊重彼此。波特最后一次飞行几天前，两人还在优胜美地一起吃了顿晚餐。

事故发生 6 天后，亚历克斯为《时代周刊》写了一篇关于波特的文章。"他是我成长过程中的偶像，代表攀岩界一切的不可思议，"亚历克斯写道，"少年时期在岩馆练习攀岩时，我认为他所做的事都是不可能的——很了不起。"据亚历克斯所写，公众对波特的死反应各异，有人"深深敬他极大地推动了这项运动"，也有人"毫无保留地鄙视他对生命的浪费，认为他将最宝贵的东西舍弃在追逐廉价的刺激上"。后一种态度令亚历克斯十分恼火，或许因为它击中了要害。他在写下面这段话时可能无意间也投射了自己："没有人能够完全凭借肾上腺素的作用，在他从事的运动最前沿坚持 20 年。大部人只在 YouTube 上看过他攀岩和飞行的短视频，完全不了解背后多年的训练。波特实际上是一个谨慎、保守的人，他是在心理和生理都准备好的情况下，一点点突破极限。"

有一些人认为，波特的冒险是不道德的，对此，亚历克斯有自己的看法，他认为这些人是伪君子，因为他们中大多数人每天都坐在沙发上吃薯条，危害生命。"我父亲突发心脏病去世时，我 19 岁，"亚历克斯写道，"他是一名 55 岁的大学教授，一直过着看似没有风险的生活。但是他超重，我们家族也有心脏病史。无论我们冒险做什么，总会觉得死亡来得太早。但是，质量应该比长度更重要，尤其是放到人的生命上。"

波特死后不久，亚历克斯给韦德纳打电话，告诉这位老朋友他感觉非常迷茫，毫无激情。他正在跟作家大卫·罗伯茨一起写自己的传记，他非但找不到讲故事的动力，反而感到抑郁。"哥们儿，这太扯了，"他说，"我今年才刚30岁，就要去写我以前多么厉害。"

亚历克斯一般隔一年做一些大的攀登，这已经成为一种固定模式，并且不是提前规划的，而是因为他的斗志似乎每两年上下波动一次。2014年是高峰年，但2015年他的攀岩激情跌入低谷。"我以前会做些刺激的攀登，"他告诉韦德纳，"现在我感觉很累，没有动力，成天开车闲逛。"可能扛着世界上最伟大徒手攀岩者的大旗开始让他苦恼了。在那次谈话中，他告诉韦德纳："这可能是我第一次感到要表现出色真的是件压力很大的事。"

过去一年，他的情绪像在坐过山车。一位朋友实现了终生梦想，另一个死在追逐梦想的过程中。我攀岩事业的最高点是什么？亚历克斯很疑惑，我在积极追逐自己最在意的东西吗？但有件事他十分确定：他筋疲力尽了。他需要将事情看得更清楚，确保前进方向是正确的，并且要有目标地生活。他需要从攀岩中抽身一段时间——他从没这么做过。

他没有完全停摆，但是在接下来的两个月里，他确实将攀岩搁置一边。他花时间读书，越野跑，长距离徒步，偶尔也约会，但没有稳定的女朋友。他独自在房车中待数小时。

12月初，我找亚历克斯聊天。他那时回到了加州卡迈克尔他妈妈的家里，在他以前的卧室中闲着。他说他翻看了一些过去的训练日志、攀岩笔记和待爬线路清单，其中一本的标题是"如何成为一个更好的人"。"我肯定一直在思考这些问题。"他说。我问他秋季岩季爬得如何，回归攀岩感觉怎样。他说重新回到岩壁上的状态好到令他吃惊。他做的第一件事是去酋长岩，自由完攀了一条困难的新线路，那是他的朋友梅森·厄尔最近开发的。他本来预期自己会爬得非常生疏，不在状态，结果却火力十足，跟以前爬得一样好。他的激情像春潮一样汹涌归来，所有迹象都表明，2016 年是他的高峰年。

自从 2008 年徒手攀登半穹顶之后，他就一直梦想的时刻，会在这一年到来吗？

"坦白说，这是第一年我感觉'嗯，也许'。"我问他是不是还在考虑徒手攀登酋长岩时，他回答，"它不再像以前那样令我恐惧，也许它越来越近了，或者我正变得……"他的声音渐渐变小，没有再说下去。停顿一会儿后他说："我们走着看，走着看。"

第三部分

登顶

第九章 杏仁核

亚历克斯双臂放在身体两旁，躺在南卡罗来纳医科大学放射科的轮床上。厚厚的含铅玻璃窗对面是控制室，简·约瑟夫博士坐在里面，注视着亚历克斯头朝前，整个身子慢慢滑进一人大小的西门子核磁共振机器中。头部进入狭窄的管道中，肩膀扫过两侧时，一阵令人难以忍受的幽闭恐惧感突然向亚历克斯袭来。他的心跳急剧加速，呼吸变得短促。"你还好吗？"简的声音从塑料管中的扬声器里传来。亚历克斯点点头，但是他不太好，恐慌。他从没做过核磁共振，没有想到它会触发那种与生俱来的恐惧。慢性感冒导致的痰液顺着喉咙滑下，他不停地吸鼻子、吞咽，心想，*如果我呛到了怎么办？* 随后传来巨大的噪声。机器开始震动，发出蜂鸣声、爆破声、咔嗒声。他感觉体内在共振，他想从机器里出去。

但亚历克斯是乘飞机横跨了整个美国来做这次扫描，所以他深吸几口气，提醒自己，这种恐惧不合理，他在这个管子里不会受到任何伤害。他可以随时向操作人员发出信号，然后马上被人从机器里拖出去。他转移注意力，重新控制自己的身体反应，让心跳变缓，让呼吸平静下来。从放松到害怕，再从害怕回到放松，亚历克斯的情绪波动持续了三四分钟。这段时间，简正在对亚历克斯的大脑进行解剖扫描，但还没查找它的电流活动。到她准备启动核磁机器时，亚历克斯已经平静下来。虽然当时没人知道，但测试实际上已经结束。

2014年12月，在华盛顿《国家地理》总部的格罗夫纳讲堂，亚历克斯、吉米和我做了场演讲。结束后，在接待区有海报签名活动。亚历克斯面前的队伍一直排到门口，吉米的也差不多长。找我签名的人少得可怜，但队伍中有个人来到我的桌前，说自己是神经科学家。他望着正在为粉丝签名的亚历克斯，靠过来低声说："亚历克斯的杏仁核不工作，对吗？"

杏仁核深藏在我们的大脑中，是形状像杏仁的腺体。它的作用类似自行车轮子的轮毂，而辐条就代表杏仁核通过边缘系统跟大量脑结构之间的连接。杏仁核帮助我们在情绪和持续环绕我们的刺激之间建立联系，跟我们最本能的情绪强烈相关，包括性冲动和恐惧。比如你因为受到惊吓，或者看见恐怖的画面心跳加速，这就是你的杏仁核在工作。

那天晚上回到酒店，我上网查阅关于杏仁核的文章时，读到类脂蛋白沉积综合征——一种罕见的破坏杏仁核的遗传病。这又把我引向《发现》杂志上一篇题为《会见没有恐惧的女人》（"Meet the Woman Without Fear"）的文章，里面讲到被脑科学研究人员匿名标注为SM-0426的病人。科学家自20世纪90年代中期以来就一直在研究她，希望能够借此更深刻地理解恐惧和焦虑。他们把蛇和蜘蛛放在她的眼前，给她看《布莱尔女巫》《闪灵》这类恐怖电影。什么都吓不到她。

后来我向亚历克斯提起那位神经科学家的评论，他嗤之以鼻。"完全就是胡扯，"他说，"我对恐惧的感受跟其他人一样。"亚历克斯多次被问到，是不是有反社会人格，或者有没有阿斯伯格综合征，他承认自己可能"有点自闭"，但这是第一次有人猜测他的大脑中有个基本结构坏掉了。我想知道，他有没有和我一样的疑问：亚历克斯的大脑是不是长得跟其他人不太一样？或者，他是找到控制生命中最原始情绪的方式了吗？

我没想到《国家地理》那次看起来稀松平常的偶遇，会产生长远影响。几个月之后，我跟大卫·罗伯茨分享了这个故事，当时他正在参与写作亚历克斯的自传《孤身绝壁》，于是把它写进书中。后来，在大众的想象中，这个杏仁核有缺陷的故事变成亚历克斯的超能力。亚历克斯就像现实版的斯尼洛克先生，苏斯博士笔下的这位先生，拥有消除恐惧的神奇技能。这让亚历克斯非常苦恼，因为他知道，他跟正常人一样会害怕。

我感兴趣的不是亚历克斯的杏仁核工不工作，而是为什么包括我在内，每个人都迫切想为亚历克斯能够完成那些徒手攀登寻求一个解释。任何了解亚历克斯成就的攀岩者都跟搭档聊过"他是如何办到的"，要么在岩馆磕线的间隙聊，要么在摆着整排啤酒的酒吧中聊。这个问题是无数文章、电影、博客、广播，以及这本书背后的动力。我在想，对亚历克斯大脑的迷恋所揭示出的真相，更多关于我们——问这个问题的人，而非亚历克斯。因为有人会为亚历克斯的天赋和胆量折服，就有人会像格罗夫纳讲堂的那位神经科学家一样，有另一种心理，即强行将亚历克斯标记为非正常人——并且认为这很可能由疾病引起。

"人们想把他归为另类，不想对自己有要求。"加拿大作家 J. B. 麦金农说，是他安排了那次大脑扫描，后来又根据扫描结果为《鹦鹉螺》杂志写了一篇广为流传的文章。"因为如果亚历克斯只是一个普通人，他能在压力之下将自己变成冷静无畏的超人，那其他人也应该能做到。没人愿意相信这是事实。我们都想把他变成与众不同、独一无二的人，这样就不必向他学习了。"

"我不认为机器中躺着的人会有什么问题，"麦金农补充道，"但如果我们看到他的大脑没什么（毛病），那也的确会引出一个问题：他到底是怎么做到的？"

麦金农打电话给亚历克斯，说有个神经科学家等着为他扫描大脑。"我也开始对自己产生疑惑，"亚历克斯回答说，"我不觉得我不正常，但我想我们可以看一下。"亚历克斯知道他没有类脂蛋白沉积综合征，因为他确实会害怕，而且一直都会。恐惧让他在重大的徒手攀岩之前要上大号。恐惧让他第一次做公开演讲前血压升高。恐惧让他在鼓起勇气跟漂亮姑娘说话时心脏扑通乱跳。恐惧也让他在观看自己徒手攀岩的视频时手心出汗。然而，他心中已经埋下怀疑的种子。飞到南卡罗来纳做扫描会花费他人生中的 3 天时间，但他想着，这是个特别的机会，能平息这类问题，也能让那些将自己贬低为怪物的人闭嘴。

2016 年 3 月初，检查的前一天，亚历克斯和麦金农在查尔斯顿的街上散步，这座城市和攀岩毫不沾边。在一家咖啡馆里，他们遇见一个 50 多岁的女人，她从来没有攀过岩，但在电视上见过亚历克斯，所以认出了他。几分钟之后，他们又碰到一位认出亚历克斯的年轻女性，她也说自己从不攀岩。每到一处，他们都会遇见粉丝。接着是个年近三十的男性，他非常惊讶，竟然无意间碰到自己的攀岩偶像。他说出了那句标准台词："天哪，真不敢相信你不会害怕。"据麦金农说，亚历克斯努力掩饰他的厌烦。

多年前，约翰·巴卡尔在优胜美地的加油站中有过类似遭遇。巴卡尔往他的四驱车里加油时，一个攀岩者走过去问："你怎么能完成那些疯狂的徒手攀岩？"

"你现在实际上就在徒手攀岩。"巴卡尔说。

亚历克斯大脑的第一个画面显现在监视器上时，麦金农就站在简旁边。"看起来非常好。"简说。她不是指它有任何过人之处，而是第一眼看上去很正常、健康，没有她在实验室经常见到的萎缩或退化现象。杏仁核在靠近亚历克斯大脑底部的位置，离他上排牙齿的顶部不远，现在还没有完全显示出来。跟大部分脑结构一样，他有一左一右两个杏仁核。古希腊人通过开颅首次发现杏仁核，这个名字就源于古希腊语中的"杏"一词。简让技术人员找亚历克斯的杏仁核。

很快它就清楚地出现在屏幕上，在它该在的位置。

"他有！"简宣布，禁不住高兴起来，因为她非常清楚，如果他的杏仁核缺失或者显示病变，后果会多么严重。现在该看看能否激活它了。

简所进行的测试已经沿用了几十年。她会给测试对象展示一系列让人不适或兴奋的图片，在他们观看的过程中，磁共振机器用较强的磁场和无线电波检测大脑不同区域的血流。血流量越大，越多神经元突触被激活。亚历克斯眼前的屏幕上出现了一组组图片：蟑螂，嘶嘶出声的蛇的特写，汽油烧焦的孩子，正在剃阴毛的女人，男人肩膀上的狼蛛，积满粪便的厕所，正在腐烂的尸体，咆哮的恶犬，人们互扔石头的暴乱现场，头被砸得稀碎、眼睛快从颅骨里流出来的血腥特写。

简告诉我，即使她看过无数次这些图片，再看时还是很不适。她承认在前期调查亚历克斯的时候，她发现自己看不了YouTube上亚历克斯徒手攀岩的视频。因此，至少对于一个像她一样不追求刺激的人来说，这些图片会引起强烈的反应。

图片展示了15分钟后，简开始进行第二部分测试，她称之为奖励任务。游戏规则是：亚历克斯通过快速按下手中触发器上的按钮，可以挣得小额金钱，按得越快挣得越多。亚历克斯按动按钮时，简会监控他大脑中的伏隔核这一区域。该结构位于脑干顶部，负责处理多巴胺——一种在神经元间传输电脉冲的神经递质。大部分人认为多巴胺跟性、激情和上瘾有关，但是它的功能非常复杂，还没被完全理解。脑科学研究者能确定的是，亚历克斯正在接受的这个测试，会让奖励驱动型受试者的伏隔核灌满多巴胺。

半个小时后，亚历克斯从管道中出来看着简说："我不确定（我的杏仁核工不工作），但我觉得'管它呢'。"他似乎还说："就像去了一趟珍奇博物馆。"

脑部扫描结束后，简给亚历克斯做了性格测验。毫不意外，在追求刺激方面，他的得分是普通人的两倍。测试还表明，他的情绪调节能力很强。他在责任心和预见性方面得分极高，在神经质方面得分很低。

但是有一个异常值。简本来以为亚历克斯在脱抑制上的分值会很低。脱抑制在心理学上指易冲动和漠视社会规范的倾向。一个脱抑制的人也可能不善于评估风险。简预计亚历克斯不会过于脱抑制，因为如果他是，他就已经死于徒手攀岩了。但是亚历克斯在这一项的得分很高。对此我倒不吃惊，因为我了解攀岩。我的看法恰恰相反：一个脱抑制分值很低的人从一开始就不会去徒手攀岩。我发现有意思的一点是，虽然亚历克斯在脱抑制上得分很高，但测试也显示，他热爱分析、谨小慎微——简说这是不太常见的组合。两种性格并存，可能可以解释我长久以来感受到的亚历克斯内心的不安，这一点麦金农也注意到了。他向我描述亚历克斯是一个"不停压抑内心某种激烈情感"的人。

简用了一个月时间研究亚历克斯的扫描结果。这期间亚历克斯已经到达中国，去爬格凸大洞，世界上最难的多绳距运动攀岩线路之一。他对脑部扫描结果十分好奇，但已经下定决心，无论结果如何，都不会据此改变自己的行为。简一开始就明确表示，亚历克斯的测试结果在科学上无效，因为只有一个参照对象。研究结论不能发表在任何医学期刊上。简通过电子邮件发给亚历克斯四张照片，两张是他的大脑，两张是参照对象的大脑。图片展示了两次测试的整个过程中大脑的所有活动。参照对象也是位攀岩者，亚历克斯大学时见过他。简在测试完亚历克斯后不久扫描了那个人的大脑，研究者认为他是个追求刺激的人。

"我的大脑是完好的吗？"亚历克斯在语音通话时问。

"它非常健康。"简说。

磁共振脑部扫描图像用不同颜色标明神经元突触的活动强度，方法跟气象学家在雷达地图上描绘雷暴强度相似。在亚历克斯的大脑图像上，杏仁核正上方显示出由两条网格线形成的一个加号。腺体是深灰色，磁共振没有检测到任何电流活动。神经科学家称之为"零激活"。他的大脑唯一有颜色的部位是视觉皮质，那是他在观看图片的证据。

简让亚历克斯去看奖励任务中拍摄的伏隔核图像。结果一样。神经元没有被激活。据简说，两项测试都是零激活的情况"极其罕见"。参照对象接受了同样的测试，跟亚历克斯一样，他说自己没有感受到情绪的刺激。这位参照对象很清楚测试的目的，他对自己的大脑十分自信，经历过无数困难线路的大脑不会上当。但他错了。他的杏仁核和伏隔核都像圣诞树一样被点亮了。

我们这些了解和熟悉亚历克斯的人在听到结果时并不惊讶。过去20多年，他刻意集中精力学习控制恐惧。这是个循序渐进的过程，他有一次向我描述这个过程是"在我的舒适区周围慢慢膨大的气泡"。这是每个攀岩者都必须经历的过程，从克服担心绳子和保护站不牢靠的不合理恐惧，到学习在做困难动作时保持镇定和放松，即使冲坠会很危险。

自从第一次设想徒手攀登酋长岩，亚历克斯就明白，他需要将这个过程推到极致，训练自己在无绳攀爬到离地数千英尺的高度、做接近能力极限的动作时，控制本能的恐惧。因此，对简的发现有一个可能的解释，即亚历克斯在控制恐惧上已经取得极大成功——当然前提是他的杏仁核实际上可以被激活。关于这一点，简强调说测试无法确定。测试只能说明，在相同的刺激下，亚历克斯的杏仁核跟绝大多数测试对象的反应不一样。

2015年秋，亚历克斯的自传出版时，我代表《国家地理》采访他。他告诉我，写这本书的一个主要动力是帮助人们理解，他为什么能取得那些成就："我做了很多徒手攀岩，也做了很多训练来提高攀岩技巧，这才把舒适区变得很大。因此我做的那些看起来相当惊人的事情，对我来说很平常。"他说这个道理在他看来"完全讲得通"，且"十分容易理解"，但人们似乎还是不相信。"或许我应该解释得更好一点。"他说。

他用在高速公路上开车做比喻。新手司机第一次从匝道驶入快车道时会很害怕，但随着你开得越来越多，越来越适应犯错的高风险结果，重复足够多次之后，它会变得日常，就跟刷牙一样。

我指出，让车行驶在正确的车道上，比让自己靠小指吊在难度 5.12 的指缝中简单很多，但是亚历克斯不同意。他说只要练习的次数足够多，后者同样很简单。"如果你来自远古时代，从没见过汽车，你的反应也会是'妈的，我要死了'，"他说，"攀岩对我来说一样，但我花在攀岩上的时间远超过开车。想象一下纽约城里的出租车司机和他们做的那些疯狂的事，那和我徒手攀岩没什么区别。我花了很多时间吊在小指上，所以这没什么大不了。"

将徒手攀岩描述成跟在繁忙城市中开出租车一样危险，这是亚历克斯精心构思的比喻，在他为自己承担的风险做辩护的哲学大厦上，这种合理化可能是那块拱心石。我每次告诉他徒手攀岩很危险，他都会用这点反驳，每次都会。迄今为止，我最多只是让亚历克斯承认，徒手攀岩时掉落的"结果"是灾难性的。但是他随后迅速指出，尽管结果可能非常严重，但它发生的可能性不会增加。他说，如果开车时你打偏方向盘，车子拐入对向车道，迎头撞上一辆大卡车，结果同样可怕。"每次开车驶入高速公路，你都会有极小的概率被一辆大家伙撞上。这就是做事的成本。"据保险信息研究机构称，生于 2013 年的人死于车祸的概率大约是 1/600。将度量标准扩大为死于任何事故，概率将变为 1/24。

我和亚历克斯有过无数次这样的对话，他总会引用自己统计的数据，表明没有徒手攀岩者是在推进自己的极限时掉下山的。"那些人并不是因为这些原因死的。"他曾说。据我所知，他在这一点上是对的。巴卡尔死于徒手攀登一条 5.10 的线路，至少对他来说，这条线路相当简单。英国知名徒手攀岩者德里克·赫西，1993 年从优胜美地的哨兵岩掉下去摔死，那条线路的难度只有 5.9。迄今为止，这是优胜美地唯一的徒手攀岩死亡案例。（后来，有人在那条线路底部的岩壁上贴了一张德里克的过塑照片，上面写着："我们怀念你，德里克。"）北面运动员队伍的创始成员之一、也是徒手攀岩者的丹·奥斯曼死于他发明的"蹦绳"运动，因为绳子断了。岩石大师约翰·"亚博"·亚布隆斯基，以及来自科罗拉多、为人低调的厄尔·威金斯，都是知名的徒手攀岩者，但都自杀身亡。同样是科罗拉多的查理·福勒在 1977 年徒手视攀了优胜美地的中教堂峰"北支脊直上"线路，他则丧生于中国西部的一场雪崩。迈克尔·里尔登淹死在爱尔兰海。迪恩·波特定点跳伞时殒命。亨利·巴伯在 1973 年徒手攀登了哨兵岩的"斯特克－萨拉泰"线路（即上述德里克掉落的线路），至今仍然在世。彼得·克罗夫特同样健在，他还在默默地继续徒手攀登欧文斯河谷中 5.12 的线路。

　　"我认为我掉落的概率非常低。"亚历克斯说。对此我可能不同意，但我理解亚历克斯需要相信这一点，才能去做他的那些攀登，否则他会害怕徒手攀岩。并且，要是那种恐惧在错误的时间转变为恐慌，那会害死他。我们有 1/24 的概率死于一场意外，大部分人看待这件事的心态，和亚历克斯看待徒手攀岩时死掉的心态一样。我们选择继续生活，相信自己不会那么不走运，要不是这样，我们会害怕坐车，甚至不敢离开房屋。如果在亚历克斯看来，在离地 1 000 英尺的高空中仅凭卡进裂缝的一个指尖吊住自己是一件稀松平常的事，就跟我们在高峰期开车一样，那么我们可能不得不承认，他的合理化有道理。

我们面对危险时会有本能的恐惧反应，这是一种进化特性，俗称"战斗或逃跑"本能。实际上，在肾上腺素的作用下，我们的肌肉会变得超级有力量和能量，让我们能对阵捕食者或逃跑。捕食者是我们的史前祖先面临的最大危险，因此在受到攻击时，恐惧大概是能救命的恰当反应。可攀岩不同。是的，它需要力量和能量——长而困难的线路需要很多，但是它也需要平静、精细和镇定。在不受控制的狂怒状态下，你没法去爬一条难度5.13 的线路。肾上腺素可能有助于你爬得比以往更快，但尝试找到准确的身体姿势，以解锁一组神秘的攀岩动作，那感觉就像用链锯做外科手术。屈服于恐惧只会带来最初让你恐惧的坏结果，因此亚历克斯努力用控制其他基本感受——比如饥饿——的方式对付恐惧。"饿的时候，把这种感觉放在一边，等方便的时候再去吃饭，"亚历克斯说，"至于恐惧，它让你心跳加速、视野收窄，你心想'天哪，我害怕了，天哪，天哪'，然后恐惧感喷涌而出，一发不可收拾，你就会失去攀爬能力。在徒手攀岩时，我知道自己处于危险中，内心充满恐惧对我没有任何帮助，只会妨碍我攀爬，所以我把它撂在一边，不去管它。"

亚历克斯说他刚进入磁共振机器的管道中时感到很恐慌，这是整个测试中他最不舒服的时刻，他感觉"哦，不，我被关进一个盒子里了"。感到幽闭恐惧时，他的杏仁核亮了吗？简当时还没有启动机器，我们不知道答案。但亚历克斯说他意识到自己的恐惧不合理，于是选择置之不理——做深呼吸把恐惧呼出去，然后就舒服了。因此他的杏仁核或许真的亮过，但很快平静了下来，之后便关掉了。后来测试中的任何环节都不足以引起类似幽闭恐惧的心理不适，所以亚历克斯的杏仁核可能只是继续处于关闭状态。

　　脑部扫描后的几个月，亚历克斯为"搭便车"夜以继日地训练，而我决定深挖一下杏仁核的问题。我联系到纽约大学的神经科学家约瑟夫·勒杜，他已经研究了 35 年杏仁核。他开口就告诉我，作家在解释大脑这类复杂事物时，总喜欢过度简化。他说跟大众的认知相反，杏仁核不是大脑的恐惧中心。"杏仁核能够极大地影响我们对恐惧的感知，但恐惧感并不由杏仁核产生……（神经科学）这个领域一直无法清晰区分作为体验的恐惧和作为内隐加工系统的恐惧，由此引起很多混乱。"根据勒杜的研究，杏仁核受损不会减轻人的恐惧感，而是会妨碍人在生理和行为上对威胁的反应——手心出汗、心率加快、隧道视野。

　　当我询问勒杜关于零激活的问题时，他说那个结果没有意义，因为磁共振机器只能检测到特定阈值的电流活动。"实验没发现不代表不存在。"他说。他告诉我，直接把电极接到亚历克斯的杏仁核上——意思是接在大脑内部而不是外部，就会检测到神经元突触的活动。

　　勒杜不认为亚历克斯的杏仁核可能处于休眠状态。他推测亚历克斯的杏仁核天生就比一般人的反应平淡，他是遗传上的异数。他还说，亚历克斯不停地将自己暴露在高空，可能把自己的杏仁核训练得对威胁脱敏了，尤其是高度带来的威胁。"通过把自己置于暴露感强的环境中训练，他能减轻杏仁核的活动，这就是自我暴露的意义。或许他已经能做到，在进入那一类环境中时禁用杏仁核。"

所以，直面死亡毫不恐惧是什么感觉？这些人眼中的世界是什么样的？我在佛罗里达我母亲的家里思考这些问题时，碰巧看到《每日秀》中尼克·瓦伦达和大苹果马戏团的一个片段。尼克是著名的高空杂技世家"飞翔的瓦伦达"的一员。那个片段讲到一个月前发生的一次可怕事故。他们的团队正在尝试创造一项世界纪录，由8个人在离地28英尺高的钢丝上叠人塔，下面没有安全网。当时底部有人摇晃了，导致5个人掉到地面上，包括尼克在内的另外3个人抓住了钢丝。没有人死亡，但是尼克的姐姐摔碎了脸上所有的骨头。这让我想起之前在电视上看到尼克在大峡谷走钢丝。《发现》频道直播了那次蔑视死亡的行走——他没有连接安全绳。那是我见过的最难忘的表演之一。

我在Facebook上给尼克发了条信息，第二天，他从佛罗里达萨拉索塔的家里给我打来电话；沿着墨西哥湾岸区我母亲家门口的公路上行，就能到他住的地方。巧的是，尼克也是世界上最伟大徒手攀岩者的大粉丝。

"我一直在说，恐惧是一种选择。"尼克说，"你能决定你是不是想被吓到。"他提到鬼屋的例子。"我走进去时可以期待着被吓死，也可以对自己说：'这些人是被雇来吓唬我的，为什么要怕这个？这不是真的。'"

在尼克眼中，是否害怕高空，是否担心财务问题或者配偶不忠，这些都是我们面临的选择，由我们决定是否"允许它生根发芽"。他把恐惧比作花园中的杂草。如果不拔除，它会蔓延开来，长满整个花园。"只要一感到恐惧，我马上把它踢走。我对恐惧的反击是：'我知道我在做什么，我一生都在做这件事，我为最坏的结果做过训练。'在生活的各个方面，我总是用积极对抗消极。我可以确定无疑地说，恐惧就是一种选择。"

最终分析结果中最值得注意的一点是，亚历克斯既是"超级刺激追求者"，又是一个情绪调节能力异常强的人。这两种特性通常是对立的，却在亚历克斯身上共存，他能如此接近死亡可能与此有很大关系。

简关心的是，像亚历克斯这样的高刺激追求者可能会发现，他需要不停加大赌注，越来越接近自己的极限，才能获得大脑依赖成瘾的那股多巴胺。显而易见，她的测试不足以点亮亚历克斯的伏隔核——或许远远不够，但可以推断出亚历克斯是个奖励驱动型的人。就像麦金农指出的，每个人都为奖励而攀岩。如果不是为了某种心理回馈，我们为什么攀岩？陷入无穷无尽的超越他人或自己的游戏，这会让人上瘾，并引起其他神经质的、自我伤害的行为。简观察到，这种情况经常出现在吸毒者和赌徒身上，但不难想象，它也会发生在徒手攀岩者身上。

亚历克斯还活着，是因为他用清醒的规划、勤奋的训练和极大的耐心缓和了探索极限的欲望。如果不压制自己的冲动，他可能一年前就去徒手攀登酋长岩了。简不知道亚历克斯的秘密计划（麦金农也不知道，尽管他猜到了），但她在分别时给了亚历克斯一句忠告："不要让冲动战胜谨慎。"

第十章　源头

"我想象着亚历克斯在（相机）取景框中掉下山摔死。如果说我准备好见到这一幕，那也只能想象它一旦发生会是什么样。"吉米说。我们正在摩洛哥大阿特拉斯山脉中的一个偏远山村——塔基亚，坐在攀岩客栈屋顶的白色塑料椅子中。客栈坐落在一个盆地谷的末端，谷地周围是一圈伸向灰色天空的红色石灰岩塔峰。他们称这里是非洲的优胜美地，过去两周，吉米和他的团队争分夺秒地拍摄亚历克斯和汤米·考德威尔快速攀爬一座座耸立在我们头上的尖塔。几天前，两人成功连攀峡谷中最长、最困难的三条线路。他们称这一恶魔连攀为"塔基亚三皇冠"。我几天后抵达塔基亚，在汤米飞回美国前，我有一天时间跟他聊聊。亚历克斯会再待一周，整个夏天他都在告诉我，他可能会"摸爬"——他经常用这个委婉说法指代徒手攀岩——塔基亚的一座大岩壁来结束这趟旅程。

吉米宣布歇一天，这是他们来这儿之后第一次休息。整个团队共有6人，摄影导演、收音师、高角度摄影师、制作人、数据处理员、专业索具师各一名，大部分都是亚历克斯的密友。他们分散在客栈周围，摆弄自己的装备。亚历克斯待在自己的房间，可能在恶补电视剧《斯巴达克斯》。

这是我在杰克逊洞的缆车上与吉米分别之后再次见到他。他看上去有点疲惫，瘫在椅子上，端着一个有缺口的陶瓷杯小口喝茶，散乱的黑色头发中缠着一些东西，可能是树枝或者树叶。他说自己睡不好觉，因为担心正在制作的这部关于亚历克斯的影片"可能给亚历克斯施加过多压力，迫使他去做一些没有拍摄时不会做的事"。比如徒手攀登"暗流"，这是一条有16个绳距的难度为5.12c的线路，就在吉米左侧的峡谷背面、一座1 800英尺的尖塔上。"这种负担真的、真的很重。"吉米说。

8月通电话时，吉米就跟我吐露过这样的心声。成为亚历克斯的记录者，意味着我们可能某天会看着他掉下山。更糟糕的是，在某种程度上，我们会成为杀死他的共犯。看着吉米的眼睛，我能看出这让他很害怕，不仅因为他会失去一个朋友，更因为他知道，自己余生都将活在这片阴影中。在蒂顿的家中抽象地思考这个问题是一回事，像现在这样实实在在地面对它是另一回事。

吉米不只担心亚历克斯。过去两周，他和团队一直在高角度的技术地形上不停移动。他们自己也爬了不少，偶尔还会徒手攀登到合适的机位拍摄亚历克斯和汤米。这些路段的难度很低，比方说，是5.6而不是5.12，但是他们背着装满绳子和拍摄器材的大包，某人弄掉一块松动的石头砸到其他人或者亚历克斯的风险始终存在。

两天前，我们从马拉喀什出发，开车先向南，再向东，穿过摩洛哥低地的平坦沙漠，进入大阿特拉斯山脉。沥青公路与历史悠久的古道平行延伸，那是跨越撒哈拉、连接马拉喀什和廷巴克图的古老商路。驱车 5 个小时后，我们来到道路尽头一个热闹的村庄，阿古迪姆。离开阿古迪姆后，没有路通往大阿特拉斯最偏远的区域。我跟着一头驴徒步进山，它驮着我的绿色行李包，晃晃悠悠地走在一条土路上。

塔基亚位于北纬 31°，海拔 6 600 英尺，所以比马拉喀什凉爽很多。它的攀岩黄金季比优胜美地早一个月，对于那些希望调整自己的状态，准备在接下来的岩季自由攀登优胜美地大岩壁的攀岩者来说，这里是个理想的选择。2012 年，亚历克斯跟英国知名女性攀岩者黑兹尔·芬德利第一次造访塔基亚，那年晚些时候，黑兹尔也加入了我们的阿曼航海攀岩远征。亚历克斯曾告诉我，他们在那次旅程中发生了点"故事"。这个地方有些魔力，虽然他也说不明白具体是什么，但这里帮他收获了人生中最好的优胜美地攀岩季。正是在那一年，他和汤米完成"三连攀皇冠"，后来又跟汉斯·弗洛林打破酋长岩"鼻子"线路的速攀纪录。

"是的，我可以去世界上任何地方，"他指着大阿特拉斯山脉的岩壁说，"但是哪里比这儿更好呢？"

赶驴人将我带到一栋围着石头高墙、杂乱无章的二层楼房前。我低头穿过大门，进入种满树的院落中，将行李包扔在木质长凳上。一个棕色皮肤的男人从一间房屋中走出，他身形单薄，面孔瘦长，轻轻握住我的右手，用当地语言说："愿你一切安好。"

"你也一切安好。"我也用当地语言回答，在伊斯兰世界旅行多次后，我已经学会这句问候语。

赛义德·马索蒂是这家客栈的主人，看上去 50 多岁。1994 年，法国和西班牙的攀岩者来到这里，发现这片峡谷具有巨大的攀岩潜力。随后赛义德建起客栈。3月到4月，以及9月到10月是这里的攀岩黄金季，在此期间，他的客栈会住满外国攀岩者，大部分是欧洲人，每人每天的食宿费用为150迪拉姆（约合15美元）。

赛义德跟他的妻子法蒂玛、三个女儿、一个结了婚的儿子以及一个孙子住在楼下。这个家像是一间青年旅舍，每层有个公用大厅，带坑厕的洗漱间，热水淋浴，房间似乎是根据需要随意添加的，至少有12间双人客房。

包括赛义德在内，塔基亚的300多位居民都是柏柏尔人（Berber）。"Berber"是"Barbarian（野蛮人）"的派生词，源自希腊语中的barbaros一词。柏柏尔人已经在非洲北部生活了数千年，是有名的商人，他们勇敢地穿越撒哈拉，建立商道，连接撒哈拉以南的非洲跟伊比利亚半岛，以及更远的世界。其中一条商道，据说已经连续使用700多年，直接穿过塔基亚峡谷，我从阿古迪姆到赛义德的客栈走过的道路，就是它的一段。

队伍的装备和其他物品都在楼上。一间大屋子的一面墙堆放着齐腰高的黑色塑料箱。显然，大家都出去了，因为这里很安静。我给自己倒了杯茶，走到露台上，那里可以毫无遮挡地看到我刚刚走过的峡谷。一条小溪在谷底蜿蜒流淌，午间的太阳照得它闪闪发亮。梯田从河岸边延伸出去，将周围的山坡染成不同程度的绿——草绿、黄绿、橄榄绿和祖母绿。绿色的农田上散布着数十座低矮的小屋，全都用泥土黏合石灰岩石头修建而成，看上去跟周围的杏树和无花果树一样，像从地里长出来的。近处，一个人离地20英尺，正在树上用长棍子打核桃，各种喧闹的声音飘满村子上空：小孩在玩耍，婴儿在哭泣，驴子在嘶叫，狗在狂吠，虫子不停嘶鸣。出发之前，我用谷歌地球研究过大阿特拉斯山脉，知道在客栈背后，大山的另一侧就是广漠的撒哈拉。北部、东部和西部有更多沙漠，但在传奇溪流"源头"的灌溉下，塔基亚成为一片绿洲。

我努力在塔基亚版酋长岩——2 800英尺的塔古吉米特峰左侧寻找那条著名线路"巴别塔"，这时我注意到两名年轻女性正小心翼翼地沿着山坡上凿出的之字形小道下山。她们明显不是摩洛哥人，所以我猜是亚历克斯的女朋友桑妮（卡桑德拉的昵称），以及桑妮的姐姐雅伊梅。几分钟后传来她们上楼的声音。桑妮很兴奋，看上去很高兴见到我。她热情地跟我握手，说亚历克斯告诉过她我会来。24岁的桑妮身材娇小，金发披肩，脸上洋溢的笑容温暖迷人。雅伊梅年长一点，更加矜持，我在想她是否会为自己的妹妹跟亚历克斯这样的家伙约会感到担心（我后来知道确实如此）。我们在生活区的一张桌子边坐下，她们告诉我刚刚去山里徒步了一大圈，队伍其他人在山顶上过夜。

我之前没见过桑妮，关于她，我唯一听说过的是，她在华盛顿的指数岩场攀岩时，让亚历克斯"掉到了地上"。攀登圈都是通过查阅《北美登山事故》了解细节，看书名就知道，它读起来有点沉重。我也去书中查过那次事故。

那是2016年3月的一天，华盛顿的攀岩季刚开始。亚历克斯几天后就要去中国爬格凸大洞。那天，天气暖和，阳光明媚，桑妮的家人也跟他们一起攀岩。亚历克斯正准备去爬一条5.9的裂缝"哥斯拉"时，桑妮的父母问他可不可以用他们的绳子爬，然后给他们留个顶绳，这样他们就不用自己去先锋挂绳，可以反复爬这条线路，而亚历克斯和桑妮可以去爬更难的线路。没有人注意到，他们递给亚历克斯的绳子对于"哥斯拉"来说太短了。亚历克斯爬完那条线，桑妮开始放他下来。所有人都在愉快地聊天，桑妮突然感到绳尾从手中滑走，下一秒绳尾就滑出了她的保护器。桑妮一声尖叫，失去保护的亚历克斯掉在一堆石头中，屁股和身体一侧重重着地。

桑妮冲到他身边。"你还好吗？"她紧张地问。

"等一下。"亚历克斯说着开始评估自己的伤势。肘部流血，全身疼痛。雅伊梅和她的男朋友接管现场，查看他的气道、呼吸和循环，然后又做了个"全身检查"。似乎没有骨折，于是亚历克斯一手扶着桑妮，一手扶着她爸爸站起来，一瘸一拐地走到山下的房车。他们直接开车去了医院，桑妮在后车厢陪着亚历克斯，哭了一路。X 光片显示没有骨折，但医生建议做一次 CT 扫描。结果显示，他的两节椎骨有压缩性骨折。

当晚回到房车，亚历克斯要跟桑妮分手。"我想成为好的攀岩者，"他说，"我要确保我的生活能让我变得更好。"

"听我说，"桑妮回答，"我们别这样：你跟我分手，走开，带着情绪去徒手攀岩，然后再回来复合……你不需要生着气变成好的攀岩者。这是个糟糕的事故，但我认为这种事不会再发生。"

亚历克斯没有揽下任何事故责任。作为有经验得多的攀岩者，离开地面之前"闭合系统"是他的工作。标准的方式是在绳子末端打个桶结，绳子到头时，绳结就会卡住桑妮的保护器，防止滑出去。桑妮只爬了 6 个月，几乎没在野外爬过，因此将这类安全细节问题怪到她头上是不公平的。亚历克斯，这个曾经不戴头盔就出现在婆罗洲一座疏松大岩壁上的家伙，一直抵触运动攀岩长期以来建立的安全规范。也许，在徒手攀登大岩壁的人看来，在绳子末端打结看上去有点蠢。

"我们那时还没有相爱，"桑妮告诉我，"他会想'我要做最有利于攀岩的事，如果你对我的攀岩没有帮助，碍手碍脚，那我就不想跟你继续交往'。我认为他内心有一种隐秘的奇怪欲望，那就是想让自己痛苦、焦虑，这样一来，他就能离开去爬山，并且爬得更好。"

亚历克斯就这样去了中国，整个旅程都在讲"我女朋友搞伤了我的背，我要跟她分手，她不肯，所以我猜我们还在交往"之类的玩笑。

"开始之前，我想聊些讨人厌的问题，我不太喜欢的事情，谈谈我对恐惧和死亡的基本看法。因为人们总在问我这个问题，所以我想先讲清楚。"亚历克斯身穿红色 T 恤和沥青色斜纹布裤子，站在西雅图市政厅的讲台后面。他又提了一次"讨人厌的问题"，然后放了他 2014 年徒手攀登墨西哥"闪亮之路"的 5 分钟短片。

大礼堂有拱形天花板、大型彩色玻璃窗、木质长椅，就像做礼拜的地方，实际上直到 20 世纪 90 年代，这都是它的功能。后来基督教科学派第四教会将教堂出售给一群热心公益的西雅图人。大礼堂可以容纳 800 多人，当天座无虚席。桑妮坐在后排中间的位置。她的一个好朋友酷爱攀岩，问她想不想去看看亚历克斯·霍诺德。

"谁?"

桑妮刚开始在一个当地岩馆攀岩，从没听说过包括亚历克斯·霍诺德在内的任何职业攀岩者。

分享进入尾声，一个男人站起来问："几年前你提到，你徒手攀登半穹顶的一个主要动力，是吸引更多女孩的注意力。你成功了吗，有没有一些愿意分享的疯狂故事？"礼堂后方传来嘘声。

"呃……好吧，我还单身，所以显然还需要去徒手攀登更难的线路。"亚历克斯面无表情地回答，听众开始起哄。"我住在房车中，到处旅行攀岩，第一次接受《岩与冰》的采访时，我心想，'哦，我上杂志了，现在有人约我了吧'，但完全没用。就算在一堆影片中出镜，登上了杂志封面，我吃惊地发现，还是个性更重要。所以爬半穹顶没有起作用，不过感谢你戳到我痛处。"

这家伙太无礼了，桑妮想。确实，他有点怪，有点自大，但还是"超级可爱"。还有，"我不想说那是无所畏惧，"此时我们在客栈面对面坐着，她告诉我，"因为我知道这是他一直回避的词，但他有种放手一搏的气概，有十足的能力。"桑妮从北卡罗来纳大学教堂山分校毕业两年了，其间一直单身，跟四个女孩合住。她们都想跟男孩约会，但手头都不宽裕，而且酒吧里也很乱。她试过用手机约会软件，偶尔也去约会，但没遇到一个吸引她的。

演讲结束后，很多人排队买《孤身绝壁》，亚历克斯挨个为他们签名，成名后的每场活动他都会这么做。每个人来到他跟前，他都会瞪大双眼看着他们，报以大大的笑脸，然后说些友好的话。许多年轻人想跟亚历克斯合影，他会尽快拍完。队伍一直排到礼堂门口，他要提高效率，才能早点回酒店，睡觉之前看一会儿《哈利·波特》。

他给每个人写的内容都一样，签名"亚历克斯·霍诺德"，后面跟着概括他人生哲学的话——"干大事"。亚历克斯告诉过我这个说法的由来。某次活动中，一个身材丰满的女性排到后问亚历克斯，能不能在她的胸部签名。"你是认真的吗？"亚历克斯结巴地问，她的回答是撩起上衣，里面没穿文胸。在其他人惊讶的目光中，亚历克斯拿起签字笔，在她的左胸上写下自己的名字，然后灵机一动，又在她的右胸上写了"干大事"。

桑妮和朋友决定合买一本《孤身绝壁》。她当时要慎重得多，打完招呼后她给了亚历克斯一个极富魅力的笑容，笑出了酒窝。在亚历克斯递回签完名的书时，她还塞过去一张纸条。

当晚回到酒店，亚历克斯从口袋拿出纸条。

"你让我开心，交往一下吧。桑妮。"然后是她的电话号码。亚历克斯绞尽脑汁回忆给他纸条的女孩，但他那天签了数百本书，所有人的脸都记不清。不过他拿起电话，发短信表示感谢，说第二天早上5点就要离开了。

两周后，亚历克斯回到西雅图，在 REI 做演讲。他已经忘记西雅图市政厅的那个女孩。

然而桑妮一直想着亚历克斯，看到他要再来西雅图的告示后，她给亚历克斯发了短信。几天后，她在一个岩馆接上亚历克斯和锡达·赖特，带他们去吃晚餐。REI 的分享后，她又把亚历克斯带到自己家，办了一场篝火晚会欢迎他。

"在那之后，我们的关系拉近了。"桑妮告诉我。亚历克斯再次离开，但是几天后，他邀请桑妮飞到拉斯维加斯，周末一起到红石岩场攀岩。桑妮答应了。

我要去罪恶之城跟一个我几乎不认识、住在房车里的家伙约会。最坏的结果会是什么呢？

我在客栈的公用大厅里喝茶时，亚历克斯出现在过道。我很纳闷他先前躲在哪里，因为我没看见他进来。或许他整个下午都待在自己的房间里。他眯着一只眼睛朝我看过来，说了声"嘿"，后面一句像是"感觉要死了"，然后走进浴室。我之前见过他这种状态，当时是因为急性偏头痛。他不会经常头痛，但一痛起来，就像超人遇到氪星石❶。

第二天早上9点我才再次见到他。"早上好，孩子们。"他说，看起来仍然疲惫，但脸上带着狡黠的笑容，就像他在暗自嘲笑我们都是孩子，而他是唯一的大人。偏头痛消失，他的超能力正在慢慢恢复。他把手里拿的书放在餐桌后的架子上，紧挨着客栈为客人准备的借阅书籍。我看到书脊上的书名是《阿加西自传》。安德烈·阿加西的自传我没读过，但看过一些评论，知道书里主要讲述了阿加西在名利方面的挣扎，以及他为何憎恨网球这项他付出毕生精力的运动。

亚历克斯走到浴室墙外的水槽旁，对着镜子检查自己的脸。他赤裸上身，光着脚，只穿一条他最爱的黑色攀岩裤，站在那里刷牙。这时我注意到，房间里每个人的目光都聚焦在他身上。亚历克斯大约160磅重，这对于一个能爬5.11的攀岩选手来说不轻。他腰部以上的每块肌肉都清晰可见，我想，朝他身上打一拳可能会像打在墙上一样。他的肩膀相对于他的体型来说比较宽，手臂很长，搭配着猿猴一样的大手，显得异常奇怪。他的手指非常粗，非常厚实，仿佛里面长满肌肉，并且不是笔直伸展，而是跟大猩猩的爪子一样自然蜷缩，我怀疑他是否还能伸直手指。然而，他

---

❶ DC漫画《超人》中的假想矿石，能够让超人变得虚弱并失去超能力。

的指甲却出奇地正常。大部分攀岩者的指甲因为频繁发力，受到严重挤压，至少有一两个会像波浪状的薯片一样。我的指甲有时也非常难看，我甚至会把手藏起来，不让一些人看到。亚历克斯的指甲有些擦痕，但没有变形。

"说起来有点尴尬，"高角度摄影师切恩·伦佩说，"每次见到他，我就像见到了崇拜的明星。"

我们顺着一条狭窄的小路往下走，小路沿水渠修建，赛义德客栈的水就由水渠引入。路面是泥泞的红土，跟路边浓绿的青草形成鲜明对比。在水渠到达滋养它的主河道的位置，我们踩着河道中高出水面几英尺的平坦石灰石跳到对岸。一条更野的山路带我们穿过一小块踩实的红土地，几个年轻人每人握着一部手机坐在一堵石头墙上。2 500英尺高的石灰岩塔峰乌季达俯视着我们。岩壁底部，距离地面50到100英尺的高度，数十条细流从裂缝中涌出——当地人将这些神奇的山泉称为"源头"，这里是赋予塔基亚灵魂的地方。喷涌的泉水下吊着像绿色胡须一样的苔藓，让我想起一幅描绘神秘的巴比伦空中花园的浪漫主义画作。穿过"源头"下方湿滑的山坡前，我往水流下游望去。阿汉瑟河离开"源头"向北流去，在阳光下熠熠发光；两岸翠绿，在大阿特拉斯山脉棕色山峰的衬托下，分外夺目。而"源头"的上游，河床干燥。"源头"画出的绿洲界线，醒目又唐突，就像我们正走着的沙石山道旁陡然拔起的垂直岩壁。

我们逐个进入缝隙峡谷，山谷逐渐变窄，直到我几乎能同时触摸到两侧的崖壁。前方的路被一道仰角岩壁挡住，岩壁顶部有一块被流水冲刷得极为光滑的大石头。柏柏尔人在这段峡谷两侧的岩壁中间卡入一截刺柏树干。这种简易梯子状的"柏柏尔桥"遍布整个山脉，与意大利多洛米蒂山纵横交错的铁索栈道类似。我听说许多"柏柏尔桥"由艾特艾塔人手工修建，这是柏柏尔人中一个放牧山羊和绵羊的游牧民族，冬季在撒哈拉放牧，夏季将羊群赶到大阿特拉斯。1 000多年间，艾特艾塔人帮助塔基亚和阿古迪姆人抵御来自撒哈拉的敌人，从而被允许进入这些山脉的高山草原。

　　柏柏尔人一天要多次穿行这种简易桥梁，我想他们甚至会赶着羊群通过，但是很显然，不只我认为它危险。以前的一些不知名攀岩者在上游约50码的峡谷崖壁上打下一个挂片，造出一条支路。借助挂片上的绳梯，我们整队人，包括世界上最好的一些攀岩者在内，绕过了那座柏柏尔桥。

　　过了这处难点之后，峡谷张开至一条土路的宽度。两侧崖壁都是倒仰的，抬头看着中间高高的一点弧形天空，我禁不住惊叹大自然的力量。这些岩石本来是海床，被地质力雕刻成天然教堂。凭借一点想象力，我就能猜到，高悬在我头顶上的三座塔峰很久之前应该是一整块巨岩。

　　在塔乌季达底部的一个小平台上，亚历克斯将微型单向滑轮连接到岩壁上垂下的一条黑色绳子上。岩壁像宇宙飞船的舰首一样伸向天空，1 800英尺的每一寸似乎都是仰角。我知道绳子指引着亚历克斯打算徒手攀登的线路，因此顺着它往上看。在1 000英尺高的位置，线路在一个块状仰角处消失。进入峡谷的路上，岩壁在午间阳光的照射下，看上去发红，但是此刻站在它的底部，我发现它更接近橘色，中间夹杂一些粉色、白色和灰色的区域。线路用小小的白色斑点标示——手点都涂上了镁粉，就像连接一个个小点的 3D 游戏。

亚历克斯带着一瓶水和一个备用的微型单向滑轮出发，那个微型单向滑轮挂在他安全带后方的装备环上晃来晃去。厂家的网站上特别指出，微型单向滑轮可以用作自我保护，但应该做好备份。大部分攀岩者，包括我，会用到两个。我问他为什么不把第二个也连到绳上，他说他认为只连一个更好，因为更简单、更整洁。他听说有人连接了两个，结果掉落的时候卡在一起，都没咬住绳子。他的理念是，有时少就是多。

那天早上在客栈里，亚历克斯的好朋友、队伍的索具师戴夫·奥尔弗里在过道整理自己的装备。他说他要滑轮自保爬一下"暗流"这条线路，然后一脸严肃地告诉我，他有个关于亚历克斯及其徒手攀岩的迷信。多年来，在亚历克斯徒手攀登某条线路之前，他都要先带绳爬一遍。他不确定这是怎么开始的，但戴夫迷信，只要他自己在爬时感觉良好，并能不脱落地完成，那亚历克斯徒手攀登相应线路就没问题。"我需要反馈（给亚历克斯）说爬起来简单。"攀爬过程中，他会留意一切可能被忽略的东西——不牢固的支点，镁粉太多的边缘。如果他认为亚历克斯可能注意不到某个关键支点，就会用粉块标记上。"我试着把自己想象成他在爬，"戴夫说，"有时这会让我分心，爬得没平时好，因为我心里会感到不舒服。"但亚历克斯一点都不迷信，并认为这整件事有点蠢。

"加油，马克。"亚历克斯在上面喊道，他低头看见我开始滑轮自保攀登。然而有个麻烦：我没想到自己要在摩洛哥滑轮自保攀登，所以没带自己的装备。那天早上，亚历克斯邀请我跟他一起去爬，我就找人借了点装备，但这套装备在绳子上的移动不是非常顺滑，根本不算滑轮。我要用一只手不停地向下抽绳子，这有点费劲，因为线路很陡，且一直很难。我把两个微型单向滑轮都扣在自己的保护环上，但把上面那个做了延长，并用绕在脖子上的弹力绳（实际上是根头灯带子）让它保持在齐胸的高度。

滑轮自保攀登最危险的部分是过保护站。这需要攀岩者往保护站里扣个牛尾保护好自己，再从下面的绳子上拆除微型单向滑轮，把它扣入上面的绳子中。没有犯错余地，转换时出现错误导致了许多死亡事故。

2014 年，新英格兰一位知名攀岩者在"教堂平台"岩壁上滑轮自保攀登时摔死。没人知道具体出了什么问题，但是他的尸体在岩壁底部被找到，没有连接到绳上。2016 年 3 月，另一位新英格兰攀岩者在攀爬"月华拱壁"（亚历克斯 2008 年徒手攀登的线路）时，听到上面传来呼的一声，他以为是块落石，抬头一看，惊恐地发现是个人，活生生掉下去摔死。调查发现，死者当时在线路的高处滑轮自保攀登，但从绳子上脱了出来。

我没有热身，线路上也没有休息的地方。即使热过身，它的难度也超过我现在的水平。爬了大概 120 英尺后，我的前臂开始灼烧，到了第二个绳距就酸胀得抓不住点，手臂太疲劳，以至于手指不听使唤地从支点上松开。我脱落了，靠绳子吊在空中，甩手休息时，我心里想，徒手攀登时力竭该多可怕，这种想法让我感到一阵恶心，虽然知道这些动作在亚历克斯眼中十分简单，这种事情永远不会发生。我对一些支点的牢固程度也有疑虑，其中几个点是石灰岩上伸出来的方解石凝结块。吊在绳子上的时候，我用力掰了掰一个点，感觉很牢固，但也知道，有些支点，尤其是石灰岩岩壁上的支点，在断掉之前都让人感觉极其安全。我们称这种支点为"定时炸弹"。

大部分绳距上我都至少脱落了一次，但是我最终摸索出身上这套装置的窍门，在某些路段爬得相当不错。在摩洛哥，爬到这么高的位置，在小点上用力下拉，感觉十分美妙。在第 6 个绳距的保护站，大约爬到线路的一半时，我遇到正在下降的亚历克斯。他不到 90 分钟就爬完了整条线路。

"你在干什么呢？"他问。

"我正在往上爬，"我回复，"我现在的样子像在干其他事情吗？"

有那么短暂的一瞬，我还以为亚历克斯要夸奖我的进展。

"你看上去就像他们把一个普通人扔进奥运会的赛场上。"亚历克斯说。

我只能苦笑。"你有时候真的很混蛋，"我回答，"我觉得自己爬得不错。"

"对于一个有 4 个孩子的中年父亲来说，你做得非常好。"

吉米的高角度摄影导演米凯伊·谢弗是个全能型得力助手，他走到亚历克斯身后，开始捏他的肩膀。亚历克斯将手臂弯成鸡翅状，就像划船一样旋转它。"我的右肩膀有点不舒服。"他说。米凯伊用短粗的手指用力按压，亚历克斯开始呻吟。他垂下头，下巴贴到胸脯上。

"那是白头发吗？"米凯伊问，他自己拖把一样的胡子中就点缀着些许银丝。虽然他的身高只有一米六二，但他在攀登圈的影响力很大。他不像亚历克斯或者汤米那样家喻户晓，但是在内行眼中，他是个低调的厉害角色，是美国最好的全能攀登者之一。

"是吧，"亚历克斯说，"想想我承受了多少压力。"所有人都大笑起来，但是我听不出亚历克斯是真有压力，还是在自嘲。认识他这么多年，我从没见他真的紧张过。

赛义德端着一口画得很鲜艳的宽边帽状陶瓷锅出现，这种锅在当地被称为塔吉锅。水汽从火山形的锅嘴中冒出来，锅里是法蒂玛炖了整个下午的炖菜，整个房间弥漫着让人流口水的香气。柏柏尔人使用塔吉锅做饭已经有数百年的历史，这是个精巧的发明：锅嘴能锁住蒸汽，蒸汽凝结，重新落到锅中，慢慢炖煮，用有限的水将便宜的肉片炖烂。赛义德家的菜单上全是炖肉，唯一的神秘之处是你不知道在锅里会发现什么种类的肉。可能是山羊肉、羊羔肉或鸡肉。那天晚上是鸡肉。配菜是甜萝卜、土豆、南瓜、洋葱，以及其他我叫不出名字的丁丁块块，并用摩洛哥菜常用的姜黄根粉、姜、香菜等香料调味。赛义德又端来一锅没有肉的，这是专为亚历克斯准备的，亚历克斯从2012年开始成为素食主义者。我用一把大汤匙痛快地舀了一勺，鸡肉已经软得脱骨，味道粗犷辛辣，我以前从没尝过这种味道。整顿饭期间，赛义德不停地从厨房拿来自家土灶中烤制的面包。我们喝的茶，茶叶是赛义德的女儿在家附近的河畔摘的。我们吃的每样东西都取自周边100码范围之内，唯一的例外是制作面包的面粉，是用驴子从阿古迪姆的市场上运来的。国王每月一次，资助每个摩洛哥家庭运输一袋50千克的打折面粉。

小猫一定是闻到了炖肉的香味，它冲进门，在我们的腿之间钻来钻去，跳上沙发走到亚历克斯身边。有人提到这个小家伙看起来很健康。队伍刚到时，它纤瘦柔弱，大家还以为它随时会死。赛义德给它喂了很多牛奶，队伍里的人喂了它大量零食。

亚历克斯漫不经心地说，如果有人杀掉它，他也不在乎。房间里所有人的目光都转向他：皱眉、疑惑、不同意。认识亚历克斯 8 年，我听他发表过这类评论。你甚至可以称之为典型的亚历克斯行为：首先，他会考虑他是否真的关心这只猫；然后，他认为自己不关心；最后，他没有闭嘴，而是决定将自己的结论分享给其他人。我想知道，如果桑妮和她的姐姐在场，他还会不会这么说——她们前一天离开了。桑妮没说她为什么提早离开，但她告诉过我，她从没看过亚历克斯徒手攀岩。或许她想继续保持这种状态。

"我不是说我会杀了这只猫，"他补充道，"而是如果其他人杀了它，我不会为之烦恼。"亚历克斯正在用他的大手抚弄那只小猫，自鸣得意的笑脸替代了扑克脸，我知道这是个游戏，一个故意逗自己同伴生气的游戏，迫使他们停止讨论攀岩，认真思考一会儿。

不久之后，我们的谈话又回到攀岩上来。

第二天早上，亚历克斯坐在桌边，一边啃着不新鲜的面包，一边用粗大的拇指点击手机屏幕。我们用摩洛哥的信号放大器接入的无线信号非常不稳定，现在干脆消失了。"今天似乎暖和一点。"他说。就这么随意观察一下天气吗？也许吧，除非温度会极大地影响手指与岩石之间的摩擦力。不到一个小时，他将爬到 1 000 英尺的高度，整个人吊在指尖上，脚下是随时要吞没他的空气。

有人撞倒过道上的一个红色塑料桶，发出巨大的响声。"嘿，你踢到桶了。"亚历克斯说，尽力放松大家的心情。

我们面前的桌子上有个香蕉形状的帆布口袋，里面装着拼字游戏的道具。"玩一把？"我问亚历克斯。

"可以呀，"他说，"但你要让我赢，这样才不会打击我的自信。"

我拿起袋子往外倒牌时，小猫跳到沙发上，亚历克斯抓起它，一只手抱着，一只手轻抚它的脑袋。亚历克斯告诉我，他刚刚在给萨克拉门托的一些人写邮件。他的高中要在10月举办一个典礼，评他入选学校的名人堂。他们问了几个问题，比如米拉洛马高中的学习对他现在做的事情有何帮助。

"所以有何帮助呢？"我问。

"我直接告诉他们，我从来不觉得我接受的教育有什么用，但学校的确在塑造我的世界观上起了些作用。"

亚历克斯看着桌上的牌，开始四处移动它们。很快他就拼凑出一个八词交叉的纵横字谜：Jab-jetty-lieu-taze-bane-cane-came-been。我只拼出两个：nun–cunt。我一直玩不好拼字游戏。

"我十分确定'cunt'是个俚语，"亚历克斯说，"'glinty'是个单词吗？"

我说我觉得不是，但我错了。亚历克斯把它加了上去。

摄影导演克莱尔·波普金示意我，该出发了。我俩和一个当地背夫哈桑·埃尔·穆登计划从塔乌季达峰的背后爬上去，在"暗流"线路的顶部等着亚历克斯。"祝你好运，哥们儿。"我对亚历克斯说，用力握住他的手。

亚历克斯用棕色的大眼睛看着我微笑。

跟以前做过的上千次一样，吉米将自己的菊绳 ❶ 挂进两个挂

---

❶ 一种辅助绳环，上面每间隔 8 厘米～15 厘米有一个环圈，用来连接攀登者与固定支点。

片组成的保护站中，从刚刚用来下降的黑色静力绳中解除下降器，将重量转移到菊绳上。"解掉保护器了。"他喊道，这句话的意思是绳子不再受力，米凯伊可以下降。吉米将自己连接到另一根绳子上，从保护站移开，取下菊绳，开始沿着下一根绳子下降。岩石的颜色发灰，有明显的风化痕迹，角度接近垂直。吉米轻轻地蹬着岩壁下降，以防弄掉松动的石头。

法国运动攀岩者在这一大片石灰岩峭壁上开辟"暗流"和其他几条线路时，从地面起步，花费五天时间检查、清理、做保护点。除了为固定路绳打下一个个膨胀螺栓外，他们撬掉了所有可能在攀爬时带来危险的松动石头。这是开辟运动攀岩线路的标准做法，为首攀者和后来的攀岩者创造相对安全的攀爬体验。吉米的团队勘察线路两侧的岩壁，寻找合适的机位，在亚历克斯攀爬时拍摄。这些岩石区域距离线路远远超过一臂长度，从来没有人触摸过，更没有人检查过是否有松动的石头。弄掉石头，向摄影同伴甚至亚历克斯发射致命导弹，一直是真实又令人头疼的风险，也是吉米始终竭力避免的。

因此，低头看见右脚下一块背包大的石头掉落时，吉米简直不敢相信自己的眼睛。石头撞击岩壁的可怕声音响彻山谷，他无法阻挡即将发生的事。戴夫·奥尔弗里和收音师——迪恩·波特的老朋友吉姆·赫斯特正在下方的某个位置。

"落石，落石，落石！"他大声呼喊。巨石在岩壁上弹了几次，每次都撞起一片尘土，发出刺穿整个山谷的爆裂声。它剧烈旋转，撞到下方60英尺处的一块草地平台上，炸开来碎成更多小石块。吉米眼看着几十个垒球至足球大小的石头密密麻麻地砸向戴夫和吉姆。

400 英尺之下，戴夫听到爆裂声和每个攀岩者的噩梦——"落石"的喊声。我他妈的是这些东西的吸铁石。他往上看，天空中黑色的落物像炮弹一样呼啸而来。2015 年春天，在巴芬岛的一次首攀中，切恩不小心弄掉一块档案柜大小的石头，擦到戴夫。戴夫给我看过背部的伤疤，就像被鳄鱼咬了一口。现在他拼命将身体贴近岩壁，尽量让自己缩到头盔下，等着看自己的死期是不是到了。

接下来的 30 秒对吉米来说就是慢放。他听到石头撞击谷底，然后是一阵恐怖的沉默。对讲机突然响起来。"我没事，"戴夫说，"但他妈的就差一点。"吉姆·赫斯特也报告自己没事。

吉米吊在绳子上，脸埋进双手中。

"你们听到了吗？"我对克莱尔和哈桑说。我们正坐在塔乌季达峰的山顶上。后方的"山路"在接近顶峰时有一段 5.5 的徒手攀岩，很简单，但有些石头长满植被，不太稳固，暴露感也很强。在这一段的任何位置掉落都是致命的。我们到达顶峰之下时，克莱尔的对讲机里传来亚历克斯开爬的消息。

"听到了，那是什么声音？"克莱尔说。风在山顶上呼啸，摇晃着石头缝里长出的灌木。一阵风将声音吹上来，我们都听得更清楚了，听起来像是"亚历克斯，亚历克斯，亚历克斯"。

我的胸口一阵发紧，感觉像是坐在一辆在冰面上高速行驶的车里，而车子突然打滑。"发生什么事了？"我问克莱尔，我们俩开始手脚并用地从陡峭的山脊往下爬，看能不能弄清楚发生了什么。爬下 55 英尺后，岩壁在我脚下垂直落向黑暗的深渊，我从平台边缘望下去，看见难以理解的一幕。一个身穿蓝色短袖的黑发男人正在走高空扁带，扁带拉在塔乌季达峰和峡谷另一侧一座相似的塔峰之间，横跨 1 000 英尺左右，距离地面大约也是 1 000 英尺。风很大，扁带像吉他弦一样晃动。那个男人的手臂在身体两侧来回摆动，他的身体左右摇摆，就像参加滑雪障碍赛的选手。又一阵风将他的呼喊带到我们耳边。

"Allez, allez, allez." 听起来像"亚历克斯"，这呼喊险些让我心脏病发作，原来是那家伙在用法语给自己加油。

恐慌退去后，我对这个过于激动的杂技演员感到强烈不满。他的这种令人讨厌的喝彩和呼喊，肯定会极大地干扰亚历克斯。那人可能并不知道，亚历克斯正在徒手攀登这面连接着他扁带的岩壁，但我可不管这些。

"得让那个家伙赶紧闭嘴。"我对克莱尔说，抬头看见他正在拍摄。

在塔基亚的两周里，亚历克斯已经爬了接近 200 个绳距，其中 140 多段的难度在 5.12 以上。他在摩洛哥攀爬的困难绳距史无前例地多，这给他的身体带来了损伤。在"暗流"线路上做第一个困难动作，踩上一个微小的凸起时，亚历克斯的右脚大脚趾感觉很疼。因为攀爬了数英里刀刃一样的石灰岩，他的手指头起了干茧，尤其是食指和中指，抓点时感觉特别干。亚历克斯担心变厚的手皮会让指尖在抓握支点时，对细节不那么敏感。长茧的指尖有时甚至会在支点上"打滑"，跟脚踩香蕉皮一样。他的手指需要保湿，于是他把右手食指的第一指节伸入口中，快速嘬了一下，接着是中指。他抬头看见切恩吊在右侧的黑色绳子上，两天前他曾用那根绳子滑轮自保攀登。切恩靠过来，镜头对准亚历克斯的眼睛，由于太专注于构图，切恩根本没注意到亚历克斯的恐慌。

再往高处数百英尺，亚历克斯搞错一组动作的顺序，卡在一个小屋檐的中间，需要做一个没有演练过的动作。这个绳距的难度是5.11d，亚历克斯有很大的犯错空间，但是岩壁非常陡峭，没有休息的地方，他感觉手臂比之前爬的3次都酸胀。他很紧张，有点过度用力抓点，因为不相信自己的脚。他还没有找到那种流畅感。

那他妈是什么？有人在喊。亚历克斯扭头朝左后方看去，发现了那个走扁带的法国人。

"Allez, allez, allez." 那个人一遍又一遍地为自己打气。谁会这么干？谁会为自己加油？那个法国人掉了，被长长的牛尾拉住后，他像一只蜘蛛一样，在扁带下方一根8英尺长的绳子上晃荡。至少他不喊了。

亚历克斯的大部分重量都在左手反抠的一个很深的口袋点上。他把手指伸进去很多，不确定还能不能拔出来；在徒手攀岩时他经常这么干。他的右手抓着一个更小的平台，双脚张开踩在下方。下一个动作的跨度很大。他往周围看——法国人在牛尾上蹦弹，有两个人吊在右上方的绳子上，一个人正在下面推上升器往上爬。他是在无保护独攀，但他显然不孤单。

米凯伊双脚蹬在石灰岩上的一处红色纹理上，朝左旋转躯干，透过相机的取景框向下盯着岩壁。亚历克斯现在似乎爬得很顺。他几乎没有停顿。他使了几成的力？可能五成，或者六成？米凯伊知道，这段攀登不像亚历克斯爬得看起来那么简单，因为他刚到塔基亚时爬过这条线路。他在亚历克斯即将做的一个动作上费了很大劲——在一面仰角岩壁上 1 200 英尺的高度。

后来，我跟米凯伊聊起拍摄亚历克斯徒手攀岩的经历时，他说了自己内心的一些想法。"他爬得很省力，几乎像关掉了自己的引擎，但我仍然感觉像在看人站在楼顶，马上要跳下去。这让我心力交瘁。战争摄影肯定就是这样。一个人死去的概率不完全为零，这是个概率问题，而且概率不小。这种事是会发生的。我不想一整年每天都做这种工作。哦，天哪，看到悲剧的可能性大了。"

米凯伊尽力不去想来摩洛哥前不久发生的一件事——攀登界遭受的又一次打击。美国的两位顶级登山家，33 岁的凯尔·登普斯特和 34 岁的斯科特·亚当森在 8 月下旬尝试攀爬食人魔峰北壁的一条新线路时失踪，食人魔峰是喀喇昆仑一座 23 000 英尺的高山。原计划 5 天的攀登，在第二天迎来一场暴风雪。他们的厨师最后一次看见他们是在峰壁中段。我们队伍的大部分人都跟他俩相熟。

亚历克斯爬到线路上唯一稍大的平台，这里距地面 1 400 英尺，米凯伊继续拍摄。

"嘿，你怎么上来的？"米凯伊问，"你的绳子呢？"

亚历克斯大笑起来。吉米在米凯伊上方一点，吊在另一根绳子上，他正推着上升器往上爬，前往拍摄下个绳距的机位。接下来是整条线路最夸张的绳距——稍微有点仰角，光滑的灰色岩壁上有红色和橘色的条纹。全是大点、大跨度，难度 5.12c。亚历克斯脱掉鞋后跟，往平台远处走了几步。他转身背对正在拍摄的米凯伊，叹了口气。尿液在空中画出一道弧线。

铁锁相互碰撞的叮叮声把我的注意力吸引到 100 英尺之下，两块灰色石头中间的缺口处。吉米喘着粗气，滴着汗，赶在亚历克斯登顶之前小跑上来，这样他就可以和克莱尔从两个不同的角度拍摄亚历克斯登顶。他从脖子上扯下硕大的黑色相机包，扔在脚旁的石堆中。

"你听到了吗？"他问我，鼻尖上滴下汗水，"我差点害死戴夫和吉姆。"

几分钟后，我们听到口哨声。亚历克斯穿着艳红色 T 恤、黑色裤子，腰上挂着一个黄色粉袋，手脚并用爬上山顶，一副满不在乎的样子，就像走在人行道上去街角商店买包口香糖。亚历克斯站在那里，盯着自己的小臂，吉米和克莱尔将镜头对着他。

"感觉像在工作。"他说，仿佛在自言自语。

"还顺利吗？"我问他。

"在底部我抓点都有些用力，爬得有点紧。到难点才真正放松下来。那种感觉真的很棒——流畅、轻松。我从来没有徒手爬过这种线路，有点野。总体上，我给自己打的分数是 B-。但是我徒手爬过更接近极限的线路，比如'浪漫武士'。"然后他又提到那个在我们这群人中成为传说的事，"我在那条线路上太紧张了，紧张到在第三个绳距上拉了泡屎。"

我们把他的背包带上来了，里面装着他的鞋和水瓶。说完这句话，他抓起背包，挎到肩上走开了。

哈桑一直坐在几英尺开外，努力消化眼前的一切。他 25 岁，身高一米八，像电影明星一样帅气。我在塔基亚的整个旅程中，哈桑一直穿着一件浅蓝色 V 领棉毛衫，里面没穿打底衣。他住在阿古迪姆，说一口流利的英语，做翻译和向导工作。他也是个成长中的攀岩爱好者，摩洛哥第一代用快挂和绳子攀爬这些峭壁的人之一。早些时候哈桑告诉我，所有的摩洛哥攀岩者都知道亚历克斯和汤米，他们看了 CNN 对汤米攀爬"黎明墙"的报道。"每个人都想见见他们。"哈桑说。亚历克斯和汤米在摩洛哥非常有名，甚至不攀岩的人也知道。我们从岩壁往回走时，有个摩洛哥女人看见我们，大声喊道："亚历克斯，我想嫁给你。"

"他启发了这里的年轻人，也让我有动力更多地攀岩，"哈桑说，"但我很担心，因为徒手攀岩很危险。"

亚历克斯走远后，我问哈桑："你觉得他怎么样？"

哈桑看着我的眼睛，摇头说："他太疯狂了。"

米凯伊几分钟后上来，挨着吉米重重坐在地上。他们看起来累成了狗，任何人顶着烈日在山里重装行走一整天后，就会像这样。除了身体上的疲惫，他们的精神似乎也垮了，焦虑担忧得要命。吉米痛苦又悲伤地盯着峡谷对面。这些年来，我跟吉米一起经历过许多伤感、充满压力的时刻，但从没见过他这样。很长一段时间都没人说话。

然后吉米开口说："今天真是太糟糕了……问题是，我已经极度专注。我知道可能发生的最危险的事情就是踢掉石头，一心想着这个。我落脚的地方，之前有 15 个人经过。这太倒胃口了。我心想：'这他妈什么破事。'我告诉米凯伊：'我现在最不想干的就是拍人徒手攀岩。'"

"然后我还得回他：'嘿，他 30 分钟内就上来了，你还有工作要做。先把这事撂一边，待会儿再说。'"米凯伊说。

"太他妈悬了，"吉米说，"我知道事情会是这样，我的意思是，我知道这跟我们做的其他事情一样危险。但是这种落石，这么多摄影师，伤到别人的概率……"他没有说下去，低头看着布满碎石的地面。

一旦走出岩馆，或者离开人来人往的运动攀岩场去爬野外线路，任何攀岩者都会近距离遇到落石。它是这项运动的一部分，你只能学着减少这种风险，不能完全消除。听到吉米说他在吉姆和戴夫上方弄掉一块石头，我并不惊讶，这事很常见。我至少有十几次被高尔夫球大小的石头砸得脑袋嗡鸣，被砸烂过好几个头盔。不过，每次发生这种事情，我都有绳子保护。

这件事情让人难以释怀的真正原因是，我们都知道它可能在亚历克斯攀爬时发生。没有绳子保护，他无法用力蜷缩，钻到遮挡物下方，或用手臂护住头部。他没戴头盔，因为从任何高度掉下山，它都没用——更别提那也不是他的风格。想象他在过难点时天上落下一阵石头雨，我的胃便一阵痉挛。我知道被一小块石头砸到是什么感觉。如果时机不对，即使一个花生大小的石子砸到亚历克斯头上，也会让他脱手。

戴夫后来说，西瓜那么大的石块在脑袋几英寸外呼啸飞过时，他能感觉到气流在耳旁冲击。是的，他戴着头盔，但遇到那么大的石头，也起不到太多保护作用，那些石头会砸掉他的脑袋。吉米现在承担着决定是否继续这项工作的全部责任。之前乔恩·克拉考尔的合理建议，此时显得毫无价值。他说如果有人要拍亚历克斯，"那个人"应该是吉米，因为他最有资格、最能胜任。这就像在说"如果有人要从乔戈里峰顶滑雪下来，最好是你"。

在吉米的电影《攀登梅鲁峰》中，有一句台词解释了最优秀的登山者为何也是记性最差的人。只有那些选择性地忘记悲剧和濒死体验的人，才愿意一次次回到山里，尝试危险的大线路。虽然眼下这个项目不会有梅鲁峰的喜马拉雅式远征那样的身体上的不适，但显然也有它的可怕之处。

我们只是坐在那里，听风吹过岩石缺口的声音，看着塔基亚这一小块绿洲周围焦干的小山。"我这辈子再也不想做这种工作了，"米凯伊说，"我快被压垮了。我见过其他在山里工作的摄影师，他们眼见悲剧发生，现在成了妄想症患者，因为那些事故击穿了他们可以承受的底线。我们可以拍些汽车广告，或者去墨西哥拍模特。"米凯伊停顿下来，似乎陷入沉思，就像在想象沙滩上的比基尼女郎。我看着吉米，他终于露出笑容，他确实偶尔会拍超模。"但那些工作真的没有意义，"米凯伊又说，"你只是在兜售废物。而做这项工作，我们实际上在努力呈现一些特别的人。"

回到客栈后，所有人都来到屋顶上闲坐着看日落。剩下的工作就是打包装备回家。这是开几瓶啤酒庆祝的绝佳时机，但亚历克斯和吉米都不喝酒，喝酒也违反摩洛哥王国的法律。爬完"暗流"，亚历克斯又去徒手攀爬了一条经典的多段线路，难度是5.11。加起来，他这一天总共攀爬了一座酋长岩的高度。今天应该是徒手攀岩史上值得书写的一天。亚历克斯没有表现出以往取得巨大成功后的欣喜和活力——每个人都遇到很多不顺，但是他比往常健谈，我突然想到一个思索许久的问题。

他在塔基亚读了三本书，《阿加西自传》《攀岩人生》（汤米的自传，他在客栈写这本书时通过存储盘实时分享给亚历克斯）和纳特·西尔弗的《信号与噪声》。他还挤出时间看了至少三季《斯巴达克斯》。《信号与噪声》讨论概率，解释大部分预测为何不准。

在这本书中，西尔弗解释了他所谓的预测悖论："我们对自己的预测能力越谦逊，对未来的计划就会越成功。"世界上最伟大的徒手攀岩者进行"豪"赌的几周前，在阅读一本关于概率的书，我觉得十分有趣。我非常好奇，亚历克斯预估成功率有多少，才会决定去徒手攀岩。这是个十分沉重的问题，但是鉴于他当时的心情，以及那本书，我决定抛出问题。

首先，他谈到其他人的成功率。他的朋友布拉德·哥布赖特，一位冉冉升起的徒手攀岩新星。"如果他某一天起床，决定不管死活都要去爬，他死亡的概率有35%。如果你把枪顶到很多人脑袋上，强迫他们去徒手攀登酋长岩，他们都有70%的概率活下来"，并声称自己完成了酋长岩的首次徒手攀登。"显而易见，大多数人都不会满意这样的概率。"他补充道。

亚历克斯说刚过去的这个夏天在瑞士训练时，他拜访了朋友乌里·斯特克。40岁的乌里是一位顶尖登山者，绰号"瑞士机器"。乌里在欧洲家喻户晓，他不停地打破自己在阿尔卑斯经典线路——比如艾格峰北壁——上的速攀纪录。乌里之于登山，就像亚历克斯之于攀岩。

他们在乌里家附近的山上徒步时讨论了"何时就该冒险一搏"的话题。乌里告诉亚历克斯，在一些重大攀登中，他会"抓住机会，冒死一搏"，他承认赌注很高时，他愿意冒风险。乌里无疑在指他 2013 年独攀安纳普尔纳峰 8 000 英尺的南壁，那是喜马拉雅山脉攀登史上最大胆、最困难的一次。安纳普尔纳在尼泊尔境内，海拔 26 545 英尺，是世界第十高峰，被称作"死亡山峰"。截至 2012 年，共 191 人登顶，61 人在上山或下山途中死亡，死亡率高达 32%，在 8 000 米级山峰中是最高的。

乌里之前尝试攀爬过两次南壁。在2007年那次失败的尝试中，他在岩壁低处徒手攀登时被落石击中，滚落1 000英尺。2013年他终于成功了，那一次他本来是跟加拿大搭档唐·鲍伊一起攀登，但出发前一天，唐退出了。乌里不想经历第三次失败，于是带上一个小背包和200英尺的6毫米绳子独自出发。据他自己描述，他几乎不间断地爬了20个小时，徒手攀登峰壁上的每一寸，包括在23 000英尺高的岩石带难点处，用冰镐钩住岩石做混合攀登。在顶峰上，他短暂地欣赏了一会儿风景，然后原路返回，或倒攀，或绳降。出发28个小时后，他回到帐篷中。"如果我去爬比那更难的线路，我想我会害死自己的。"乌里后来说。

"我在寻求可重复性，"亚历克斯一边说，一边坐进屋顶上的一把塑料椅子中，"马克·特怀特的要么登顶要么死亡——无论怎样都是赢——不是我的风格，但我确实考虑过这种情况。也许为了爬酋长岩，我需要接受那种心理。有些事情是值得的。"

亚历克斯拿他徒手攀登"大学墙"举例，他当时演练完线路后，只能将成功率提高到95%，所以他将那个项目放到一边。

"后来某一天（6周之后），我感觉'就是今天了'，就去徒手爬了它。有时你需要选择时机，像今天就不行——应该待在办公室的周二早上，是打卡上班的时间。徒手攀岩很大程度上与信心有关。今天我本来应该超级强，但事实上我感觉有点疲软。"

吉米和我首次谈论这个项目时，他建议我加入他的拍摄团队，当索具师，跟戴夫合作，为摄影师建保护站，固定绳索。起初，我很喜欢这个想法，因为这能让我融入团队。但是这些年来，我做过很多索具方面的工作，完全明白其中的危险。当我退一步认真考虑，想到松动的石头、锐利的棱角，以及我经历过的那么多危险，我认为不值得去冒险。

2008年，在跟凯文·陶、彼得·克罗夫特去克什米尔远征后不久，我就从高风险的喜马拉雅探险中退休了。我的婚姻濒临破裂，越接近40岁，我作为父亲的责任感越强。冷静评估无限推进自己极限的存活概率后，我对不死不抱任何幻想——太多好友和同伴死在山里，存活概率非常小。因此我放下自少年时第一次接触攀登后就熊熊燃烧的野心，不再跟同时代最好的登山者、探险者竞争。我仍然会去世界各地攀登、滑雪、旅行，但会留出比以前更大的安全余地。我推掉了很多机会，选择更加专注于自己的向导生意、写作事业和其他拓展视野的新爱好，比如航海。我花更多时间陪孩子，在一些探险活动中带上他们。

认识亚历克斯的几年里，我好几次想抓住他，摇着他的肩膀说："哥们儿，如果你不从边缘退后，你会错失很多美好的生活。"在塔基亚的屋顶上，我有同样的冲动。

但我只是说："你还要经历许多事情，亚历克斯。"

第十一章 "她的心态好极了"

"你上一次跟亚历克斯聊天是什么时候？"我在北面的老板克里斯·西尔维娅问我。这是我在国际运动员队——北面国际运动员队的现称——的第 20 年，克里斯是新任经理，这些年来，这个职位换了十几个人。

"几天前，怎么啦？"

"他发生了一次糟糕的冲坠，撞伤了脚踝。他还不知道有没有骨折，但在视频通话时给我看了一下，感觉很严重。小腿和脚都是黑紫色的，一直肿到膝盖。我从没见他那么低落过。"

挂掉电话，我给亚历克斯发了条短信。"嘿，刚听说你冲坠的事，听到你受伤我很难过，但好在没大事，就想发个短信表达祝愿。"短信提示立即出现在屏幕上。通常，亚历克斯都在攀岩，回信息很慢，但他现在正用香肠一样的手指敲击手机上的小键盘。

"谢了哥们儿，非常感激。我今天去医院看了，伤得不重，我觉得情况不会太糟，非常乐观。只不过在岩馆只能用一只脚爬 5.12c 的线。至少还能爬一爬。医生说一两周就会没事。"

我打电话给吉米。电话响了一声，然后转成外语语音提示——吉米一直不停地到世界各地出差，拍照片或者制作电影，所以这是常事。他没有接电话，但几分钟后给我打了回来。"你听说亚历克斯的事了啊？"他说，"我猜我们要推迟一周，不过，亚历克斯主要伤在脚踝韧带，你知道那要花很长时间才能痊愈。"

　　"发生了什么？"我问。

　　"我也不确定，"他回复，"我还没有听说细节，只是知道他的脚踝受伤了。现在有个大麻烦，我提前几个月就敲定了团队成员的时间，不能就这样放他们鸽子——他们为这个项目已经推掉其他工作，现在却没有可拍摄的了。亚历克斯在摩洛哥爬得非常好，整支队伍也磨合完毕。我们势头很好，可现在……"

　　后来，我坐在桌前，想到1997年春天，自己在酋长岩上一次类似的冲坠。当时我的搭档们认为我高估了伤势，所以给我的脚踝缠上胶布，继续攀爬，创造了"迷失在美国"这条线路的速攀纪录。两天后我去拍X光片，发现脚踝已经骨折。我打了6周石膏，拆掉石膏的第二天，就飞往巴基斯坦攀爬希普顿塔峰。我想起在那次攀登中我是多么不稳，多么担心再次冲坠伤到脚踝，花了整整一年才重新建立起攀爬的信心。亚历克斯会如何应对呢？

　　两周半后，在优胜美地皇家大酒店（前阿赫瓦尼酒店）外，我和吉米坐在他的房车里，等亚历克斯的信息。我们刚刚连攀了皇家石拱这座悬崖上的两条经典线路——"超级滑道"和"平静之子"。我俩攀得不多，亚历克斯徒手连攀只需要两个小时的线路，我们花了一整天。接下来的安排是去找亚历克斯。从摩洛哥回来后，我们两个都没见过他。

半个小时后，我们找到他，他跟米凯伊·谢弗和另外两个我不认识的人坐在山屋酒吧角落里的高脚桌旁，那两个人，一个是优胜美地登山学校的向导，一个是攀岩者。桌上有几杯水。他们已经在这儿待了一阵子，但都没有点东西。亚历克斯看上去像刚起床。他的黑发跟平常一样蓬乱打结。他穿着标志性的衣服：一条黑色软壳裤，一件橘色棉服，正面还有棕色污渍。我跟他用力握手，并半抱半拍他的后背，这是攀岩者见面的标准礼仪。

"让我们看看你的脚踝吧。"吉米说。亚历克斯脱下右脚的鞋子和袜子。他的脚踝仍然肿得很大，深紫色、粉色、黄色和橘色的瘀痕从脚尖一直延伸到膝盖下面。

"哇。"吉米感叹。

"这没什么，"亚历克斯说，"你应该看看两周之前的样子。"亚历克斯说他每天都在攀岩和徒步。他的康复师告诉他，因为没有骨折，可以出去活动，只要觉得舒服，尽管随意折腾。对于亚历克斯来说，这就意味着去徒手攀登 5.9 的线路，而不是 5.11 或 5.12。他跟我们说了说他那天穿着接近鞋❶徒手爬上爬下的几条多段线路。

在我们聊天时，旁边桌的一位攀岩者过来和亚历克斯打招呼。我没见过他，但知道他是谁——凯文·乔治森，汤米攀登"黎明墙"的搭档。他从头到脚一身阿迪达斯，胸前的赞助商商标跟纳斯卡大赛赛车手服上的一样多，帽子的正前方还有个荧光绿的阿迪达斯商标。他长得非常有特点，胡子修得很短，有着柴郡猫般

---

❶ 介于徒步鞋和攀登鞋之间的一种户外鞋，兼具防滑、耐磨、防水的特性。

的笑容，因为经常大笑，脸颊上有些很深的皱纹。

我就挨着凯文坐，很难不去听他们谈话。他们在谈论亚当·翁德拉——23岁的捷克天才，当今世界上最优秀的运动攀岩者。亚当刚来峡谷，要去尝试"黎明墙"的第二次自由攀登。他之前没有进行过传统攀岩，这意味着他要快速学习如何往裂缝里涨手、涨指，如何放置保护点。过去几个月，凯文一直在通过电子邮件给翁德拉分享"动作资料"——为他提供线路上最棘手路段的准确细节，以及类似在何处搭吊帐等建议。凯文来峡谷是要自己爬一爬，并现场支持翁德拉。翁德拉在社交媒体上公开宣称计划超越汤米和凯文，使用更好的攀登方式，从地面起步，用更少时间完攀，并说计划一周之内完成。我忽然意识到，翁德拉的项目是好事，因为他将媒体的注意力从亚历克斯和他的顶级秘密任务——徒手攀登"搭便车"上吸引开了。亚历克斯没有在酒吧里向凯文提这事，但是我怀疑凯文已经意识到了。

几天之后，我跟妻子汉普顿和7个月大的儿子托马斯在优胜美地山村中闲逛。我吸取第一次婚姻的重大教训——总是离家在外，于是在出行时尽可能带上汉普顿和托马斯。《国家地理》帮我在福雷斯塔镇租了个木屋，小镇在公园里，距离峡谷核心区20分钟车程，我可以近距离报道历史上最轰动的攀岩。

公园管理员大多住在村子里，职位更高的住在半穹顶西北壁底部、草地边缘的一排房子中，半穹顶西北壁或许是地球上展示冰川作用力的最佳地质构造。"亚历克斯2008年徒手攀登了那面岩壁。"我指着像被铡刀切掉一半的穹顶告诉汉普顿。她望着岩壁直摇头。

我发短信问亚历克斯在不在附近。"在的，来见个面吧，我在麦克家吊指力板。"他回复。麦克·高蒂尔是公园管理处的负责人。

几分钟后我们找到亚历克斯,他正坐在自己的房车里,房车停在麦克的家门口。麦克家是带大车库的平层牧屋,院子中间有个营火坑和一张久经雨打风吹的野餐桌,看起来很久无人问津了。房子周围长满参天的橡树,透过橡树能看到优胜美地瀑布的第一段。加州正逢大旱,瀑布只有一缕细流。正常情况下,瀑布的咆哮声响彻整个峡谷,但那天非常安静。

"嘿,汉普顿。"亚历克斯说着给了她一个拥抱,他们之前在莫阿比见过,就在我向汉普顿求婚前一天。然后他抓起托马斯的小手——大约只有他食指的一半大小——轻轻晃了一下。"很高兴见到你,托马斯。"他看着小朋友愉快地说。"欢迎到我家做客。"他骄傲地指着他的新房车。他终于换掉开了9年、行驶190 000英里的老房车。新车车厢的地板铺有地毯,尾部有个高约3英尺的木质床架,上面放了张床垫。床架下方是储物空间,里面的箱子中放着亚历克斯的攀岩装备。床上方装有一个书架,书摆了三分之二。车厢后面光线很暗,我看不清书名,但依稀认出其中几本是优胜美地和内华达山脉的攀岩路书,我猜剩下的可能都是环境方面的非虚构著作,他现在非常关注这个主题。正对车门,是从床边延伸到驾驶座背后的台面。台面上是一个双头灶台,台面下放着一个燃料罐。"朋友们劝我配个烤箱,"他解释说,"但我没想好,我不太喜欢烤东西。"灶台旁边是不带水龙头的洗手池,下面放了个小冰箱。台面上方和下方还装配着几个橱柜,用某种金黄色的硬木材做成,或许是枫树。橱柜把手是从黑钻牌机械塞上拆下的各种颜色的凸轮片。这是个吸引眼球的细节,是亚历克斯的朋友和攀岩搭档梅森·厄尔装上去的,亚历克斯雇他装潢房车内部。

"我的脚踝好多了。"他说着拉起裤管。看起来确实比两天前消肿不少，瘀青也消退很多。"桑妮的妈妈劝我试试蓖麻油敷布，我晚上会把它缠在脚上，效果似乎不错。"

或许这辆房车中最醒目的装置是门上方2英尺宽、8英寸高的指力板，由一整块黄杨木制成，上面分布着多个不同尺寸的手点，用于锻炼手指力量。右上角刻有商品名Beastmaker2000。"感受一下这些45°的斜坡点。"他指着指力板顶部的两个坡状支点说。我伸手摸了一下。它们像婴儿的屁股一样光滑，没有可抓的地方。"据说有人能够吊住，"他说，"但我很怀疑。"Beastmaker设计的所有支点都是模仿攀岩者在真实岩壁上可能遇到的构造。这个指力板的底部外侧是两个"单指洞点"——仅能放下一个手指尖的浅槽。传言说翁德拉可以用这些浅槽做单臂引体。

亚历克斯上午滑轮自保攀登了"完美探险"。这条裂缝线路的难度高达5.13，切开了讲台岩顶部一个8英尺的水平屋檐，讲台岩则是橘灰相间的光滑花岗岩岩柱。"完美探险"是"北面"线路（5.11c）最后一个绳距的分支，许多人认为"北面"线路是优胜美地最好的自由攀登线路。彼得·克罗夫特在1985年第一个徒手攀登该线路。两年后，他又连攀了"北面"和"宇航员塔"，成为他那一代人中最大胆的峡谷攀岩者。总共加起来，克罗夫特徒手攀登了50或60次讲台岩的"北面"线路，有时还会倒攀。正是在其中一次徒手攀岩时，他发现了后来的"完美探险"。我仍然记得1989年《攀登》杂志刊登的，克罗夫特和戴夫·舒尔茨首攀"完美探险"的照片。那时候它是优胜美地最困难的绳距之一，时至今日也鲜有人去攀爬。

"我一脚穿攀岩鞋，一脚穿接近鞋爬了它，感觉很不错，"亚历克斯说，"脚好点后，我可能尝试'摸爬'它。"他不动声色地补充道。

我点点头，没有说话。在我还是"安全先生"的时候，我可能会吼他。徒手攀登"完美探险"？你疯了吗？但是现在情况变了，我不想说任何可能影响他士气的话，或者做任何影响他士气的事。所以我只是平静地点头说："嗯。"仿佛他是在告诉我，他要去商店里买点薯片。然而，我心里在努力消化刚听到的事。在我跟亚历克斯一起攀岩和闲聊的这些年里，我已经认识到，他提及可能去做某一件事时，其实已经下定决心要做了。当然，他后来确实会去做。在这种时候，我仍然会感觉猝不及防，坐在那里目瞪口呆，感叹这个家伙如此有胆量。显然，受伤丝毫没有影响他的信心。

亚历克斯低头看手机。Beastmaker有个应用软件，上面提供多种类型的训练计划，诸如"野兽""抠点专项""指洞专项"等。完成一整套训练需要断断续续吊指力板一个小时左右。我们闲聊期间，应用软件正在进行两组动作间隔两分钟的倒计时。计时器走到零时，软件背景会从绿色变为红色。

"该下一组了。"亚历克斯说着伸手，用右手指尖抠住底部那排支点中一个半英寸宽的棱，然后抬起双脚，单臂将自己拉起来。拉到最高处时，他的下巴跟指力板底部齐平，头几乎碰到房车顶，锁定几秒钟后，他再慢慢将自己放下来。攀岩者称之为"单臂反作用力训练"，此前我从未亲眼见人做过。

"真高兴你们能过来，"他说，"这些训练非常无聊，训练间隔能跟人聊聊天太好了。"

他拿起台面上的黑封皮日志本，画下几个符号，标记他刚刚完成的那组动作。他解释说不同符号代表指力板上的不同支点。在他前后翻页时，我站在他背后看了几眼，本子上画满象形文字一样的字符。多年以来，亚历克斯一直在记录他做的跟攀岩有关的每件事：每条线路的情况，爬了多长时间，攀爬感觉如何，以及每次训练的细节，包括每组指力板悬吊。"我家里已经攒了一摞这样的笔记本，"他告诉我们，"最早的大概到2004年。"

"记录这些信息真的有用吗？"我问。

"信不信由你，我确实会偶尔翻一翻，能看到自己进步了多少——或者有没有进步。"他放下本子，打开冰箱，取出一些鹰嘴豆泥和一片面包。"我在进步，今年夏初我还吊不住那个半指节的棱，现在可以了。"

为了提高在岩壁上的表现，亚历克斯主要训练两个方面——爆发力和耐力。他几乎有无穷无尽的耐力，并且通过跑步、长距离徒步、每周徒手攀登，以及与人搭档攀登难以计数的绳距，保持耐力。他曾经一上午徒手攀登了上百个绳距，比普通周末勇士一年的攀爬量还多。他的非凡耐力是他甩开其他攀岩者的重要原因，也让他能完成优胜美地和塔基亚的"三连攀皇冠"。在耐力方面，汤米·考德威尔是我知道的唯一能与亚历克斯匹敌的攀岩者。

亚历克斯欠缺的——至少他认为自己欠缺的——是爆发力，也就是攀岩者口中的"接触力量"。抓住小点的能力取决于两个方面，一是手指和前臂肌腱的粗壮程度，二是肌腱强度与体重的比率。这种类型的力量可以通过训练提升，就像亚历克斯的黑皮本展示的，但是跟能跑多快或跳多高一样，如果你天生没有非同寻常的强壮肌腱，就永远无法达到顶尖水平。作为一名攀岩者，亚历克斯天赋异禀，可能超过99%的人，但是他的最高攀爬难度是

5.14c，距离目前最难的 5.15d 仍然差一个数字多。运动攀岩和亚历克斯擅长的大岩壁连攀，区别类似于短跑和长跑。一个主要依靠爆发力，另一个依靠耐力。亚历克斯是长跑选手，不是冲刺者，无论他多么刻苦地训练，他抓小点的力量永远比不上世界最优秀的运动攀岩选手，比如克里斯·夏尔马、亚当·翁德拉和亚历克斯·梅戈斯；就像海勒·格布雷希拉西耶❶永远无法在百米赛道上击败尤塞恩·博尔特一样——同样，博尔特也永远无法在万米长跑上击败前者。问题的关键是，虽然运动攀岩和大岩壁都属于攀岩，但两者是完全不同的单项。而攀岩的独特之处是，不同单项可以合并。"黎明墙"就是个典型例子，它结合了强大的前沿运动攀岩和旷日持久的老式围攻。汤米在摩洛哥告诉我，2014 年凯文受伤时，汤米曾邀请亚历克斯一起去爬"黎明墙"。但是亚历克斯拒绝了，因为他认为自己不够强壮。"我只能爬 5.14c，"他告诉汤米，"所以你怎么能期待我到酋长岩上爬 5.14d？"

"我认为亚历克斯低估了自己，"汤米告诉我，"他能做到，我只是不确定他能不能长时间保持专注，应对'黎明墙'这种线路。"

从我认识亚历克斯起，他一向很快就能说出谁比他爬得难："你知道亚历克斯·梅戈斯一下午就爬过了'领悟'吧？简直难以想象。"（"领悟"是公认的世界上第一条 5.15a 线路，2001 年由克里斯·夏尔马首攀。）亚历克斯被誉为世界上最优秀的攀岩者之一，但全美的岩馆中，比他爬得更难的青少年比比皆是，这让他十分困扰。年初，他讲到在丹佛的一家岩馆被一个 14 岁小姑娘完虐："我当时心想，哇，我爬不了那条线。真希望我能爬到她那个难

---

❶ 埃塞俄比亚著名长跑运动员，前马拉松世界纪录保持者。

度。"他经常被问及参不参加东京奥运会的攀岩比赛。"人们不明白,"他说,"我没有那个水平。"

几组动作之后,软件提醒进行一次较长时间的休息,于是亚历克斯坐在地板上,背靠橱柜吃三明治。我把小托马斯交给他,亚历克斯将孩子放在自己的大腿上。几分钟后,刚刚学会坐的托马斯开始往前倾,并且慢慢变成往下掉。亚历克斯有足够长的时间抓住托马斯,我和汉普顿都以为他会伸手去抓。但不知道为什么,亚历克斯坐着没动,托马斯从他的大腿上翻了下去,脑袋磕到车门框上。这种磕碰,婴儿刚开始不会哭,你会觉得情况也许没有看起来那么严重,然后孩子会像火山喷发一样哭起来。托马斯震破耳膜的哭声很快响彻整个房车。汉普顿抱起他,恼火地看我一眼,仿佛在说,你这个朋友有病吧?

"哇,我弄哭了小托马斯,"亚历克斯一脸愧疚地说,"非常抱歉。我想我不适合做一名父亲。"

不一会儿,桑妮开着一辆绿色斯巴鲁过来。"嗨,各位。"她说着跳下车,逗了逗托马斯,然后过去搂住亚历克斯。过去两周,她在徒步约翰·缪尔步道,完成了穿越内华达荒原的 215 英里远足。她从优胜美地峡谷出发,在惠特尼山顶结束,惠特尼山顶峰海拔 14 505 英尺,是美国本土的最高点。她的后备厢装满了在公园外面买的生活用品,她动手将所有东西搬进房车。

吉米第二天早上 8 点开车接上我。昨晚一整夜雷暴。半夜,一声惊雷将我和汉普顿吵醒。雷电交加,摇晃着我们的小木屋。吉米住在我们的上坡方向,闪电击中吉米屋外的一棵树,树倒下来砸在吉米崭新的房车顶上。"你敢相信这种破事吗？"他指着凹陷的车顶问。雷电向整个福雷斯塔展示了它的力量。

我们开车进入峡谷，经过酋长岩草地和优胜美地瀑布，来到上松林营地，在 68 号露营点找到考德威尔一家。营地位于峡谷尽头，东面就是高耸的岩壁——华盛顿立柱、半穹顶、泰纳亚峰，上午过半阳光才能照过来。吉米房车的仪表盘显示，温度是 3.3 摄氏度。汤米的房车停在一张野餐桌旁，车门开着，挡风玻璃上结了一层霜。汤米抱着 7 个月大的女儿英格丽德从车里出来，英格丽德开心地嚼着牙刷。我没见过汤米的妻子贝卡，但她带着 3 岁的儿子菲茨出来时，我想起前一天在邮局碰见过她。奇怪的是，我一瞬间误以为她是贝丝·罗登——汤米的第一任妻子，一位顶尖攀岩者，住在优胜美地。她们都很漂亮，身材健美，有着金色的长发和蓝色的眼睛。

切恩、米凯伊、吉姆和克莱尔——参与过摩洛哥拍摄的几位成员，加上摄影助理雅各布·贝恩，在亚历克斯周围呈扇形散开。我退开，躲在房车后面，以防入镜。他们完全离开我的视线后，我跟上去，保持数百英尺的距离。

我追上亚历克斯和汤米时，他们正在"大逃亡"线路的底部整理装备。峡谷呈东西走向，尽头在半穹顶下，上方是塞拉高原区，这片岩石高山区域形成了内华达山脉的波峰。东西向对攀岩来说是理想朝向，因为这意味着峡谷两侧的大多数岩壁朝北或朝南。兼有阴阳两面让优胜美地成为全年可爬的岩场——也是它作为世界攀岩的麦加城的另一个原因。相比于温暖，攀岩者一直偏爱阴凉，阴冷的岩石能提供最佳的摩擦力，热烫的岩壁不能。即使温度只有不到 4 摄氏度，汤米和亚历克斯仍然更喜欢到阴凉里而不是阳光中爬，耀眼的阳光正烘烤着峡谷另一侧的岩壁。像今天这样的天气，相距不到一英里的南北两侧岩壁，温差通常可达 30 到 40 摄氏度。

不同于优胜美地的大多数线路，"大逃亡"是一条打挂片的岩面线路，跟他俩在摩洛哥爬的线路属于同一种类型。线路难度 5.11+，适合作为当天的目标，因为汤米一家计划出游，他只能抽出两个小时跟亚历克斯爬一爬。"来看一下，"亚历克斯举着他的攀岩鞋说，"你还能看到我的脚踝撞击岩壁时，橡胶上留下的擦痕。"

汤米拿起攀岩鞋查看："怎么撞的？"

"就像这样。"亚历克斯开始比画，用手模拟脚踝撞击岩壁时外翻的样子。

"这是你攀岩受过的最严重的伤吗？"汤米说。

"是的，也许是最严重的，因为我瘸了，没法爬难线。我真的认为它现在好多了。已经 24 天了。"

接着谈话内容转为亚当·翁德拉。前一天，作为攀爬"黎明墙"的热身，他尝试自由攀登"鼻子"，这是沃伦·哈丁 1957 年首攀酋长岩的线路，并且一直是酋长岩上最热门的线路。"鼻子"也是大部分攀岩者混合使用器械攀登和自由攀登技术攀爬酋长岩的最可行线路。1988 年，托德·斯金纳和保罗·皮亚纳沿"萨拉泰墙"线路，首次完成酋长岩的完全自由攀登，而在那之后的 5 年间，寻求完全自由攀登的攀岩者仍然会避开"鼻子"线路。

"搞定它了，小伙子们。"

在攀岩典故中，这句名言广为流传，甚至能比肩乔治·马洛里对为什么攀登珠峰的回答——"因为山就在那里。"故事发生在 1993 年，身高只有一米五七的琳恩·希尔成为新一代攀岩巨星。跟同时代许多著名的攀岩者一样，琳恩·希尔也在南加州长大。少女时代，她是体操运动员，后来在 1975 年，14 岁的希尔开始攀岩。20 世纪 70 年代后期，她已经与岩石大师们相遇，并且通过追赶，甚至超越同时代最好的男性攀岩者，让他们折服。20 世纪 80 年代中期，她进入世界杯赛场，跟法国女性攀岩者凯瑟琳·德斯蒂韦勒争夺冠军。在希尔成名之前，凯瑟琳是公认的世界上最优秀的女性攀岩者。1986 年的阿可岩石大师赛上，希尔输给凯瑟琳，屈居第二。

希尔第一次尝试自由攀登"鼻子"线路是在 1989 年，但无论是她，还是搭档西蒙·纳丁都无法完成第 22 个绳距上切开大屋檐的细小裂缝。她返回赛场，第二年赢得世界杯冠军，在那场比赛中，她不仅胜过所有女性，还击败了所有男性。同年，她成为世界上第一位能爬 5.14 难度的女性选手。她选择的线路是"临界质量"，因为首攀者法国人 J. B. 特里布带着大男子主义的傲慢宣称，这条线路非常难，女性永远无法完成。希尔再次证明，不说更优秀，她至少跟最好的男性攀岩者一样优秀。1993 年，处于人生最佳攀岩状态的她重返优胜美地，目标是自由完攀"鼻子"。她花费数月演练线路，最后在 5 月用 5 天从底爬到顶，全程领攀。她为这条线路定的难度是 5.13b（后来被升到 5.14a）。那时，这是世界上最难的大岩壁自由攀登线路。但她没有停下来，接下来她刻苦训练 6 个月，又回来在一天之内自由完攀该线路。20 多年后，许多人仍然认为这是历史上最伟大的攀岩成就。

翁德拉一直在超越他人，他宣布要在一天之内视攀完成"鼻子"线路。翁德拉的目标，类似于花样滑冰运动员想在第一次尝试时，就完成一套奥林匹克级别的全新编舞，或者钢琴师完美视奏拉赫玛尼诺夫的第三钢琴曲。翁德拉无脱落爬到第22段，但在大屋檐上连续脱落几次后，他放弃自由攀登，一心只想赶紧登顶，在需要的时候抓了几次保护点。

"我给他发的短信只有一个词：'尊重'。"亚历克斯说。

第二天早上，我们再次回到"大逃亡"线路，但我不确定为什么，因为并没有人可以和亚历克斯搭档，给他做保护。他真的要肿着脚踝徒手爬吗？这太难以想象了，因为他的右脚到现在还无法穿攀岩鞋，而"大逃亡"是条很难搞定的线，即使对于喜欢低估线路难度的亚历克斯来说也是（有次在缅因州，他说我费劲攀爬的一条线路难度只有5.6——后来我们发现，它的实际难度有5.12）。

在线路底部，亚历克斯从包里掏出一堆攀岩鞋。"我再滑轮自保攀登一次，如果感觉可以，我可能'摸爬'它。"他说。试了几双不同尺码的攀岩鞋后，他往没伤的脚上套了一只41码的攀岩鞋，往有伤的脚上套了一只接近鞋。"到高处困难的地方我再换攀岩鞋。"他边说边把一只42码的右脚攀岩鞋挂在安全带后面。上岩壁之前，他的最后一项准备工作是在安全带的保护环上用单套结连接一根扁带，过保护站时做牛尾用。但他没连丝扣锁，而是扣了把锁门不能拧上的铁锁。丝扣锁有一种装置能防止锁门意外打开，如果攀登者只连一把锁，那就应该是丝扣锁，这几乎成了一个基本法则。我把丝扣锁称为"老爹锁"，近些年我一直在绳距中间的保护点使用它们。在我的攀岩生涯中，亚历克斯是我见到的唯一经常违反这个法则的攀岩者。好吧，至少他用了牛尾，我想。在婆罗洲，他有时甚至不把自己连接到保护站上。

30 分钟后他返回地面，宣布自己要去"拉泡屎"。

"说来好笑，"他说，"因为我来之前拉过，但是到了上面，一旦开始在大脑中演练动作，想象自己不带绳子去爬，我突然就又想拉。我猜他们说害怕让人想拉屎还是有点道理的。"

几分钟后回来时，他坐在地上，往脚上穿两只不同尺码的攀岩鞋。"脚踝还是有点疼。"他一边把依旧肿大的右脚往 42 码的攀岩鞋里塞，一边自言自语道。离开地面之前，他从棉服口袋中掏出手机，迅速看一眼屏幕，又塞回去，应该是在看时间。进入第一个难点时，一个侧向移动的动作迫使他将身体摆成十字形，手臂完全张开，我意识到自己已经很久没有看过他徒手攀岩，可能从阿曼以后就没再看过。在摩洛哥，我是在"暗流"顶部等他，没能见证攀爬过程。突然之间，我有点恶心，就像有艘船在翻腾的大海中疯狂颠簸，而我站在它的甲板上。我本能地看向别处。我知道他可能脱落，如果真的掉了，我不想看到那一幕。

手点很小，需要大跨度去抠只有火柴盒那么宽的点，脚点就豌豆那么大。我知道这些，是因为我前一天滑轮自保爬过这条线路——我几乎一直掉。岩石也不是特别完美。他会拉断点吗？我很怀疑。像是一种回应，砾石穿过我头上黄色的橡树树冠砸下来，发出空气枪一样的响声。我没戴头盔，赶紧离岩壁底部远一些，以防有人弄掉更大块的石头，就像在摩洛哥时那样。我四下寻找米凯伊，但他不见了。徒步下山时，我在路边遇见他，他背靠岩壁，正在玩手机，显然没有任何兴趣围观亚历克斯徒手攀岩。

"你觉得他为什么要爬？"我问，"为什么冒着生命危险去爬这么一条不值当的线路？"

"我觉得他在努力保持徒手攀岩的心态，"他回答，"长远来看，这会让那个主要目标更安全。"

就在这时，我听到一声尖锐的响声，我的心跳仿佛漏了一拍，米凯伊仍然低着头，我提心吊胆地往上看，看见亚历克斯张开身体贴在岩壁上，左手完全伸展，右手锁在胸侧，抓住一个小小的黑色结晶，那可能就是个玄武岩小凸起，我记得它是整条线路上最烂的一个点。切恩正在沿路绳推上升器回到亚历克斯的上方。响声是绳子拍打岩壁发出的。

我看了一会儿。亚历克斯右腿外摆，左腿站起——一，二，三，连续做了三个动作。我以前看他的动作都很流畅，像岩壁上的舞蹈，但现在却很不平稳。毫无疑问，在徒手攀登这条5.12的线路时，他也在竭力保护自己的脚踝。

"来回用时37分钟，"回到地面后亚历克斯宣布，"可能是'大逃亡'的速攀纪录。是时候到网上吹一吹了。"

"为什么爬这条线路，亚历克斯？"我问。

"我听说迪恩·波特和肖恩·利里为速攀'鼻子'训练时，经常用5把快挂同时攀登这条线。我在恢复期间也得找点线路爬。遇到糟糕的事时，需要保持斗志……发现演练时做的一些动作，在徒手攀岩时不适用，这非常有意思。在一个反抠裂缝处，跟滑轮自保攀爬时相比，我把手伸得太靠里，结果费了好大劲才拔出来。还有在最后一个绳距上，我不愿意做大跨度的动作，因为那意味着我要用力踮起脚，没有绳子的时候感觉很不牢靠。演练动作的时候很难注意到这些细微差别。徒手攀岩的魅力就在于你非常专注，甚至完全感觉不到脚踝的伤。或者即使感觉到了，你也不在乎。"

吉米也下来了，脸上带着如释重负的表情，就像他也刚徒手爬了这条线路。"我太紧张了，"吉米说着，把相机包从脖子上取下来，"亚历克斯徒手攀爬经过我时，我踩着这么小的一个岩片，随时可能踩滑。他离得非常近，我一边拍摄，一边还要注意脚下，心里想着'别掉，别掉'。我太怕自己身体开门撞到他。我当时握相机握得太用力，甚至不记得按没按录像键。我担心忘了按，但实际上按了，还是拍到了那段的视频。我恐怕永远没法习惯那种拍摄。"

"你换镜头了吗？"切恩问，他也回到了地面。

"我完全吓傻了，"吉米说，"亚历克斯爬的时候我甚至没有换位置。"吉米看见我在手机上记笔记，补充道："我们比亚历克斯紧张多了。"亚历克斯茫然地笑了一下，看着吉米耸耸肩。

那天晚上，亚历克斯邀请我第二天跟他和桑妮一起去攀岩。雨下了一整夜，上午岩壁还是湿的，所以我们约定下午两点见面。我到他们的房车跟前时，亚历克斯正在单手吊指力板，桑妮坐在床上。车里播放着垃圾金属乐。"这是什么歌？"我问。

"天启乐，是大提琴演奏的金属乐。"

"从没听说过。还有些什么歌？"

"工具和九寸钉的。"亚历克斯从台面上的一个大包里抓起巧克力豆，一把塞进嘴里。

"你要少吃点糖。"桑妮说，亚历克斯面无表情地看着她。"他吃太多巧克力豆了。"桑妮看着我说。

"你知道，有人说偏头痛跟过度摄入糖有关。"我对亚历克斯说。我见过几次他因为头痛虚弱不堪的样子，包括那次在摩洛哥，他头痛得在床上躺了大半天。

"听说过，"亚历克斯说，"但不确定这是不是我的情况，我没观察到任何联系。"

我们终于离开房车时已经下午 3 点。亚历克斯和桑妮骑上他们的自行车，说在下优胜美地瀑布底下碰面。我花了些时间找停车位，以为他们在等我，但亚历克斯和桑妮几乎跟我同时到。桑妮颤颤巍巍地从自行车上下来，看起来像打过一架。她的黑色紧身裤撕破了，头发乱成一团，走路一瘸一拐。

"出什么事了？"

"为了绕过一个游客，她拐了个急弯，摔了个嘴啃地，"亚历克斯替她回答，"很遗憾她的车技有点烂。"

"我是膝盖着的地。"桑妮说完拉起裤腿。她的膝盖又红又肿，有个高尔夫球大小的包。

"哇，桑妮，要是我的腿变成那样，我会去诊所的。"我说。

"没事，"她说着瘸腿走进林子里，将自行车藏在一棵树后面，"我们先往线路底部走，我感觉一下怎么样。"

我看着亚历克斯说："真是个坚强的女孩。"

他耸起肩膀，得意地一笑。"我知道，"他回答，"她的心态好极了。这可能是我们还在一起的主要原因。"

10 分钟后，我们到达线路底部。桑妮正在穿安全带，我在理绳，亚历克斯开始吹口哨，桑妮很快也吹起来。调子有点熟悉，但我叫不出名字。

"这是什么歌？"他们吹完时我问。

"《侏罗纪公园》的主题曲，"亚历克斯说，"这是我最喜欢的电影配乐之一，你知道我有多喜欢电影配乐对吧？我告诉过你吧？我是受彼得·克罗夫特影响。他让我喜欢上这个。"

出发之前，亚历克斯又吹了首歌——舍韦勒乐队的《红》，然后他将手机揣进裤子后兜，噌噌爬上一个长满灌木的夹角，垃圾金属乐回响在 300 英尺高的岩壁上。

"放个保护，谢谢。"桑妮喊道，他爬了 100 英尺都没放保护点。亚历克斯听从桑妮的请求，在裂缝中长出来的一棵树上绑了根扁带，扣上绳子。

"非常感谢。"桑妮喊道。

亚历克斯爬到 200 英尺的高度时，桑妮和我开始跟着他同时攀爬。我连接在绳子末端，桑妮连接在我上方大约 20 英尺处的一个绳结上。线路难度为 5.10，这在亚历克斯看来就是徒步，他甚至穿的是接近鞋。而桑妮和我需要认真对待这条叫作"惊喜"的线路。因为是同时攀登，我们需要配合对方以及亚历克斯的攀爬节奏。他爬，我们也爬；他停，我们也停。同时攀登的困难之处在于，领攀者在容易的路段停下来放置保护时，跟攀者可能正在过难点。有时你别无选择，只能继续爬，因为知道，如果在一个困难动作上停留太久就会脱落。又因为你在移动，而领攀者没动，你们之间的余绳会增加，这就意味着如果你掉了，冲坠将很大，就像在领攀时冲坠那样。你能想象跟你连接在同一条绳子上的领攀者会怎样。要是他恰好离上一个保护点很远，他被拉掉后的冲坠将是灾难性的。因此，为了防止我们猛地将亚历克斯拉下来，在我们离开地面后，他会在一个牢固的保护点上将绳子穿过一个微型单向滑轮。在摩洛哥跟汤米一起攀爬"三连攀皇冠"时，他用了同样的策略。

桑妮和我到达线路顶端附近的难点时，亚历克斯已经进到树林里，借着一棵树保护我们。我往上看，发现头顶的坡上有块石头好像是松的。如果我脱落，会把桑妮拉掉，我们俩都会在斜坡上摆荡。绳子会刮擦坡面，如果擦到从沙土中伸出的那块电视机大小的石头，就会把它弄掉。我遇到过这种事。有一次，在加拿大落基山脉的贝伯尔峰东壁上绳降时，我下错线路，试图摆荡回正确的线路上，我的绳子弄掉一块西瓜大小的石头，正砸中我的大腿，差点砸断它。我有过惨痛经历，也研究过致死事故的周边环境——这些事故每隔一两个月就会落到某位攀登者头上，因此我知道，大多数攀登事故都是在一瞬间发生的。前一秒，生命还十分伟大，下一秒，你就死了。我开始想象石头掉落可能导致的结果。石头很圆，可以轻松滚下来，下方的坡很陡。如果我俩都脱落，产生的负载将超过300磅，这会拉长绳子，让绳子变得更细，也就更容易被切断。我记得有一次在新罕布什尔的峡谷岩壁上带人攀岩时，我的客户遇到了同样的情况。"嘿，"我朝他喊道，"一定要非常小心，你在这里脱落的后果很严重。"

"不要跟我说这个，"那个男人明显很愤怒，"我宁愿不知道。"

"如果你对危险视而不见，不去睁大眼睛警惕风险，那这项运动不合适你。"我反击道。我不知道他有没有放弃攀岩，但我再也没收到过他的消息。我很确定，亚历克斯和桑妮都没意识到，这里可能发生严重事故。这一次我什么也没说，但是我像徒手攀岩一样去爬，注意力高度集中，在抓进树林之前的最后几个小点时，因为过度用力，手指都变白了。

汤米说："我梦到你们从摩洛哥回来后不久，亚历克斯敲开我的前门，一瘸一拐地走进来，感觉有点奇怪。然后他开始哭，把我吓坏了，因为亚历克斯从没哭过。他说他在摩洛哥徒手攀岩时摔了。他拉起裤子，断腿惨不忍睹，又拉起袖子，一根骨头掉到我的沙发上。我好像说了'哥们儿，你干吗来这儿？你需要去医院'。然后我看着你们几个，完全崩溃了。我从梦里惊醒，心想，哇，如果这种事情真的发生，我真不知道该如何接受。那是个极其真实的梦。"

早上9点半，被大雨浇了一个晚上的峡谷还湿漉漉的。我和汤米找到我们知道的唯一的干燥地块——一块15英尺高的鸡蛋形大石头下方的地面，我们搬了营地椅坐在那里。椅子背后的仰角面上有条困难的抱石线路，汤米几年前爬过。从我坐的位置能摸到第一个点，它已经被镁粉抹成白色。

潮湿、肥沃的土地上长着参天的松树，树与树之间距离很远，透过树缝能看见我们的生活围绕的中心——酋长岩这座花岗岩独峰。岩壁上仍然有水，在阳光的照耀下闪着光芒。岩壁下的草地上飘着一层雾。酋长岩和林地之间是飘带瀑布，从岩壁西侧1 500英尺高的峭壁豁口流下。最近的降雨为它注入了更多力量，流水声激荡壮阔。

汤米和家人那天下午将离开优胜美地，我问他能不能跟我聊聊亚历克斯。我很好奇，他如何评价我们这位共同朋友的疯狂计划，因为汤米花费很多时间思考这件事。

亚历克斯在"爆裂光板"（"搭便车"的前10个绳距）上掉落那天，他打电话告诉了汤米。他们本来约好几天后一起攀岩，但亚历克斯短时间内似乎不能再跟他爬。"他打来电话时，我首先想到的就是那个梦，"汤米说，"我对亚历克斯说，'啊，我刚梦到你徒手攀岩时掉了。'然后我意识到，这个东西（'搭便车'）可能真的会害死他。"

"这会不会让你觉得，或许应该劝他别去爬？"我问。

"我觉得我不适合劝他不做这件事。我内心的一部分想让他去爬，因为这对他很重要。并且如果换作是我，我不知道自己能否不去尝试。另一方面我又认为，他真的可能掉下来。而且那时候我还没感受过那条线。前天我去爬了'爆裂光板'，原因之一就是好奇徒手攀爬它是什么感觉。我每次爬到酋长岩的那个部分，都觉得是凭运气通过的。我会想：'哇，竟然没有滑脱。'"

"你觉得是什么在驱使他做这件事？"

"我觉得是掌控感，他听超级英雄电影的背景音乐，"汤米笑着说，"他喜欢把自己想象成超越俗世的英雄。他已经有点是了。"

"电影呢？你觉得拍摄会带给他压力吗？"

"我成长的那个年代，拍视频和宣传还是被严重鄙视的，"汤米回答，"大家认为这关乎攀岩者的纯粹性，你不想变成一个例外。但我也是在参加比赛中长大的，我理解那种诉求。我认为越是年轻一代的攀岩者，越容易受宣传曝光的激发。不管有没有人拍摄，亚历克斯都会去尝试徒手攀爬酋长岩，但是我也确定，被拍摄是他的一大动力，并且很可能是一种正面的动力。这让他兴奋，因为他很想要大众把他视为超级英雄——没有电影，这无法实现。过去的徒手攀岩者，像彼得·克罗夫特那类人，是按老派的精神徒手攀岩。他们不会告诉任何人，圈内的人也正是因此尊敬他们，而外界因为不了解，所以不关注。我认为亚历克斯希望人人都关注。"

"你觉得结局会怎样？如果他完成了，会不会感到心满意足，把它当作自己的终极攀登，然后开始减少徒手攀岩？"

"很难说，"汤米停顿一下，低头看向地面，然后抬头看着我的眼睛，一脸沉重，"但我认为亚历克斯很可能一直徒手爬到死。年轻一些时，我不会这么说，但我在攀登界见过太多这样的事情，我认识的每个玩得特别极限的人都死了。我想不出例外，而他比任何人都极限。亚历克斯非常优秀，所以对他来说没那么危险，我非常愿意这么想，但我知道，那就是俄罗斯轮盘赌。"

汤米可能是唯一能在山里跟上亚历克斯脚步的人，但有一件事他不做：无绳攀爬。从小他的父亲就向他灌输远离不必要的冒险这一观念。他口中的不必要的冒险特指两类攀登：阿式攀登喜马拉雅山脉和徒手攀岩。

"我很好奇，有没有家族登山背景很强的徒手攀岩者。在不了解整个运动的家庭中长大，更容易走上徒手攀岩的路。"汤米说。

父亲训令的明智之处这些年里已经得到证实。汤米说他至少能想到 10 次自己在攀爬时发生的意外脱落。亚历克斯说自己从没意外脱落过，但是汤米指出几个亚历克斯确实意外脱落了的例子，包括他们在摩洛哥最后爬的那趟。亚历克斯在汤米后面跟攀时，拉断了难度为 5.10 的绳距上的一个点，然后掉落了。汤米提醒他那件事时，亚历克斯说："如果是徒手攀岩，我绝对不会抓那个点。"

"那也许是真的，"汤米说，"但如果他没看出来手点松动怎么办？有一次，因为鞋底橡胶裂开，我在酋长岩上遭遇严重冲坠。"

2014 年，汤米和亚历克斯在巴塔哥尼亚菲茨罗伊山脉完成 7 座山峰的马拉松连攀，下降过程中，他们讨论了所有攀岩者都熟悉的话题：风险跟收益匹配吗？汤米告诉亚历克斯，成为父亲后，他计算风险的方法改变了——他变成更加保守的攀岩者。亚历克斯直言"没有汤米，他的家人也会过得很好"。汤米没有觉得被冒犯，亚历克斯没有孩子，他成长在一个可能从不使用"爱"字的家庭。汤米明白，这句评论也许反映了亚历克斯对自身的看法，他可能认为，如果他在徒手攀岩时死掉，不会有人深深思念他。后来，他们过冰川时，亚历克斯掉进冰隙中。有一会儿，汤米以为亚历克斯可能消失在冰川内部了。然后，亚历克斯自己从洞里爬出来，开始大笑。"我当时想，'嗯……这个家伙真的不太正常。'"汤米说。

第二天早上，福雷斯塔的地面仍然潮湿，我以为亚历克斯会休息一天。但上午10点左右，太阳照射过来，地面似乎干了。我一杯接一杯喝咖啡时，忽然有种奇怪的感觉，觉得自己可能正在错过一些重要的事。我给几个人发短信，都没有回复，于是给雅各布打了一通电话。

"你们在哪里？"
"去讲台岩的路上。"
"他要爬了吗？"
"是的。"

汉普顿将托马斯放在儿童椅中，我焦急地往背包里塞了一些攀岩装备。半小时后我们到达讲台岩上方41号公路的停车区。我翻过墙头，从一块饱受风吹雨淋的光板上走下去，小心翼翼地避开潮湿的区域。坡面坑坑洼洼，大部分还蓄满水。走到光板向下变陡的位置，讲台岩的顶峰露出头来，6个人在峭壁边缘摆弄着一个巨大的摄影吊轨。亚历克斯身穿红色 T 恤，朝我挥手，其他几个人也冲我打招呼。紧挨讲台岩有座 600 英尺高、面朝北的岩壁，我慢慢走到它的边缘，寻找能够观看亚历克斯攀岩的位置。从我所在的地方，能看清"完美探险"的大部分路段。亚历克斯会攀爬难度 5.11 的整条"北面"线路（常被称为讲台岩"常规线路"）作为热身，之后转到顶部的 5.13 支线。因为被一个折角挡住了视线，我完全看不到"常规线路"，但我知道亚历克斯大概只需 45 分钟就能爬完那 6 个绳距。

在顶峰之上望向西北方向几英里处，我能看见福雷斯塔烧焦的草地。努力寻找我们的木屋时，我被散落在周围山丘上的数千棵橙色的西黄松吸引。据美国林业部估计，由于 2010 年至 2016 年加州遭遇严重干旱，内华达山脉大概死掉 6 600 万棵树，其中 1/3 死于去年。地下水的缺失让这些参天大树干枯衰弱，很容易遭受松树甲虫的侵袭。我在村子里就见过一则关于松树甲虫的通告，说如果干旱持续，内华达山脉的所有西黄松都会死掉。

几分钟后，亚历克斯的剪影出现在支脊边缘，"完美探险"下方 50 英尺的位置。我在爬到这个瞭望点之前，内心对是否看他攀爬做过一番斗争。看亚历克斯徒手爬"大逃亡"是一次令人痛苦的经历，我不是很想再次体验。但最后，作为《国家地理》的记者，我知道自己需要见证它。亚历克斯进入视野的一瞬间，我就能明显看出，今天有些不同。或许是因为我的位置为观看一个人押上所有筹码、走在生死线上，提供了极具冲击力的鸟瞰视角。

在上方俯视的感觉完全不同于在下方仰视——要是出意外，他会掉到下方。但是还有其他不同之处，亚历克斯对撑着倒仰的夹角进入屋檐时，我明白了那是什么：攀爬"大逃亡"时的不平稳以及跛脚动作不见了，取而代之的是放松和平顺。亚历克斯找到了那种流畅感，他在享受攀岩，看起来爬得十分轻松——尽管事实上不容易。

他双腿打开，抵住两侧的花岗岩面，右手远远地伸到上方去够一块水平岩片。自从17年前克罗夫特和舒尔茨首次破解动作后，自由攀登这条线路的其他人都会在这个岩片构成的裂缝中放个机械塞，设置一个保证安全的保护点。亚历克斯没有这种琐事的干扰，他会将生命寄托在右手的四根手指上。

就算亚历克斯因为知道自己仅靠一点血肉和骨头吊在800英尺的高空而充满压力，他也没有表现出来。相反，他单臂吊着那块岩片，不慌不忙，悬空的身体显得极为纤瘦。绿色的树木填充了他穿着红色T恤的身体和灰色岩板之间的空隙。

接着，在这可能是历史上最大胆的运动表现的中途，亚历克斯做了一件惊人、随意、自大又激动人心的事。他用空出的一只手调整被粉袋系带拽歪的T恤。他吊在那儿的时间远超攀爬所需，终于，他像上了发条一样快速蹿出，左手够到90度屋檐边缘上方的一个小平台。他的手臂完全打直，抓到最远处，流畅地将腿摆到屋檐上方，就像眼镜蛇从耍蛇人的筐子里抬起头一样。现在，他距离顶峰只剩下40英尺劈开灰色岩面的裂缝，一路涨手即可登顶。

登顶之后，亚历克斯站在峭壁边，脚后跟离深渊只有几英寸。他没有喊叫，甚至没有说话，只是点了点头，就像在确认。我突然想起YouTube上一段迪恩·波特在2006年徒手完攀"天堂"的视频。翻上峭壁后，波特马上变得歇斯底里。他挥舞拳头，绷紧身上的每块肌肉，奋力嘶喊，就像嗜血的维京角斗士。与之相反，亚历克斯只是安静地站在那儿。他做的唯一引人注意的事，是在胸前举起手臂，就像举重运动员完成一次困难的抓举后，欣赏自己的肌肉。这个动作我见他做很多次，但我分辨不出这是一种虚荣，还是在查看前臂血管的充血程度，以评估自己有多疲劳，也就是说评估他在多大程度上逼近了自己的极限。

"你都看到了吧？"几分钟后我来到线路顶部时，吉米边说边跟我击掌。

"啊，是的，"我看着坐在几英尺远处的亚历克斯回答，"这是我这辈子见过的最刺激的事。"我朝亚历克斯走近一步，抓起他的手说："干得漂亮，兄弟。"

"谢了，哥们儿。"他瞪着棕色的大眼睛，眼中闪着光。他妈妈说这双眼睛是"牛眼"，它们非常大，但牛不会用亚历克斯当时的眼神看我。他完全敞开自己，卸下所有将我们与世界隔开的保护层。他脸上的笑容非常灿烂，非常真诚，周身散发着一种灵气，一种光芒，这种状态，认识他以来我只见过几次。一次是他在婆罗洲领攀完埃米莉绳距之后，另一次是在乍得攀爬彩虹拱时。第三次是在一个五分钟的视频里，视频记录了他在墨西哥徒手攀爬"闪亮之路"。在岩壁的高处，他吊在一个指尖小棱上，转头看着上方的摄影师。他脸上的神情是体验到生命极致才有的快乐。

彼得·克罗夫特曾经这样描述徒手攀岩的感受：

　　一种增强的感知力。你需要踩的小棱看上去很大——一切都变得清晰起来。当你高度关注环境给你的反馈，不受干扰时，你的身心就会出现这样的变化。你变成一个依靠本能攀爬的动物，而不是一个努力完成困难线路的人，登顶之后，那种感知力不会立即消失。它会随着时间的流逝慢慢消退，但是有那么一段时间，你会觉得自己几乎拥有超级感官。一切都变得更强烈——雨燕在周围飞过的声音，或者太阳落山的颜色。很多次我都不想下去，不想失去那种感觉。

"我登顶的时候你不在这儿，"亚历克斯说，"我真的很燃，我想这是我最好的一次徒手攀岩。"

"跟摩洛哥相反，哈？"我说。

"是的，完全相反。在这条线路上，我的感觉非常好。"

也许这就是我们需要知道的。也许我们应该为冷酷地过度分析亚历克斯的动机——就像分析自己的动机那样——感到羞愧。或许亚历克斯只是在努力"活得深刻，活出生命的精髓"，正如亨利·戴维·梭罗在《瓦尔登湖》中所写。塞巴斯蒂安·荣格尔的《血战库伦加尔山谷》记录了他跟随一个排，在阿富汗库伦加尔山谷中驻扎 15 个月的经历，他在书中写道：

> 对于端着枪参加一场无人伤亡的战斗的 19 岁少年来说，战争就是放大不知道多少倍的生活。某种程度上，20 分钟战斗的体验，超过了你一辈子做其他事所累积的生命体验。

吉米和我对视，我知道我们都在想，如果亚历克斯能够徒手攀登"完美探险"，并且感觉很棒，他就能——并且将会——徒手攀登"搭便车"。虽然没人说出口，但是我们都感觉到，很快亚历克斯就会尝试完成他的杰作。

几分钟后，亚历克斯离开峭壁边缘，坐进来一点，收拾东西，他现在看上去很疲惫。光芒开始从他脸上散去，我敢肯定他的脚踝一定在抽痛。我想知道他的内心是否还在激动，或者他从人生中最好的徒手攀岩中获得的快感是否已经消退。"过两天再见。"他说着把攀岩鞋和粉袋扔进一个小背包中。他要去萨克拉门托，参加霍诺德基金的募捐活动。

摄制人员为了拍亚历克斯，在岩壁上固定了 600 英尺的绳子。在他们收拾吊轨的时候，我问戴夫·奥尔弗里能不能让我用那些绳子进行滑轮自保攀登。"当然，"他诚恳地说，"但爬的时候小心点。从岩壁下来时给我发个信息。"亚历克斯刚刚徒手攀登了一条5.13 的线路，而戴夫担心我爬一个 5.11 的顶绳。

我下降的时候，所有人都离开了。讲台岩的"北面"线路从顶到底都是倒仰的，绳子在我下方的深渊中摆荡。我看不到绳尾有没有打结，但估计没有——戴夫可能已经解开绳结，这样他往上抽绳时，绳子就不会卡在岩片中。我边下降，边往裂缝中塞入一些机械塞，引导绳子留在我想爬的路段。我打算爬"常规线路"，也就是除了顶部的"完美探险"那段外，亚历克斯刚刚徒手爬的那条线路。下降 400 英尺后，我摆荡到一个小平台上，将自己连接到一个由挂片组成的保护站，把微型单向滑轮安装到绳子上。

第一个 50 英尺我爬得很流畅，但之后裂缝从 3 英寸扩大到 8 英寸，我需要从涨手切换成卡臂，于是我将整条胳膊伸进裂缝，手掌按压在冰冷的石头上，跟肘背形成对抗，进而让我的肱二头肌内侧跟裂缝外沿产生摩擦力。卡臂承受住我的全部重量后，我利用核心肌肉尽量抬高左腿。我需要把膝盖塞进裂缝，固定住自己，但塞不进去。磨了 5 分钟后，我从裂缝中滑出来，跌坐在微型单向滑轮上。悬在默塞德河上方数百英尺的高空中，我感到虚弱无力。大约 10 年前第一次爬这条线路时，我是视攀完成的，全程没脱落。我作为攀岩者的巅峰期已经过去。吊在绳子上思考自己攀登事业的轨迹时——整个轨迹发展得比我预想的要快很多，我想起最近跟亚历克斯的一次聊天。

"你无法一直推进自己体能的极限，"他告诉我，"我已经开始走下坡路，所以不会一直加大赌注。我现在比五六年前训练得更好，爬得更好、更聪明，但我的身体永远回不到 24 岁时的状态。这就是生物规律。"

那一刻我明白了亚历克斯的机会窗口多么短暂。我刚刚见证完成壮举的这个男人已经 31 岁。再过几年，他可能会滑落到抛物线的另一侧，攀爬"搭便车"将在生理上变得不可能。但他同样无法在 24 岁、25 岁，甚至 28 岁时完成它，因为他还没有准备好。这次攀登几乎早已注定是他职业生涯的总结——世界终极大岩壁上的终极攀登，徒手攀爬酋长岩。我可以清晰地看到，不完成这次攀登他会悔恨终生。或许他需要这次攀登，然后退出高风险的徒手攀岩。也许汤米想错了。

亚历克斯和彼得·克罗夫特坐在亚历克斯的房车中，车停在酋长岩草地的边缘。彼得·克罗夫特是优胜美地的标签，仍然经常来峡谷中攀爬困难的线路。克罗夫特是前一天到的峡谷，他要带北面产品研发部门的几位设计师爬几天。我们前一晚一起吃的饭，设计团队向我们展示了秋季新款衣服。

我待在停车区和草地之间的木围栏处，尽量避开镜头。这时，吉米朝我挥手，喊我去一辆摄影车跟前。"来，你应该听一下。"他说着递给我一个耳机。我戴上耳机，刚好听到亚历克斯说："如果有必要，我今天就会去爬爬顶部那几个绳距。"我从聊天中途开始听，但听起来像是亚历克斯在想象自己攀爬"搭便车"的最后10个绳距，包括"耐力夹角"和通往"圆桌平台"的横移。这部分岩壁是连续的仰角，接着是一条激光切口般齐整的裂缝，距离峡谷底部近半英里。攀爬难度一直是5.11和5.12，但涨手会很牢固，也是亚历克斯擅长的攀爬风格，尤其是不带绳子时。无绳飙上这段完美无瑕的裂缝，是亚历克斯想徒手攀登酋长岩的一大原因。他十分了解攀爬那种路段的快感。"线路的那一段非常刺激，需要点胆量，"他对克罗夫特说，"爬到顶的感觉一定相当爽。"

接下来的几分钟，他们随意聊了聊，包括我之前听说过的一个故事，关于克罗夫特小时候有多崇拜人猿泰山。克罗夫特说他真的想移民非洲，直到意识到丛林里有很多疾病才作罢。

我试着想象少年克罗夫特在不列颠哥伦比亚的山上疯跑时有多么的生气勃勃，这时亚历克斯说道："有支拍摄团队拍我爬，你觉得这糟糕吗？"

克罗夫特停了很久才回答。"有人问我能不能（为了拍摄）再徒手爬一次'宇航员塔'，但我不想。为了正确的原因去徒手攀岩，这一点很重要。这是一种自我保护，因为我不想冒着被打扰的风险去徒手攀岩。我一直把徒手攀岩看成一件极其自私的事情。我不是否定它，而是指它不为其他任何人。"

"我觉得我在为正确的原因爬，"亚历克斯说，"但是，是的，在外界看来它很糟糕。"

11 月 10 日，周四，亚历克斯前往酋长岩顶部露营几晚。过去两周，他两次爬到山顶，沿线路下降，用滑轮自保练习困难路段的动作。他大部分时间都花在"耐力夹角"和"抱石难题"上。每轮训练结束后，都下降到地面。这样的运动量严重磨损和消耗着他的脚踝，他告诉我这些训练太艰苦，他不得不在之后休息几天。亚历克斯讨厌休息日。

"快进来，"我敲房车门时亚历克斯说，"你在放掉热气。"他刚刚露营回来，之前给我发信息，邀请克里斯·西尔维娅和我吃晚饭。周末，克里斯会在峡谷中跟我一起攀岩。桑妮正在炉子上煎玉米饼、芝士和炸豆泥。亚历克斯正在切一个牛油果和一些青椒，房车闻起来像家墨西哥餐厅。我侧身坐在驾驶座上，座位无法旋转，克里斯坐在朝后的副驾驶座。我和克里斯开了啤酒，桑妮给自己倒了杯红酒，亚历克斯小口喝着水壶里的水。我留意到之前没见过的东西，或许是因为我从没关着门在这辆房车中待过。车门内侧有块木质嵌板，上面刻着酋长岩浮雕。岩壁的主要特征清晰可见，包括"鼻子""心脏"线路，以及一条标示"搭便车"的长线条。

亚历克斯见我盯着它看："梅森雕刻的，很了不起吧？"

"你在上面爬得如何？"我问。

"我觉得目前还没有什么硬骨头，所以到时候看吧。"

"'抱石难题'感觉怎样？"

"我爬了 11 次还是 12 次，都没有掉。我对它相当有把握，但爬'抱石难题'确实需要做好心理准备。我的意思是，它是整条线路上唯一需要抓得非常用力，并且非常非常精确的地方。"

“你完全练熟了吗？”

“我之前的攀爬动作不太一样，现在我好像找到了一些新的爬法，感觉更稳一点。”

亚历克斯后来向我口述了难点处的每个动作，要不是性命攸关，听起来都有点好笑。“左脚塞进小拇指大小的裂隙，右脚踩进小坑，用力踩牢，与左手形成对抗，然后交叉手去够那个平的、斜向下的小抠点，点很小，但你可以用力抠死。我用手掌稍微拍着岩壁，让自己可以抬高脚，然后去够那个朝下的拇指状小抠点。”

“那个手点有多大？”我问。

“它是整条线路上最烂的点，可能这么大，”亚历克斯用拇指和食指比出 1/8 英寸的宽度，“它非常小，但只是推它一下，而且有不错的脚点，所以伸出拇指顶住它就行。站起来，抽出左脚，移到那个糟糕的鼓包脚点上，那个点非常烂。神奇的是，我从没在上面滑过脚，即使每次都感觉要掉。”

“万一滑脚呢？”

“做第一个动作时滑脚没什么事，因为这时候是靠拇指和右脚之间的对抗，左脚只是稳在点上。然后你就要蹬住那个烂点，拿开左手的一根手指，为右手的拇指腾出空间，接着将重心推过去。这时候左脚就变得非常关键了，因为你将重心转移到了左边。但即使到这一步，我也不知道左脚滑掉会怎样。如果真的踩滑，你可能仍然可以依靠右脚、大拇指和另一只手之间的对抗稳住身体。不管怎样，下一步是出左手抓那个斜坡点。右手回到之前抓过的小抠点上，然后右脚踩到上方一个倾斜的盘子点上。左脚踩出去，让身体有点向后靠，然后降低一点重心，并手。左手稍微变成反抠，让手掌可以按在坡面上借点力。将右脚放在面朝下的石条下方，然后左脚来一个空手道踢腿，踢到夹角中。"

"哇。"

"我知道，听起来很复杂，数数手上的动作，一、二、三、四……"

"但你徒手爬过类似线路吧？"

"算是吧。我不知道做没做过那种动作。"

"因为它极其不牢靠？"

"是的。做起来非常难。"

桑妮递给我和克里斯两盘食物，拿着沾了点墨西哥奶酪的空袋子走向垃圾桶。

"你在干什么？"亚历克斯说。

"我看起来像做什么？"桑妮回答，"我在扔垃圾啊。"

"但里面还有东西。"他说。桑妮拿起袋子，确实，袋子底部的接缝中还有一点黄色的奶酪——足够一只小老鼠饱餐一顿。桑妮翻了个白眼，把袋子放进小冰箱。

"你们真像一对老夫老妻。"我说。

桑妮跳上床，依偎在亚历克斯身边，亚历克斯垫了两个枕头，背靠车厢坐着。

"看起来暴风雨要来了。"我说。天气预报显示，下周三的降水概率为100%。

"是的，"亚历克斯说，"雨会浇掉我用镁粉标在线路上的所有记号，就算线路不太湿，我也要上去检查一遍。降水量太大的话，这个岩季可能就结束了，所以我在考虑周二爬。但我们到时候看，到时候看吧。"

我非常想问个问题，但问不出口。你觉不觉得自己被已经形成的人设困住了？也许等一切尘埃落定之后，我可以问他，但不是现在。我不想影响他的士气，直觉告诉我，现在任何人去质疑他的动机都迟了，尤其是亚历克斯自己。

亚历克斯瞪大眼睛看着我，又说了一次："我们到时候看。"

第二天早上 4 点，亚历克斯跟布拉德·哥布赖特一起出发去爬"爆裂光板"。哥布赖特当时 28 岁，是一颗攀岩新星，他几年前看过亚历克斯的视频后开始徒手攀岩。前一年，在攀爬一条困难而危险的线路时他掉落了，当时有绳子，但他的保护点被拉掉，所以落到地面，摔折背部。那次摔伤前，他刚在科罗拉多徒手攀登了"发型和态度"，这条线路的难度有 5.12c，极不牢靠，从来没有人无绳攀爬过，他因此引起了所有人的注意，包括亚历克斯。自从摔伤之后，他还没有徒手爬过困难线路。

目前，亚历克斯在"搭便车"的不同路段演练动作时，遇到的最大问题是炎热。大多数日子里，上午 10 点之前，岩壁都被太阳烤着。滚烫的岩壁是攀岩者的敌人，它爬起来滑腻，割皮肤。但是大自然有自己的平衡法则，在优胜美地这种狭窄的走廊中，峡谷底部积聚的热气只有一个地方可去——高处。在炎热的季节，每天都有上升气流，在酋长岩高处的攀岩者总是很欢迎上升气流形成的凉风。亚历克斯希望掐准时间，在变热之前到达岩壁高处。计划理论上可行，但迄今为止，每次到线路上演练动作，他都觉得要被热晕。气流不足以抵消酋长岩西壁吸收的太阳辐射。炎热成为一个难题，亚历克斯甚至考虑过算好时间，在暴风雨来临前去爬，天气会跟两个月前他在"爆裂光板"上摔伤那天一样。

"后来我权衡了一下爬到上面时下雨的可能性，"在一个大热天演练完之后他告诉我，"但是，嘿，我旁边有拍摄团队，我可以喊他们来救我。"他那种近乎嘲讽的口吻像是在询问，你觉得怎么样，那是不是很丢人？

他最后的解决办法是早上4点出发，这意味着要在天还黑着时爬"爆裂光板"和第6个绳距上的难点，他在那个难点上已经掉过两次。因此，整个拼图还剩最后一块：试试太阳出来之前戴头灯爬是什么感觉。

上午9点，亚历克斯和布拉德信步出现时，我们都在草地上等着，他们后面还跟着克莱尔·波普金和吉姆·赫斯特。"感觉如何？"我问。

"相当不错，"亚历克斯说，"我甚至找到一些新方法。"他详细描述了一处光板区域的新爬法。

"戴着头灯爬怎么样？"

"还行，没什么问题。"

前一天晚上，吉姆问我能不能帮忙送点装备到山顶。他打算跟切恩、米凯伊和雅各布睡在上面，以便早上尽快沿固定路绳下降到预定机位。计划是在线路的各个关键点都安排上摄影师，在这次历史性的攀登中拍摄亚历克斯。

几分钟后，我在停车场将装满备用电池和相机镜头的背包扛到肩上。停车场旁是500英尺高的粪堆岩壁，是公园里最热门、最经典的岩场之一，但因为毗邻酋长岩，处在酋长岩的阴影之中，所以很久之前得了这么个不太好听的名字。高度3 000英尺的酋长岩顶部耸立在粪堆岩壁上方。虽然酋长岩是优胜美地最高大、最引人注目的地理构造，它的山顶却毫不起眼。如果不是有个大石堆，你可能要在毫无特征的光板上游荡半天，才能找到这座山的最高点，山顶的光板上散布着许多冰川漂砾和被风塑形的刺柏。我爬过23次酋长岩，但一次都没去找过它的真顶。有一件事可以肯定：通往这座悬崖顶峰的路，没有一条是容易的。

徒步者有几个不同的选项。从泰奥加路的落叶松平地营地上山，这是条15英里的环线。另一个选择是优胜美地瀑布山道，优点是直接从峡谷谷底开始，缺点是路程太长，大多数人无法一天往返。

攀岩者可以选择"东平台"，它是酋长岩的标准下山线路，也可能是最简单的登顶线路。亚历克斯之前一直就走这条路，我们当天上午也要走东平台，在不到一英里的山道上爬升3 000英尺。

热气开始上涌时，我们5个人沿着陡峭、起尘的山道出发，道路尽头是一座500英尺高的峭壁——东平台。过去我经常爬酋长岩的时候，东平台主要用来下降，岩壁上没有像现在这样可以用于上升的固定路绳。如果想沿东平台上升，你必须自己攀岩上去，我们有时候会这么做。当时还没人自由攀登酋长岩，使用滑轮自保练习线路也没成为惯例。现在，大多数希望自由攀登"搭便车"的队伍，不说花费数月或数周，也要花费数天借助滑轮自保在固定路绳上练习动作。

我们轮流沿固定路绳上升。每到一处保护站，都要等前面的人发出他离开绳子的信号，后一个人再装上上升器和绳梯，沿绳子攀上这面垂直的岩壁，沉重的背包拽得我们一直往后倒。东平台的固定路绳末端，一条羊肠小道穿过茂密的常绿灌木丛，带我们来到开阔的岩石光板，光板稍微有点坡度，上面散布着大石头和稀疏的松树。走在这些光板上，脚背要向上翘，沿途会经过我这些年来爬过的一些线路顶部——"黄道带""泽亚塔蒙塔""土生土长的儿子""橘子之旅""太平洋墙",以及最荣耀的"黎明墙"。所有以上线路,以及其他许多线路都刻在我们面前的酋长岩东南壁。这是一个垂直倒仰的花岗岩大切面,以"鼻子"线路为边。转过"鼻子"线路的拐角,酋长岩向西继续延伸。上山途中,我们遇到无数石头围圈,它们是登顶后露营的攀岩者搭建的营地,我认出许多自己睡过的营地。我们路过"鼻子"和那棵著名的树,在创造速攀纪录时,队伍中的两个攀岩者都要碰到那棵树才能停表。我曾两次单日完攀"鼻子"线路。1994 年用时 23 小时 30 分钟;2000 年跟格雷格·蔡尔德搭档,用时 13 小时 45 分钟。(现在的纪录由亚历克斯和汤米在 2018 年 6 月 6 日创造,1 小时 58 分 7 秒,简直不可思议。有人将这个纪录类比为 1954 年罗杰·班尼斯特❶首次在 4 分钟内跑完一英里。)

吉米和切恩走在最前面。雅各布和我跟在米凯伊后面,他停下来指着一棵矮壮的古树,树干直径有 6 英尺。树的一侧和一块汽车大小的石头融为一体。这棵树应该被雷电击中过,因为它的树干被切开,内里中空发黑,但树枝上仍然长有绿色的针叶。雅各布似乎对树木有所了解,说这是棵西美圆柏,树龄可能有 800 到 1 000 年。

有人在那块大石头底下,用石块堆出了一个舒适的露营遮蔽所。我们沿途路过六七个这种建筑结构,这激怒了米凯伊,他扔下背包,开始大力拆除。"这种东西会招来更多的攀登法规。"他说着踢倒了一面墙。

---

❶ 英国男子赛跑运动员,第一个在一英里赛跑中跑进 4 分钟的人。

我们在"搭便车"顶部上方30英尺的一个沙土平台追上吉米他们。吉米正坐着吃小熊糖,他脱掉了上衣,拉开裤子两边的拉链。"你们在那棵树那儿停下了吗?"他问。我点点头,一屁股坐在他面前几英尺远的地上。"你们往里看了吗?"

"没。"

"迪恩·波特的骨灰瓮在里面,"吉米说,"悼念仪式结束后,我们把他的骨灰撒在了'搭便车'顶部。"就在这时,仿佛是一种暗示,一只乌鸦落在几码外一棵枝叶稀疏的树上。乌鸦是迪恩·波特的图腾。

"嘿,波特。"米凯伊说。

几天后,吉米在他的 Instagram 上发了张照片,一只乌鸦在酋长岩上空翱翔。配的文字是:"每天都到酋长岩顶上来看我们的长羽毛朋友 # 自由飞翔。"但我想在他的上百万粉丝中,没有多少人懂得这句话里只有攀登者才能领会的含义。

《国家地理》杂志的探险编辑彼得·格温前一天也到达峡谷,协助我报道亚历克斯的历史性攀登。那天晚上,我们窝在我的木屋中,用心雕琢故事,准备在亚历克斯登顶"搭便车"后立即发出去。亚历克斯即将进行的攀登,是这项运动历史上保守得最好的秘密之一,但是因为《国家地理》购买了独家报道权,我们又在这个项目上投入了数月,所以每个人都担心有人抢先报道。我最担心的是《纽约时报》的运动专栏记者约翰·布兰奇,他在2013年报道了华盛顿州致命的隧道溪雪崩,获得普利策奖。他也写过"黎明墙"的专题文章,而且他住在旧金山,离优胜美地只有几个小时的车程。我知道他会追踪报道翁德拉攀登"黎明墙"

的尝试，社交媒体上现在都在谈论这件事。他在优胜美地的线人把亚历克斯的打算透露给他，似乎只是时间问题。

但现在，几乎所有优胜美地的核心攀岩者都知道，亚历克斯要徒手攀登"搭便车"。有5支队伍正在尝试自由攀登那条线路，对他们来说，正在发生的事一定显而易见：亚历克斯·霍诺德在反复演练"搭便车"上的困难绳距，这条线路他已经爬过很多次，而吉米·金和米凯伊·谢弗在旁边拍摄。他不是为徒手攀岩做准备，还能在做什么？攀岩圈的人都知道，亚历克斯盯上这个大奖已经许多年了。

按计划，攀登将在12个小时之内进行，我和格温，以及远在华盛顿《国家地理》总部的几位编辑正在对文章做最后的润色，跟我们以往报道户外行业的其他新闻差不多，但这次又有些不同。

我坐在一张小餐桌旁，格温坐在对面的沙发上，腿上放着笔记本电脑。我知道该来的总会来。

"嘿，我不想提这个，但还是要讨论一下，如果亚历克斯掉下山我们怎么写。"格温说。

《国家地理》的编辑们已经深入讨论过这个令人痛苦的情景，甚至争论过是否报道亚历克斯的尝试。某种程度上，这会被理解成助长危险行为吗？会被解读为残忍的偷窥吗？最后，他们的结论是，如果亚历克斯要尝试徒手攀登酋长岩，《国家地理》就要去报道，无论结果是什么，就跟《国家地理》在1953年报道珠峰的首登一样，当时也有许多人认为，那是一种自杀行为。《国家地理》还报道过许多其他危险的攀登。

然而，我和格温还没真正讨论过，万一发生悲剧，具体该写什么。我想过这件事，但发现自己做不到看着朋友死，然后立马写篇新闻报道。"对不起，哥们儿，但我真的无法想象。"

"没关系，"他说，"我在飞机上写了点东西。"几分钟后，一个来自谷歌文档的邀请出现在我的邮箱中。第一句写道：

> 优胜美地国家公园——著名攀岩者亚历克斯·霍诺德于本周二身亡，他在徒手攀登酋长岩时掉下山摔死，这是人类首次尝试不使用绳子和其他安全装备，攀爬这座高 3 000 英尺的地标性花岗岩岩壁。

我无法继续读下去。

凌晨 2 点 57 分，我抓起床头柜上的手机，在闹钟响铃前三分钟关掉。我一整晚都在胡思乱想，几乎没有睡着。格温看上去同样昏昏沉沉，说他也没睡。我们煮了咖啡，半小时后出门开车。3 点 55 分，我们到达草地，已经有五六个人在那儿忙来忙去。我们隔着马路，把车停在亚历克斯房车对面。他车里的灯亮着，透过挡风玻璃，我能看见他身穿橘色外套，正在厨房台面上做吃的。没看见桑妮，但我知道她在车里，可能还在床上窝着。亚历克斯从"爆裂光板"下来后，除了在草地上匆匆见过一面，我前一天都没见到他。他和桑妮那天大部分时间在房车里闲着。桑妮后来跟我说，"那个混蛋都不打算告诉我"，他讲得"很含糊"，但看他跟拍摄团队讲话的方式，很明显有大事发生。"告诉我，我感觉得到，我不是傻子。"她对亚历克斯说，亚历克斯终于承认，第二天一早他要去徒手攀爬"搭便车"。

"我记得自己努力忍住不哭，甚至变得不知所措。是的，我吓坏了，但我不知道他准备好了，我还在想，他竟然不打算告诉我。如果我确实哭了，可能只是落了一滴泪，我努力继续跟他聊天，知道不能在他面前表现出极度不安……我吓死了。这是件大事，但地点和时间都不允许你彻底崩溃……只能小小地崩溃一下。"

亚历克斯倾身靠近床头，吻了一下正在熟睡的桑妮。她整晚辗转反侧，直到3点半才睡着，那时亚历克斯正开车从麦克家门口前往酋长岩草地。而亚历克斯跟往常一样睡得很好。他走出房车，一个摄影师从阴影里冒出来。认出他是我的朋友巴勃罗·杜拉纳，我恍然大悟。我们最近见过面，我没告诉他我在优胜美地做什么。巴勃罗也非常识趣地没问，但他和拍摄团队的许多人认识，还在前一年的安哥拉远征中拍过亚历克斯。显然，制作团队需要人手，将他招募了进来。巴勃罗跟在亚历克斯身后几英尺处，亚历克斯背着个小包出发了。

他们走远后，我和格温跟上去。天上几乎是满月，月光非常明亮，甚至不需要打开头灯。路两侧的西黄松投下阴影，我们像森林中的精灵一样，在其中时隐时现。我们走得很轻，走近了才惊到一群鹿，它们飞快地跑进树林里。我感觉自己仿佛回到了小时候，等父母睡着后偷偷爬出窗户，用模型枪吓唬邻居。

我们在离线路起点100码的地方发现一根圆木，于是坐下来等待。穿过一片茂密的矮栎，能看到亚历克斯的头灯晃来晃去，他正在做准备，穿攀岩鞋，系粉袋，再喝最后一大口水。他追求的是除了身上的衣服，不携带任何东西，但在线路几处存放了一些水和能量棒。头灯不时照亮岩壁底部，万籁俱寂，时间凝固。他开始了吗？我看不到他的灯光，但是月光很亮，也许他决定不开头灯攀爬。

两个攀岩者带着一套大岩壁装备和绳子从我们身边走过，离着只有大概10英尺，但他们没看到我们坐在圆木上。我和格温没说话。我开始疑惑，怎么过了这么长时间没动静，然后巴勃罗从阴影中走出来。他关掉头灯，一只手里拿着一台巨大的相机。"嘿。"他往上看，吃惊地发现我们坐在几英尺之外。

"他怎么搞这么久？"我问。

"他太紧张，跑开上了个大号。"

"他状态怎么样？"

"跟平常一样，很健谈，还问我感觉怎么样。嘿，我得赶紧走了。"他刚走开，亚历克斯的灯光便出现在林冠之上，像一只小船离岸驶入垂直的岩石海洋。

亚历克斯右手伸入粉袋，摇了一下，确保整个手掌涂满镁粉，然后拇指在下将肥厚的手指塞入石缝。岩壁跟想象的一样，有点凉，但不至于冻手。冷对他的手指来说从来不是问题，但他已经感觉到脚趾有点挤得发麻。这个问题他没能找到解决办法。如果选择大一码的鞋，他的脚现在会更舒服，但后面爬"抱石难题"又会觉得鞋大，因此他穿了41码。但是，"爆裂光板"上极其考验脚法的难点处依然很冷。在做这些动作时，鞋子非常影响他的表现。他的右脚挤得尤其疼，这不奇怪，因为脚踝还肿着。跟腱僵硬，活动受限，这是被脚踝肿胀的肌肉压迫一个多月的结果。

裂缝稍微呈喇叭形，宽度在半英寸到1.25英寸之间浮动，像手套一样适合亚历克斯的手指。涨手非常牢固，亚历克斯知道，即使双脚同时滑脱，他也能轻松用手拉住自己。喇叭形裂缝涨起脚来也非常牢固。他将脚趾塞进刚刚用来涨手的菜坑中，即便脚趾稍微有点麻木，滑脚的可能性也几乎为零。唯一的问题是攀爬难度太低，他爬着还没什么感觉。今天会跟爬"大学墙"那天一样，感觉有无穷的力量吗？还是会更像"暗流"那次，感觉在工作？现在还不好说。

爬了不到一分钟，亚历克斯就进入了死亡区域。一旦你爬到离地100英尺的高度，可能就跟爬到1 000英尺的高空没差别了——滑脱就等于死亡。攀岩者有一套计算落到地面的死亡概率的经验法则。从离地10英尺的高度掉下，且要害部位（比如头）着地，死亡概率是10%。从20英尺掉下是20%。从30英尺掉落，撞击地面的速度是每小时30英里。这就像骑车全速撞上一面砖墙。等式简单明了——爬得越高，撞得越狠。等式一直适用，直到你达到终极速度——大约每小时122英里。考虑到空气阻力，身体下落时，大约需要12到14秒达到这个速度，等于要自由落体1 900英尺，大约是包括塔尖在内的世贸中心一号楼的高度。但致命的坠落不必达到终极速度。

瑞典探险家格兰·克罗普曾在1996年骑车到珠峰脚下，无氧登顶珠峰，然后再骑车回家。他死于2012年，死因是在华盛顿的一个小岩场攀岩时，掉落60英尺后撞到一个平台上。他在一条5.10a的线路顶部冲坠10英尺，把最高保护点的机械塞拉出了裂缝，绳子又从倒数第二个保护点上脱了出来。1989年，琳恩·希尔在法国比乌岩场攀岩时，忘记把连接安全带的绳结打完。在爬到一条难度5.11、高度70英尺的热身线路顶部后，她让搭档"收紧"绳子，然后松手坐在安全带上，在稍微顿了一下之后绳子便脱开安全带，她快速下落。目击者说她在空中疯狂摆动手臂，努力保持身体正直。她撞到离地不高的一棵大树的树枝上，然后掉到两块大石头中间，奇迹般地只折了脚踝，手肘脱臼。折断的树枝很可能救了她一命。

离开地面7分钟后，亚历克斯到达第二个绳距的顶部，一处难度5.8的手缝。第三个绳距从一个屋檐下方向右的横移开始。支点很小，攀爬动作需要很精细，最后以右脚落在一个小石块上结束。虽然已经爬了200英尺，但屋檐才真正标志着"游戏开始"。亚历克斯把脚放到那个小点上，在把重心压上去之前，先将头灯照过去，再次确认自己踩准了脚点。因为没有热身，严格按计划做动作极为重要。爬到岩壁更高处他反而没那么担心，因为那时他已经进入状态，会相信自己本能地爬得对。亚历克斯左手放在一个小抠点上，像爬一条5.14的线那样用力抠住，重心在右脚上稳住，伸出右手去抓一个内凹的棱。踩到更好的点上后，他长舒一口气，用头灯照向上方的岩壁。右侧传来一些声音。他先前看见一支队伍差不多在他起步的同一时间，开始攀爬"鼻子"线路。那两个人大声喊来喊去，无疑是在沟通收绳和给绳，口音听上去像东欧人。亚历克斯的灯光被岩壁上的凸起遮挡住，所以他们看不见他，不知道150英尺之外正在发生什么。

接下来的200英尺，要在一条时断时续的小角度裂缝上涨指。第4个绳距的顶部离地400英尺，亚历克斯在一个小平台上停下休息。上方就是有连续难点的光板绳距的第一段。这不是他在本岩季早期掉落的第6个绳距，但可能更难一点。亚历克斯站在小平台上，低头看自己的脚，勾了勾脚趾。它们感觉如何？他问自己。有点冷，有点木。他可以停下来，脱掉鞋，搓一搓脚趾，但有点危险，也会完全打乱他正努力进入的攀爬状态。

他从两腿之间看见底部有两点亮光。马克和格温在玩手机？

亚历克斯抬头往上看。岩壁顶部出现一束光,那肯定是米凯伊,他一定在顶上度过了一个漫长的不眠之夜。拍摄团队的每个人都知道,最刺激的镜头是"抱石难题"。它非常困难、棘手,距离地面2 100英尺。他们可以从上方取景,展示亚历克斯的攀登有多伟大和不可思议。吉米最信任米凯伊,很久之前就确定由米凯伊去拍那组镜头。亚历克斯爬到"抱石难题"还要几个小时,但米凯伊想确保万无一失,在亚历克斯到达之前准备完毕:绳子固定在他想要的位置,保护站完全可靠,机位锁定,相机角度校准,电池电量充足,备用镜头就在手边。

"接受这份工作是个艰难的决定,"米凯伊在摩洛哥告诉我,"最后我还是答应了,不然会觉得愧对亚历克斯。他非常想让我在上面拍。我确实也觉得自己去拍比其他许多人去拍更安全。有几次我就在离他5英尺远的位置拍摄,如果我滑脱,肯定会害死他。"

但是也有几次亚历克斯请米凯伊去拍他徒手攀爬一些线路,米凯伊拒绝了。"你自己去爬吧。"他说。

亚历克斯将头灯的光打在分割面前岩壁的裂缝中,找到一个小荚坑。他将右手的食指和中指指尖塞进缝中,向右旋转,朝胸口方向压低手肘。然后将右脚脚趾塞入裂缝的一处喇叭口,伸左手够高处的下一个荚坑。多年前,还没人爬过这条线路时,裂缝最宽处只有1/8英寸,小到放不下任何人的手指。为了制造保护点,首攀者往裂缝中钉入了最细的刀刃岩钉,并且只能钉进去两英寸,一半都露在外面。搭档跟攀上来后,再用自己的锤子将岩钉撬出来,这意味着要来回敲击它,导致裂缝边缘有些破损。爬了几次后,孔洞会变得适用大一号的岩钉,然后再多攀爬几次,再变大一号。这个过程一直持续到20世纪70年代早期,那时攀岩者意识到，这种留痕的爬法正在改变优胜美地的岩壁，需要采取点行动。就这样，一个新的时代——"无痕攀登"革命拉开序幕。无痕原则有赖于一种新的保护模式，即岩塞。第一批岩塞就是五金店里买的或者铁轨旁捡的铁塞。攀登者为这些粗糙的铁块绑上织带，然后用手而不是锤子将它们塞进裂缝的凹陷处。用这样的塞子做保护，一条线路攀爬数千次也不会留下痕迹。

而这些人工岩钉留下的疤痕，永远提醒我们，存在一个攀岩的黄金时代。也正是由于这些疤痕，优胜美地的许多线路，包括"搭便车"的这个部分，才可能实现自由攀登。我们喜欢歌颂这项运动的纯粹——沟通自然，本真生活，但事实上在它短暂、混乱的历史中，充满人为的错误与妥协。

亚历克斯翻过一个小屋檐，裂缝逐渐消失，变为光滑的岩面。线路从这里开始向上延伸，经过几个挂片后，到达上方 20 英尺处的保护站。他在第一个光板难点之前的最后一个好脚点上保持平衡。下一个动作跟他以前的无绳攀爬都不同——亚历克斯说过，就像"踩着玻璃往上走"。那一刻，他宁愿增加难度，换来几个支点。在摩洛哥的"暗流"线路，他可以狠狠发力控制动作，因为有点可抓，但到了这里，在冰川打磨过的优胜美地花岗岩上，只能精细地攀爬。

"你必须学会享受它。"亚历克斯描述这段线路时曾说。

世界上无绳攀爬的最难动作比这段光板整整高出 3 个数字。2004 年，德国顶尖攀岩者亚历山大·胡贝尔徒手攀登了一条名叫"共产主义者"的线路，难度是 5.14a，它的难点大约在 33 英尺的高度，但是胡贝尔故意没铺可以减轻冲坠的抱石垫。在随后的一次采访中他说："我在线路上不断练习，直到在条件好的情况下可以完美掌控它。我相信我不会掉，但是跟生活中的其他事情一样，你无法百分之百地确定。这一丝潜在的风险是阿式登山和攀岩的精髓。"当然，如果在离地 30 英尺的高度摔下，活下来的希望也不止一丝。但亚历克斯现在距谷底 600 英尺。时间是凌晨 4 点 54分，周围一片漆黑。他内心泛起一丝疑问，但不是关于掉下去会有什么结果。

亚历克斯将灯光打在右膝盖旁要放右脚的地方。前一天，他跟布拉德·哥布赖特打着头灯爬完这个区域下山后，告诉在他房车外闲聊的几个人："有时候那样的光板在夜里爬更好，因为阴影会让支点看上去更大。"岩壁如果凹凸不平，这种说法也许有点道理，但不适用于现在处在微黄色头灯光晕中心的这个点。这一小块岩石上没有波纹，没有凹坑；它非常光滑，像一张灰色的卡纸。它之所以成为脚点，不是因为可踩，只是因为位置合适，右腿不必抬很高就能放上右脚。如果抬得过高，重心转移到抹点上时，会对脚施加太多向下的力，容易导致脚滑脱。他现在要做的，是用身体往里推自己的脚，抹住岩壁。

亚历克斯在夜里比大多数攀岩者在白天爬得还多，但夜爬仍然更难。无论你能不能看清身体投下的阴影中的点，以及岩壁的多种特征，所有在夜间攀岩过的人都能证明，在黑暗中攀岩，感觉会不同，就像在黑暗中徒步感觉会不同一样。害怕看不见的东西，害怕营火（或头灯）照不到的地方可能藏着的东西，也许是人类原始的本能。

在亚历克斯用头灯扫过岩壁时，灯光照到他膝盖右侧一英尺外的挂片。这些年来，它在"爆裂光板"的数千次攀登中提供了安全保障，但现在，这孤零零的挂片流露出一丝威胁。亚历克斯抬头往上看。左上方 150 英尺的位置，吉米团队的新成员马特·欧文吊在固定路绳上，相机对准拍摄他。马特看见亚历克斯盯着自己，这一刻很尴尬。他们谁都没说话——到目前为止。亚历克斯正在努力清空大脑去做动作，但就像克罗夫特之前说的那样，拍摄人员、岩壁底部的记者、房车里心急如焚的女朋友——全都太让人分心了。

"落石！"噼里啪啦的巨大响声传来——石头纷纷滚下山。我的心怦怦乱跳，但马上意识到，声音是从西壁远处传来的。我看了下手机，4 点 54 分。亚历克斯已经爬了约 30 分钟，似乎在一个小平台上停下。我推测那是第四个绳距顶部的平台。格温坐在我身后，正在给远在华盛顿的编辑发消息，他们正在添加他通过谷歌文档提供的细节。亚历克斯低头朝下看，他的灯光照亮我们在圆木上的藏身处。灯光没有继续移动，而是停留在我们身上。既然我们能看到他，我猜他也能看到我们。"嘿，先放下手机，"我对格温说，"我觉得他在看我们。"天哪，希望我们没有打扰到他。亚历克斯在同一个位置停留了几分钟，我觉得有点奇怪。他应该还没有累，为什么刚开始就停下呢？

我怀疑他是不是在考虑自己成功的概率。在摩洛哥，他徒手攀登"暗流"后，我们讨论过概率问题。他说他想要，也需要自己成功的概率至少达到 99%，但也知道，90 多个百分点可能更现实。少于 99% 就不是他所谓的"可重复"事件，但亚历克斯在跟乌里·斯特克一起徒步那次也说出过自己的困惑，他怀疑有时是不是也需要放下顾虑，"冒险一搏"。我还记得在高中的统计学课上学过概率的指数特性。假设亚历克斯在一次困难的徒手攀岩中有 99% 的概率不掉落，当他重复 100 次这样的攀登时，他活下来给孙子讲这些经历的概率是 0.99 的 100 次方，结果是 0.366，即 36.6%。反过来说，他有近 2/3 的概率发生悲剧。这是个粗略简化的结果，尤其是考虑到亚历克斯的大部分徒手攀岩很可能都有超过 99% 的把握。但是，数学计算确实揭示出一个无可争议的事实：不停地冒险，风险就会变大。

亚历克斯重新开始移动，相比于两个光板难点，我现在很难看清他的确切位置。上面传来说话声。我看着格温，他沉浸在记笔记中。太奇怪了，我暗暗地想，亚历克斯为什么跟摄影师讲话？

亚历克斯的头灯照亮"50 美分"底部的平台，我借助灯光看到，他在通往岩片的裂缝系统中。"他过了那个点。"我低声告诉格温，欣喜地搓搓手，然后长叹一口气，过去几天因为担心而拧紧的胃部肌肉放松了一点。前面还有数千英尺的岩壁等着他，包括无数段 5.12 和一段 5.13a，但在那一刻，我以为这次攀登已经是他的囊中之物。"他现在进入巡航模式了，"我说，"太阳很快就会出来，我们去草地上吧，把望远镜支起来。"时间是 5 点 37 分。

我们收拾东西时，亚历克斯的灯光消失了。我想他应该是在"猛犸阳台"的某处，这是个巨大的平台系统，标志着到了整条线路高度的 1/3，从这里开始，较低处的光板向上延伸为一堵高 2 000 英尺、有垂直部分也有倒仰部分的头墙。我听到响声，转身看见巴勃罗，他开着头灯，正沿着山道往上跑。

"嘿，出什么事了？"他气喘吁吁地跑过时我喊道。我没想到他会再上来。

"亚历克斯放弃了，"巴勃罗说，"他正在下撤。"

"什么？为什么？"

"我不清楚。"

亚历克斯走过来时，我和格温正准备离开停车场。我想问问他怎么了，但拍摄团队在拍，所以我发动车，拐个 U 形弯离开了。从后视镜中我看见亚历克斯看着我们的方向，眉头紧皱。

我后来了解到，桑妮当时仍然睡得很沉。她全程睡了过去，亚历克斯打开车门，她才醒来。

10 点 50 分，我正在咖啡馆跟格温和克罗夫特喝咖啡，亚历克斯发来一条短信。"早上非常抱歉，晚上我们聊聊。"亚历克斯为放弃道歉，这让我有点悲伤。他感觉欠了人情，这种心态不对。

我回短信说：

"听说你下来时，我为你的决定骄傲。非常勇敢。好，晚上好好聊聊。你们完事后通知我。"

我给另外两位看了他发来的短信。克罗夫特做了个鬼脸，没有说话。几天前，跟亚历克斯一起爬过"爆裂光板"后，他就回家了。昨天晚上我告诉他，亚历克斯今天要徒手爬"搭便车"。为了赶上见证亚历克斯历史性的攀登，克罗夫特早上 4 点从内华达山脉东侧的毕晓普开车来到优胜美地。克罗夫特说他刚从麦克家过来，亚历克斯告诉他自己"吓坏了"。

"他突然跳上自行车骑走了，说自己需要整理思绪，去徒手爬一爬'宇航员塔'。"亚历克斯肯定是在去华盛顿立柱的路上给我发的短信，立柱位于"宇航员塔"所在的峡谷东端。

我和格温结伴去爬适合我们的线路。回到地面后，我收到一条短信，邀请我们去福雷斯塔，到制作团队的屋里吃晚餐。"方便的话带点红酒或啤酒过来。"

我们到得稍微有点晚。十几个人已经围着一张大餐桌坐好，亚历克斯和桑妮也在。我盛了盘食物，在亚历克斯旁边找个座位。

"嘿，我今天早上想过去跟你们聊一下的，"他说，"但你们开车走了。"

"是的，不好意思，我以为你可能想自己静一静，所以就先走了。你爬到上面时感觉怎样？"

"感觉不太好。鞋太紧，脚趾有点木，感觉很吓人。爬到那个需要站上去的烂脚点，我知道一旦滑脚我就死了。如果我是一个人，可能会倒攀到最近的平台，努力缓缓，但摄像机就在跟前，所有人都看着我，感觉很诡异。"

"我很高兴你做了这个决定，哥们儿。"我对亚历克斯说。我意识到这话听起来像大人在安慰小孩，但我想让他知道，我觉得下撤比继续爬更需要勇气。

"是的，我今天不在状态。"他说。

我想起了亨利·巴伯。1976 年，一个电影制作团队劝说他徒手视攀威尔士海岩上一条 5.10 的掌缝和指缝线路。巴伯说，除非电影团队在指定时间前准备完毕，并且不会在他攀岩时以任何形式打扰他，否则他不去爬。电影团队答应了。但是真正到了爬的时候，制片人让巴伯再等一等，因为光线还不好。巴伯非常恼火。4 个小时后，岩壁被午后的阳光晒得发烫时，他们终于告诉他可以爬了。巴伯刚离开地面做了几个动作，一个摄影师要求他爬下去，重新开始。

"我开始攀爬，但似乎一切都在跟我对着干，"巴伯在自传中写道，"我感觉摄像机，以及全美国都看着我……心里一直想，天哪，这不是我想要的攀岩。"

攀登很快变成一场令人绝望的战斗。蹬拉爬过 60 英尺高的难点后，巴伯意识到他无法倒攀刚刚那一段，更糟糕的是，他没有信心爬完剩下的部分。这部影片后来在美国广播公司的《美国运动达人》栏目播出，你能看到巴伯在做一个动作时浑身发抖，然后他退了下去，意识到自己做不到。他看起来非常僵硬，那种在岩壁上标志性的流畅消失得无影无踪。当时他的一个在岩壁底部的朋友紧张到不得不走开。他考虑过喊摄影师丢给他一根绳子，但知道那么做会毁掉电影。我为什么要干这个？巴伯自问，是因为自大，想让他们制作出一部成功的影片，还是在为自己爬？

起步一个半小时后，他终于登顶，踏上一片青草地，这时，又有摄影师要求他爬下去一点，好拍一个登顶的镜头。巴伯服从了，但现在他的眼睛里滚动着泪水。相机终于关闭时，他脱掉鞋子，用力扔到远处。"我彻底崩溃了，"他在书中讲述道，"我再也不会做这种事了。"

不同的时间，不同的环境，同样的困境。在没有过度自信的余地时，徒手攀岩者带着拍出好电影的内在压力，如何能刚好踩着自己的极限攀爬？在我只有亚历克斯那么大的年代，我们称之为"柯达勇气"——在相机面前表演时，人们容易跨越自己的极限。如今，翼装飞行致命事故都会被头盔上闪着红光的 Gopro❶ 抓

---

❶ 安装在头盔上的微型运动摄像机。

拍到，在这个世界中，我们可能更愿意称之为"Gopro胆量"。潜藏更深的危害是，社交媒体迫使人们去表演，即使独自一人。"参与危险的活动，好让其他人注意到自己，这并不是这一代人才有的新想法。"纽约州立大学普拉茨堡学院研究探险行为的副教授杰瑞·艾萨克说，"但新的情况是，我们一直在努力征服几乎无所不在的'想象中的他人'。随着社交媒体和相关技术的发展，'附近的其他人'一方面扩展为世界范围内的潜在观众，一方面又收缩为一部手机的大小和便携度。"

知道自己的一举一动会被记录下来留存后世，有的人很擅长在这种压力下表现自己，但也有人会不自在，至少无法在摄像机镜头下做接近自己极限的事情。摄像机非但没有激发勇气，反而引起紧张和焦虑。我觉得亚历克斯·霍诺德和亨利·巴伯属于后一种。

2014年，在优胜美地跟吉米·金一起拍摄商业广告时，亚历克斯第二次徒手攀登"天堂"，这条线路迪恩·波特在2006年徒手攀登过（2011年，亚历克斯徒手看攀❶该线路，再次胜过波特）。距离登顶还有几英尺，亚历克斯远远伸出右手，努力做一个涨拳的动作。但他就是找不到那个点，所以退回坡状平台，伸直手臂，吊在离地数千英尺的高空中。他又尝试了三次那个动作，每次都差一点。那天，我从"疯狂小子"时代就一直交好的朋友罗布·弗罗斯特协助吉米拍摄，他说能看出亚历克斯在拼命坚持。不一会儿，亚历克斯喊人扔条绳子给他。吉米和罗布离得太远没法帮忙，幸运的是，顶部有两个操作吊轨的摄影师，他们放下去一根绳子，亚历克斯抓着翻过屋檐。他后来承认，"严格来说"他是被救了，

---

❶ 指攀爬之前从别人那里了解了线路信息，或看过别人攀爬该线路，然后自己首次尝试并完攀。

但他立即加上限定，说如果他是孤身一人，就会掏把粉，全力爬过去——他相信自己会卡牢那个点。他还说，如果不是为了拍摄，他永远不会从那个位置起步。

切回现在，我转头问亚历克斯："'宇航员塔'爬得怎样？还顺利吗？"

"7年没爬了，感觉有点难，"他说，"我差点在'抱石难题'（不要跟'搭便车'上名字相同的路段混淆）上掉了。"

"什么？你真的差点掉了？"

"是的，我爬了3步，然后脚滑了，我有点漫不经心。所以我倒攀到平台上，收回心神，然后全力爬过它。进入'哈丁槽'的动作很难。我当时就想，'哦小伙子，要发全力了'。我1小时13分钟爬完的，可能是个速攀纪录。"

我环顾周围，看有没有其他人在听。他们都没听。我感觉亚历克斯还没告诉其他人这次有惊无险的经历。"抱石难题"是"宇航员塔"的技术难点，在第3个绳距开始处，是条非常细的裂缝，难度5.11c，比"搭便车"上5.12a的"抱石难题"难度低。但在这两处掉落，结果都一样，唯一的区别是落地之前在空中的时间。

晚饭后，克罗夫特、格温和我回到我的小木屋中。克罗夫特从他的牛奶箱里拿出一瓶红酒，我们开了酒坐到沙发上。

"亚历克斯告诉你他在'抱石难题'上差点掉了吗？"我问克罗夫特。

"没，"他说，"听到这个真让人难过。我愿意听他说自己稳得不能再稳。我徒手爬最难的动作时，感觉抓得特别死。但你知道，也难怪……（放弃'搭便车'的尝试后）他看上去就像一只困在笼子里的动物。在让亚历克斯找到合适的心理状态完成这次攀登方面，整个拍摄没有任何帮助。这就像一加一等于三。"

克罗夫特喝一小口酒，噘起嘴，然后开始讲他完成讲台岩常规线路徒手首攀的故事。他爬到 600 英尺的高度时，面前是个陡峭岩面上的横移。这是整条线路上唯一无法将手和脚牢固塞入裂缝的区域，也就意味着他要走出舒适区。吊在一个好的涨手点上，为下面的动作鼓起勇气时，他注意到右侧有个系着根扁带的旧岩钉。克罗夫特伸手将扁带往左拨一点，这样在自己做动作时，手离扁带更近。如果滑脚了，在掉落的一瞬间，他可能可以抓住它。

"爬最后几个绳距时，我就知道自己搞砸了，"他告诉我们，"我当时想，好吧，也许我只是感觉有点怪。但时间越久，我的感觉越糟。"第二天，他回去又爬了一遍讲台岩，在那个难点，他又抓住扁带，但这次是将它拨到另一边，让自己没可能抓它。"听起来很愚蠢，"他继续说道，"但那时候这对我很重要，我要用正确的方式完成它。"

"那是哪一年？"格温问。

"不记得了，我经常搞不清数字。有些人，比如汉斯·弗洛林，记得他们爬'鼻子'的确切次数，但是我不记得自己爬过多少次酋长岩。我甚至不知道自己是从哪一年开始攀岩的。"

克罗夫特的自嘲引起一阵大笑。"那天亚历克斯问你觉不觉得他带一队摄影师在身边很离谱，这很有趣，"我说，"他很尊敬你，我认为你的反应会在他心里激起很大波澜。"

"我不追求伦理上的纯粹之类的东西，"克罗夫特说，"我只是想要整个攀岩经历完全属于自己，一口气把它干完，不想受到任何干扰。有摄影机在旁边我总觉得不自然，而你要将全部注意力集中于正在做的事情上。我一向觉得，即使没人知道，我做的事仍然是我能想象到的最酷的。为正确的原因做这件事非常重要。"

"你记不记得很久之前，在班夫山地电影节上，你跟亚历克斯一起参加关于徒手攀岩的讨论？"我问，"几个月后你跟我在红石岩场闲聊时，告诉我他有点自大。我记得他那会儿似乎经常故意让别人不舒服。"

"可能是某种程度的缺乏安全感，"克罗夫特回答，"就好像他当时认为自大是一种酷的表现；或者他是在试图让别人做出回应，因为不想再继续一番无聊的对话。有他在周围很有趣，但他隔一段时间就会说一些有的没的，我看着他，摆出一副'你要更真诚一点，亚历克斯'的模样。他让我想起《星际迷航》中的斯波克，有点瓦肯人的影子。'那不合逻辑。'"克罗夫特模仿伦纳德·尼莫伊 ❶ 的口音说道。"但是他成长了很多，越来越有人情味。我当然尊敬这家伙，他十分令我尊重。他现在就像个英雄。"

感恩节那周的周一，天空灰蒙蒙的，飘着冰冷的毛毛雨。我到达饼干岩壁底部时，亚历克斯和桑妮正在滑轮自保攀登一条经典的掌缝线路"外部界限"。桑妮离地面大约20英尺，亚历克斯在她下方几英尺的位置，两人连接在同一条绳子上。"你离我太近了。"她尖声喊道。

"没关系的。"亚历克斯平静地回答。

"有关系，"桑妮厉声说，"我要是掉了，砸到你头上，你又会

---

❶ 《星际迷航》中斯波克一角的扮演者。

说我毁了你的攀岩季。"她说这句话让我觉得他们聊过这个话题。

"只用一个滑轮安全吗？"她高声问我，声音很紧张，仿佛随时要哭出来。

"我个人一直用两个，"我告诉她，"虽然亚历克斯不相信，但如果推滑轮的方式不对，棘轮是有可能脱出绳子的。"

"你在摩洛哥告诉过我，"亚历克斯涨手吊着说，"但后来我做了点测试，如果真掉了，滑过滑轮的绳子总会被凸轮卡住。"

跟亚历克斯讨论这种问题非常有趣，但我认为这在当时有些不合时宜。所以我没说：确实，但微型单向滑轮的凸轮是不是够结实，能承受住动态的冲击？个人而言，我不想把性命押在上面。

"我不喜欢这条线。"桑妮说。她和亚历克斯几分钟后绳降到地面。大部分线路都是湿的，所以亚历克斯爬了一条打挂片的仰角线路"饼干魔兽"，难度是 5.12a，我给他做保护。亚历克斯爬完，保护我爬了趟顶绳，然后我把绳子递给桑妮，转去旁边用滑轮自保攀登"外部界限"。

爬到一半我听见亚历克斯说："我觉得我要再爬一遍'饼干魔兽'。"

"好，"桑妮说，"顶绳还是先锋？"

"我自己爬。"

我当时距离地面 90 英尺，所在的位置能够俯瞰整条线路。亚历克斯爬得很流畅，但每做几个动作就停下，放下一条手臂，打开手掌，这表明他的前臂正在堆积乳酸。到顶之后，他右手吊在最后的把手点上，左手手背碰了碰保护站上挂着的链条——所有攀爬"饼干魔兽"的攀岩者都会用那个装置下降。这让我想起沿广场光滑的杆子爬到高处后敲响铃铛的少年——这可以稍微反映出，正确徒手攀岩一条线路对亚历克斯意味着什么。然后他重心靠后，用手臂吊着，倒攀数英尺，从一个仰角岩面横移到旁边的"暮光区域"线路。出发不到 10 分钟，他回到地面。

"你觉得有人徒手攀登过'饼干魔兽'吗？"他问我。

"我觉得没有，你会把它记在你的黑皮本上吗？"

"会，肯定会。不一定是今晚，但我每隔两三天就记录下一切。"

当时我们不知道，就在那个时刻，亚当·翁德拉在离开地面 8 天之后登顶"黎明墙"。这位世界上最好的运动攀岩者在大约练习一个月后，红点了这条线路。翁德拉确实略胜汤米和凯文一筹，攀登媒体会对此大书特书。但是，如果没有汤米和凯文耗费数年时间解锁这条线路的秘密，翁德拉永远不能完成他现在所做的事。后续的媒体报道没有强调这一事实，令我十分恼火。许多报道甚至提都没提。

翁德拉选择的时机极其完美。天气预报显示，接下来两周会断断续续地降雨或降雪。我以前也遇到过岩季在 11 月之前结束的年份。"这应该是这周唯一的好天气。"亚历克斯评论道，我们坐在"饼干魔兽"底部一块有斜坡的大石头上，看着毛毛细雨变为连绵的雨水。"真扫兴，我想我和桑妮要撤了。我受够这种天气了。是时候去南方，享受明媚的阳光了。"

"你们要去哪儿？"我问。

"桑妮在圣迭戈有些亲戚，我们会去那儿过感恩节。如果天气变好，我们可能 10 天后回来，但也可能不回。"

"看起来岩季真的结束了。"我说。

"你春天会回来吗？"亚历克斯问。

"如果你希望我过来，我就过来。"

"当然希望。你很低调，跟你聊聊挺好。"

"我们会想念跟你待在一起的时光。"桑妮说完给我一个温暖的拥抱。

第二天早上 5 点，我出发去弗雷斯诺，计划从那里飞回家。离开福雷斯塔的路上，我停在垃圾箱旁扔垃圾。气温在冰点之下。一阵冷风吹来，我的鼻子都要被冻掉了。天空中满是闪烁的星星，让我记起一周前亚历克斯踏上"搭便车"的那个夜晚。不知道为什么，冰冷的空气将我带回这些年在攀登中遇到的一些恶劣环境。有一种乐趣在经历时痛苦不堪，结束后想起反而心驰神往。回家也以一种奇怪的方式让我心情复杂。一方面，事情结束并且亚历克斯还活着，让我松了口气，但另一方面，我也有些失落。一部分的我不想回归乏味的日常生活。

我的航班从弗雷斯诺起飞时，亚历克斯正坐在酋长岩的草地上打量"搭便车"，膝盖上放着黑皮本。他在回想过去两个月在"搭便车"上学到的一切——在把重量压到不牢靠的脚点上时，第 5 个绳距上的那个小波纹能提供一点平衡，可以用手扶一下它；在"抱石难题"上最后做空手道踢腿时，如果重心再往下沉一点，踢得会更稳；穿大小合适的鞋子很重要，不能太松，也不能太紧。但最重要的是，他想到，线路上其实没有会打断他流畅攀爬的动作，他的梦想是可行的。

只是需要等到对的那天。

第十二章　快乐

房车里酷热难耐，堆满东西，但亚历克斯似乎毫不在意。他侧身坐在朝后的副驾驶座上，左腿搭在驾驶座椅背上。46 码半的脚伸在空中，趾头分开，像只巨型鹰爪。鉴于这家伙已经爬了数百万英尺的岩壁，而他的攀岩鞋是 42 码，他的脚趾看起来惊人地正常——除了大脚趾上葡萄大小的鸡眼。

我半躺在他的床上，脚荡在地板上方，欣赏着厨房区墙上钉在高处的一些照片。"这是桑妮冬天打印出来放上去的。"亚历克斯说。我认出其中一张亚历克斯的剪影，他吊在高耸于阿曼湾上方的一座岩壁上，太阳正从穆桑代姆半岛落下。

我左侧的台面上放着一个横格纸笔记本，封面上印着黑白三角形的几何图案。正面草草写着一个名字——科迪·夸肯布什。我后来了解到，科迪是亚历克斯的妈妈在美国河流学院的学生。我在想科迪知不知道，亚历克斯·霍诺德正在用他的笔记本记录徒手攀登酋长岩之前要做的事。

"这里不能通风是吧？"我说。

"不能，"亚历克斯说，"开门或开窗的话，很多蚊子会飞进车里，咬得我一整夜都睡不着。这是种低级错误。"

门关得严严实实，窗户也用覆锡膜的泡沫板遮挡着。车里很暗，几乎没有光线能够钻进来。我知道亚历克斯为什么称它为"箱子"了。空气感觉很沉闷。

去年11月我们在饼干岩壁分别后，我就没再见过他。整个冬天，我们打电话聊了几次，3月初他给我发短信，说打算在拉斯维加斯的郊区买套三室两个半卫的房子。他说想分散投资，财务顾问告诉他，如果从加州搬到内华达，会省很多税。这也能让他和桑妮有个固定的家，他也终于有了收件地址，信不用再寄到他妈妈家里。交房后不久，我打电话给他，让他用视频聊天软件带我参观一下。亚历克斯带我看了整个房子，明亮通透，铺着木地板，二层有个悬空的走道，还有个小院子。但房子完全是空的。亚历克斯说桑妮负责选家具和电器，他在过去一周花费大量时间办理房主保险。我很难想象他在这样一个地方居家生活的画面，实际上亚历克斯仍然住在房车里，房车停在家门口。他说他一点都不急着搬进去。

他春季的计划似乎还没确定。是的，他计划返回山谷，但听起来不是百分之百要去完成那个项目。然后他随口提到，他可能一个人去徒手攀登"搭便车"——不带摄影团队。跟我预想的一样，他对那次失败的尝试思考得很多。"如果线路很容易，只需要无脑冲刺，我不在意周围有人，"后来他告诉我，"但线路很难时，我永远不希望旁边有人。"至少"搭便车"真的很难。

"桑妮怎么样？"我换了个话题。

"她很好，"他回复，"但我们进展得太好，反而让我有点担心。我没脾气了。"他的一些重大的徒手攀岩，比如在他新家附近的红石公园爬"彩虹墙"，是他跟上一任女朋友斯泰茜·皮尔逊分手后完成的。亚历克斯承认，他在激愤之下做过许多徒手攀岩，但有件事他不愿多谈。那是 2013 年 2 月，他和斯泰茜已经闹过无数次分手。他们在拉斯维加斯时经常跟克里斯·韦德纳待在一起，因为没有别处可去，两人都住在韦德纳家——亚历克斯睡在门口的房车里，斯泰茜睡沙发。一天早上，亚历克斯想进去用洗手间，但是房门被锁上。他走到沙发上方的窗户处，想让斯泰茜放他进去。但沙发上没人。他回到门口敲门，韦德纳给他开了门。

"斯泰茜呢？"亚历克斯逼问道。

"嗯。"韦德纳回答。那时，她正在楼上和亚历克斯的一个朋友睡在一起，这个朋友也住在韦德纳家。韦德纳说亚历克斯顺着楼梯往二楼看了下，能看出他极其伤心。亚历克斯和斯泰茜名义上已经分手，她那时是自由的，可以跟任何喜欢的人约会，但亚历克斯仍然爱着她，显然，他还没有准备好放手。

"认真的吗？"亚历克斯说，"哇，太快了。"他出门上车，直接开去锡安，徒手视攀了"鞋子支脊"，一条 800 英尺、难度超过 5.11+ 的线路，之前没人无绳攀登过。天气预报说午后有降雪，但亚历克斯觉得线路只有 8 个绳距，坏天气到来时，他应该早已爬完。然而线路很难，他爬到支脊顶部时，开始下雪。他没想到线路顶部和山顶之间还有 1 500 英尺陡峭路段。亚历克斯很快发现自己在暴风雪中攀爬冰冷、覆盖着雪的岩壁。他在某个位置拉断一个点，摔落 8 英尺，穿过一棵小树的树枝后，拍在一个小岩石台上，差几英寸就会掉下悬崖。

视频看过亚历克斯的房子几天后，桑妮跟我聊了一下。她告诉我在南加州跟她的家人过完感恩节后，她和亚历克斯开车到拉斯维加斯，白天攀岩，晚上随便找个停车区露营。他们一起在箱子里生活了几个月，桑妮对攀岩的热情逐渐变淡，跟亚历克斯一样，她还在努力消化酋长岩的事情。亚历克斯的梦想没有按计划实现，士气很低落。

桑妮很习惯住在狭小的空间内，过去 5 年，她一直跟 4 个室友住在西雅图的一个小房子里。但亚历克斯应付不了持续相处，他不知道怎么告诉桑妮，他需要空间。一天，两人将车停在一个小超市外面的停车场，发泄了不满。桑妮气冲冲地离开，她在下车前告诉亚历克斯："你要搞清楚自己想要什么，因为我读不懂你的想法。"她走到一家咖啡店，发现钱包落在了房车中。虽然又饿又渴，急需一杯咖啡，但她非常生气，不愿意给亚历克斯打电话，那天下午和晚上，桑妮从一个即将打烊的星巴克晃到下一个。走在路上时，她觉得自己受够了，第二天就要飞回西雅图，回归过去的生活。大约晚上 8 点，她终于给亚历克斯打了电话，亚历克斯开车过去接上她。桑妮说她要离开。"收回之前说的话，"他说，"我真的希望你留下。"

"你很擅长照顾自己的身体，"桑妮回答，"从岩壁上下来，你马上脱掉鞋子，喝水，开始考虑如何休息身体。但你太不会照顾自己的情绪了。告诉我你需要什么，告诉我你想要什么，因为我无法领会，并且很可能我也需要知道。"他说，他想要继续跟桑妮在一起，但也需要一些空间。因此他们商定，每天让他独自待一两个小时。

那次吵完后，情况变了。"我们更亲近了，"桑妮说，"从那以后，他更坦率地表达自己的情感，也更愿意说出自己的感受。"

"他有没有坦率到用'爱'这个字眼？"我问桑妮。桑妮告诉过我，她爱亚历克斯，一直都爱。

"当然有，百分之百，"现在她笑着说，"我真的觉得他感受到了爱，没人逼他说。"

据桑妮说，对于要不要在春季再次尝试酋长岩，亚历克斯摇摆不定。某一天他会说起在优胜美地的其他攀登目标，桑妮就会带着莫大的安慰想，好吧，可能他不会徒手攀登酋长岩了。但几天后他又会说："我要去峡谷，我会去爬酋长岩，它将是一次伟大的攀登，那之后我就可以继续生活了。"

爱上一个头上悬着一柄铡刀的人是什么感觉？我不需要问这个问题。

"每个人都认为我会一直想着这件事，但我没有，"她主动说道，"今天早上是很久以来我第一次真正感觉到，'哦，天哪'……我想哭。但我决不会告诉亚历克斯，因为如果有人打算去做一件非常困难的事，你不想成为说'这是个糟糕的主意'这种话的人……因为那没什么用。既然是他去做，就需要他自己决定，听从他的内心。我不想影响他的决定。"

但桑妮知道亚历克斯经常利用感情上的混乱，为徒手攀岩创造合适的心态，所以她在吵架后跟亚历克斯说过一个观点。"你不需要在分手的痛苦中成功，"她说，"你可以同时拥有感情和成功。"

"我删掉了所有社交媒体软件。"亚历克斯说完指着房车台面上满是摔痕的手机，"最后这些天，我不想受外界干扰，我有点担心玩手机可能会扰乱我的思考，很怀念过去没有智能手机的日子。那时候我在箱子里经常做很多高质量的思考。"

我也有同样的困扰。为了限制自己每天泡在互联网上的时间，我最近在玩一个智力软件。我告诉亚历克斯时，他一脸好奇地坐起来，抓起手机，打开应用软件商店。"是哪一个？"他一边下滑列表，一边向我读出那些软件的名字，"都要解决什么样的问题？"

　　"拼字游戏、推测模型、数学问题，类似这些。这是一种激活大脑中不常用部分的好方法，因为你现在可能不会花很多时间用这些方式思考。小时候你会做很多数学题和理科题，所以可以想见大脑现在有多大一部分没用到。"

　　"你提到这点挺有趣的。实际上我一直在有意识地调动以前学数学用到的所有神经回路，记忆线路上的动作。"

　　"搭便车"的动作数据可以填满一本书。

　　"你把自己一个人关在箱子里是在想这些吗？"

　　"是的，想得很多。"

　　"会觉得无聊吗？"

　　"从来不会，我喜欢想动作。我可以一个人连续坐在车里几个小时，完全沉浸在思考中。"

　　我们俩安静地坐了会儿。

　　"嘿，我刚读完这本书，我觉得你会喜欢的，"亚历克斯说，"书名是《人类简史》。"他解释说书的中心思想是，人类之所以成为地球上最有优势的物种，是因为我们能在大种群中灵活合作。而赋予我们独特的合作能力和社会协作能力的，是我们对神话——描绘人类境况的普遍真理的故事——的共同信仰。亚历克斯认为我最感兴趣的部分应该是书的结尾，作者从过去转向未来，探索我们这个物种在未来几十年将遇到什么。作者尤瓦尔·赫拉利推测，目前在人工智能和生物工程等技术领域展开的科技革命，正在导向一个美丽新世界，人类可能会"长生"。长生和不死的区别是，长生仍然可以死去——但只会因意外死亡。

"你知道奇点将在 21 世纪 40 年代到来吧？"我说。

亚历克斯还在找最好的智力软件，翻了个白眼。他知道我指的是什么，因为过去很多年，我经常在他耳边念叨奇点，它是计算机变得比人类更智能的时间点。技术奇点的一个潜在分支是可能治愈心脏病和癌症等疾病——甚至可能让人类完全停止变老。这个想法我难以接受，因为我的整个生活都建立在生命有限的哲学基础之上。还是个年轻的攀岩者时，我就认为，既然小心生活，不冒任何风险，我也肯定会死，那不妨尽力享受生命的每一分乐趣。"就我所知，记住自己终将死去，是促使自己放手拼搏的最好方式，"史蒂夫·乔布斯 2005 年在斯坦福的毕业典礼上说，"你已经一无所有，所以没理由不追随自己的心。"

在图奥勒米加油站，巴卡尔对那个家伙说"你现在正在徒手攀岩"，心里想的是同样的道理。

"我不是不同意这种假设，而是对奇点到来的时间有疑问，"亚历克斯说，"我们几十年前就在谈论技术革命，但它的进展比所有人想的都要慢。此外，你也太老了，赶不上奇点的。"他用惯有的漠然口吻说道，但是从他稍微低垂眉眼的方式，我知道他在刺激我。然而，我决定不问心里的那个问题：如果你知道自己只会死于意外，不会老死或病死，你还会想去"干大事"吗？

我不想做任何打击亚历克斯士气的事情，也因此，没有对他朋友乌里·斯特克的意外身亡表示哀悼。3 周前，"瑞士机器"从 25 800 英尺高、毗邻珠峰的努子峰上摔下。斯特克当时正在进行高海拔适应，并且是独自一人速攀，这是他一贯的攀登风格。原计划适应好之后，他将单人攀登珠峰上鲜有人尝试的"霍恩宾沟槽"线路，然后横移，再攀登世界第四高峰洛子峰。如果成功，这会是喜马拉雅攀登史上最伟大的连攀。没人知道发生了什么，但是在珠峰一号、二号营地的几个夏尔巴人和珠峰攀登者看见他滑落 3 000 英尺。人们推测他就是滑坠了。

晚上 8 点，亚历克斯的睡觉时间到了。我站起来，迈向房车车门。这时亚历克斯用他棕色的大眼睛看着我说："桑妮过几天回来，在这儿待一周左右，然后 6 月 2 号再离开。我 12 号去阿拉斯加，所以我大概有 8 天时间完成它。"我盯着他，等着后面那句"我们到时候看，到时候看"，我们谈论"搭便车"的时候，他总会附上这句结束语。但这次他只是诚恳地看着我，没再说话。那一刻我意识到，在他多年前就规划好的进程中，这可能又是个新的突破——毫不遮掩地告诉某个人，自己下定决心了。他会 6 月 3 日前后去爬。我知道他会把这个计划写在某个地方，或许是在科迪·夸肯布什的笔记本中——简单标注为"EC"（酋长岩）。

几天后，我在福雷斯塔租住的公寓二楼醒来。风拍打着房屋，透过房间另一侧雾蒙蒙的滑动玻璃门，我能看到黑压压的乌云。近几周，我起床的第一反应都是，谢天谢地，我不是亚历克斯，不用去徒手攀登酋长岩。我不是要去爬的人，但每天醒来时，心头总笼罩着一层乌云。在我看来，整个努力的过程中最打动人的部分，是多年的期待和准备，而不是真的去完成攀登本身。我想象自己是亚历克斯，为自己布置了一个几乎不可能完成的任务——一件我完全不必去做的事。我可以走开，但是我没有。相反，我一点一点地做——很努力地做。我把这难以想象的任务切分成一个个小块，每天完成其中一块，从不去担忧下一块，也不去考虑它们最后能不能拼起来。

科林·黑利是美国顶尖的登山者之一，也是亚历克斯的搭档之一，他曾经告诉我，他之所以攀登，原因是攀登能够满足增强生命体验的本能欲望。他说他不想过度思考攀登者的风险，因为他在大山中获得的体验"值得付出一切"。沃伦·哈丁被记者问到为什么攀登时，有句著名的自嘲："我们疯了，还能有什么其他原因。"亚历克斯第一次尝试攀登"搭便车"后，彼得·克罗夫特说："攀登英雄的伟大之处在于，他们完全不为特定的理由攀爬。为一件没有任何可量化价值的事承担那么大风险，付出那么多努力，这就是人类的精彩、疯狂和独特之处。"

吉米前一天晚上发短信告诉我，亚历克斯需要一位搭档，说我有兴趣的话，应该告诉亚历克斯。我当时正在边看《越狱》边喝伏特加。我回他："当然有兴趣！"但是现在，外面的阳光已经开始刺眼，伏特加的余味还在肠胃中翻涌，我后悔了。亚历克斯肯定想同时攀登，这就要求我跟着他的节奏爬。过去6个月，我几乎没碰过岩壁，一直坐在电脑前写作，或者给托马斯换尿布。我掉落把他拉下来怎么办？我伤到他怎么办？因为我，他无法进行梦想的攀登怎么办？

我躺在床上，感觉很虚弱，于是决定不给亚历克斯打电话或发短信。我紧张地坐在屋里，希望他在这期间找到其他人。如果他真打电话给我，我会假装受伤。几年前，我曾主动提出带一个费城的朋友丹爬"鼻子"线路。在第一个绳距上，丹在脚离地只有一个身长的高度松手，重重地坐在绳子上。"你听到了吗？"他说，"你听到啪的声音了吗？我觉得我的肩膀可能脱臼了。"丹患了急性"酋长岩炎症"。现在我也患上了。去年秋天从优胜美地回去后，我得了椎间盘突出，因此决定，如果亚历克斯打电话，我就假装后背有伤。我甚至大声对自己说了一遍，听听装得像不像。

几个小时后，亚历克斯打来电话："嘿，哥们儿，你怎么样？我刚刚徒手爬了'寄生虫'。"

"感觉如何？""寄生虫"是2011年迪恩·波特开发的U形连攀，要爬"搭便车"顶部的6个绳距。

"太棒了，"亚历克斯说，"啊，信号不太好，一会儿再打给你。"

一分钟后我的电话响了。"抱歉，我打早了。我知道要走到'鼻子'顶部那棵树那里手机才有信号，但我想试试早点打。现在应该好了。"我能听到脚步声和风声。他在走路，快步走下酋长岩顶部的大光板。他总是喜欢一心多用，经常在酋长岩下山途中跟人讲电话。他还总爱给自己计时。尽管跟我通着电话，他那天还是创造了自己的新纪录，一个小时多一点就从"搭便车"顶部回到麦克家，晚上亚历克斯会把这记在笔记本中。

"嘿，你明天想跟我一起爬'爆裂光板'吗？"

我犹豫了几秒钟，意识到自己无法像预想中那样轻易地拿背部有伤当借口。然后我如实交代自己的想法："我想，但我担心会拖你的后腿，而且我掉了会把你拉下来。"

"不会的，别担心，"他说，"我有个想法，我们可以用滑轮自保攀登，你可以的。一起爬爬酋长岩会很有意思的。"

"你确定？"

"非常确定。"

第二天早上5点45分，我和亚历克斯站在酋长岩底部。吉米和切恩打算拍摄一些镜头，已经往上爬了几段固定路绳。亚历克斯从黑色包里掏出一根橘白相间、已经起毛的绳子。绳皮上满是小口子，绳尾散开，白色的绳芯乱糟糟地露在外面。

"这是我们的绳子？"

"是啊，有什么问题吗？"

"看上去像从战场上捡来的。"

"随便吧，"他看起来有点生气，"这实际上是我最好的绳子。没事的。"

亚历克斯剪短了他一直在穿的黑色尼龙裤的裤腿，把它变成一条七分裤。但因为没有认真标记剪短的位置，也没有小心用剪刀裁整齐，结果像是用锋利的石头砸掉的一样，裤腿长短不一，裤管边缘参差不齐。他看起来像《摩登原始人》里的一个角色，或者像哈克贝利·芬。

"我们徒手爬到那个平台，你在那里给我做保护。"亚历克斯说着指向我们头顶 40 英尺处的一个岩架。我一定是露出了难以置信的表情，因为他随后补充道："只有 5.7。"不等我说是不是乐意用徒手攀岩开启我们的一天，他就出发了。我爬到那个平台时，他已经爬完第一个绳距的一半。我把剩余的绳子抽上来，把绳尾连接到自己的安全带上时，绳子被快速抽离平台，就像在放捕蟹船甲板上的浮标绳一样。我还没来得及掏一把粉，我俩之间的绳子就被拉紧。我该往上爬了。

我的工作是确保连在我安全带上的绳子永远不要被拽紧。每次拉紧，就意味着亚历克斯没法往上爬。这个家伙总体上比较淡定，但你要是想考验他的耐心，试试跟他同时攀爬，并且频繁地拉紧他的绳子。吉米曾经将亚历克斯比作一匹赛马："放他出栏后就拉不住。"在那次谈话中,吉米还告诉我,亚历克斯曾经"炒掉"他,因为有一天他们同时攀爬"爆裂光板"时,他爬得太慢。我知道这一趟会爬得很痛苦,但还是低估了痛苦的程度。我感觉自己在参加田径运动会。前一分钟还在等着预赛,下一分钟就要竭尽全力去跑,然后到看台后面找个地方去吐。

但还有一些我没预料到的收获:这次攀爬非常有趣。亚历克斯每隔50到100英尺放一个保护点,所以除了攀爬,我几乎什么都不用做。他的安全带上吊着一个秤砣(我),我却相反:绳子像神奇的豆茎,拉着我往上。在这么多石头间如此快速地移动,我在想,鸟儿在天空飞翔、猴子在树间跳跃会不会就是这种感觉——这样的乐趣深深扎根在你的灵魂中,让你觉得自己在做天生就该做的事情。"萨拉泰墙"首攀者之一的汤姆·弗罗斯特称,这种感受是一种宗教体验:"整条线路感觉像是造物主专为传统攀岩者创造的,他们能感受到造物主的爱,反过来爱上造物主。"

岩壁上的一个鼓包挡住我的视线,我看不到亚历克斯,但能看见巨大的酋长岩像哥特教堂一样悬在我的头顶。攀岩是种愉快的体验,即使是在树林中的小岩壁上爬;而在像酋长岩这样的地理奇观上攀爬,仿佛能体会到灵魂觉醒。我感觉像精灵鼠小弟走进了巴黎圣母院。

爬到第5个绳距,绳子在我面前松松垮垮地耷拉着,这不是我想看到的。我希望它拉紧,像吉他弦一样紧,因为在那一刻,我不确定如何在岩壁上坚持住不掉。踩在70°的岩壁上,我的脚趾向上弯折,鞋尖的橡胶皮挤出一道深深的沟。我的手指按在肩膀两侧光滑的岩壁上。没有什么可抓的,但我的皮肤肯定粘着岩壁,因为我知道放开任何一只手,我都会滑掉。

此时亚历克斯正在第 6 段绳距顶上的保护站保护我。我可以喊"收绳"，或者"收紧"，让他收余绳，但转念一想，你在跟亚历克斯一起爬，马克，不能表现得太弱。我想知道他是不是故意让绳子松掉。我向左上方看，吉米吊在一根固定绳索上，相机镜头正对着我。他没有说话。如果我不想成为他的电影中脱落的那个家伙，我需要在脚滑脱之前继续移动。我能感觉到脚在抹点上慢慢往下溜。但是面前已经有一大段余绳，如果我向上移动，亚历克斯又不收绳，这时候脱落的话，在绳子拉紧之前，我可能会冲坠 10 到 15 英尺。

"收绳。"我最终喊道。几秒钟过去，没有动静。又过了几秒。在绳子拉紧的一瞬间，我的左脚滑掉。我的指尖弯折，指肚贴紧岩壁，但不管怎样，我没有从岩壁滑落。我深呼吸几次，稳定心神，左脚又滑了一次，但还是没有掉，我感觉自己就像违反了物理规律，粘在岩壁上一样。那一刻我想象自己不带绳子待在那个位置，吓得肝颤。

亚历克斯在高处引导我右移到他的一条支线上，这条支线有一系列小平台，就像岩壁上凿出的梯子。梯子结束在一个水平方解石带，离亚历克斯打保护的平台还有 30 英尺。他指导我攀爬，结果比我自己想的动作更难。手点在左，脚点在右，迫使我摆出一个不常见的扭曲姿势，像在做瑜伽。

"左脚踩住那个小坑。"亚历克斯说。我往左看，看见一个像蛇眼的三角形洞，大小足够放下攀岩鞋尖上豆荚大的一块橡胶。我当它是个平台踩上去，把全身重量都压上去，知道必须要相信它，因为没有别的通过方法——上方 30 英尺处有人帮你拉着绳子时，这没问题。

"爬得不错。"我在保护站跟亚历克斯会合时他说道。虽然非常悬，但我在所有绳距上都没掉。

"你爬得如何？"我问。

"爬得有点不爽。"他回答。

"为什么？因为我吗？因为我太慢？"

"有点。你爬得不错，但在需要快速通过的第一个难点，我却必须在中途等你，所以我掉了。我想让那个难点过起来简单点，但没做到。我要下去再试一试。"

"你想要保护吗？"

"不，我觉得用 GriGri 自保更简单。"

亚历克斯之前告诉我岩壁上会很热，但可能稍微晚一点才会变热，现在站在阴凉里，风不停地吹，我感觉很冷。我拉起外套的兜帽戴上。缩在平台上吃牛肉干的时候，我注意到保护站左侧 5 英尺的位置有个老挂片。它非常老旧，锈成了一团棕色金属，挂片孔里固定着一个铁环。我认为这是 1961 年首攀者留下的最早的那批挂片。优胜美地没有太多这种挂片了，大多数已经被美国安全攀登协会（ASCA）撬掉，或者换成结实的不锈钢挂片。1990 年，我在攀爬人生第一条大岩壁线路——半穹顶上的西北壁线路时，发生过一次 50 英尺的冲坠，拉掉一个这样的挂片，我将它收起来留念。ASCA 偶尔会在一些地方留下一个老挂片，作为历史遗迹。我面前这个挂片无疑是有故事的。

"萨拉泰墙"是酋长岩的第二条线路。首攀者是罗亚尔·罗宾斯、查克·普拉特和汤姆·弗罗斯特，他们曾决定用阿式攀登，在沃伦·哈丁的基础上加大难度。哈丁花费一年半的时间围攻"鼻子"线路，用半英寸粗的麻绳（其中一根断裂后，他换成尼龙绳）

和一辆手推车，就像在矿井中运煤一样拖拽物资。罗宾斯、普拉特和弗罗斯特则直接走到岩壁底部开始攀爬。我怀疑我现在站的这个平台就是他们第一天露营的地方。或许因为晚上要睡在这里，他们打下这个挂片用于固定一些物品。如果知道60年后亚历克斯会无绳攀爬这面岩壁，他们会怎么想？汤姆·弗罗斯特是唯一健在的。罗宾斯2017年去世。普拉特2000年离世。《户外》杂志问过罗宾斯，新一代的攀岩者中他最敬重谁，他说出亚历克斯和汤米的名字："现在的许多攀登在我们那个时代完全不可能。他们正在做这样的事。"

默默地将思绪从过去拉回当前，我注意到一开始没有看见的怪事。有人在保护站左侧的岩石上刻下"奴隶"这个词。看着像是用尖头锤凿出来的。这事很怪，因为破坏岩壁是攀登中最忌讳的事情之一。我很疑惑是谁刻的字，为什么刻。

我的注意力又回到亚历克斯身上，他刚刚又在光板上掉了一次。去年10月，亚历克斯告诉我，他已经爬过20多遍"爆裂光板"，掉过两次——10%的失败率。我不知道他在那之后爬过多少次，但即使又爬了20遍，现在的概率也有3/40；7.5%。当然，有的状况情有可原，比如我这个老年人迫使他在爬难点时停下来，鞋子太紧或太松，或者只是注意力不集中。但失败率这么高仍然让我震惊。在我面前连接着保护站的橘色绳子时紧时松，因为亚历克斯在爬上爬下。他没有放弃，但这个光板令他头痛。

我当时意识到，他永远不能将那块光板上的动作练到满意——无论练多少次。他肯定也知道这一点，那片区域的动作太不稳，让他达不到徒手攀岩需要的那种确定性。我记得他告诉过我在半穹顶顶部攀爬光板时，他的潜意识就是不让他做动作。去年秋天第一次尝试时，他在"爆裂光板"的这个位置发生了同样的事。

这次会怎样呢？我想知道。他会放手一搏吗，就像乌里·斯特克攀登安纳普尔纳南壁那样？亚历克斯说过，这次攀登非常独特，也许值得抛下一切，放手一搏。问题是：他能战胜自己的本能吗？我们本能地知道——也只有我们原始的自我才会知道——不带绳子在这个光板上做动作不是好主意。汤米是对的吗？我在想，他说整个事情就是一场俄罗斯轮盘赌。

"好了？"他回到平台上时我问。

"有点绝望，"他回答，"我原本还很兴奋，以为可能找到绕开那个光板的线路，但是这些支线没有好太多。那个动作真的很不稳。我不喜欢。"

我们肩并肩站了一两分钟。

"接下来你想做什么？"亚历克斯最后问，"继续爬，还是下撤？"

"听你的，"我回答，"我是来辅助你的，所以你想怎么办都行。"

"我不太想继续爬了，"亚历克斯说，"但也没有心情应付那些人。"往下能看见两支队伍正在往上爬。我们下降得经过他们，如果他们还不知道我们在做什么，肯定会问。过去一个月，亚历克斯又出现在"搭便车"，几乎每天上去演练不同的路段。优胜美地所有攀岩者似乎都表现得尊重而谨慎，但是随着时间拉长，亚历克斯春季挑战的传言正在迅速传播。他虽然没说，但我怀疑他因计划传开承受着额外的心理负担。很大一群人期待着亚历克斯的壮举，其中大部分他都不认识。

"我们休息会儿吧，"亚历克斯说着在平台上坐下，拉上外套的兜帽。他伸手从背包里掏出一个苹果，咬一大口，将剩下的递给我。我在另一侧咬一口，又递给他。传来传去，苹果很快吃得只剩一个果核。

"我扔下去没问题吧？"我问。

"还是给我吧。"我递过去，他丢进包里，"我有时会扔下去，但是下面有人，所以我们还是带下去吧。"

从岩壁上下降的正常方式是将绳子装入下降环，把两股绳子塞进管状摩擦板中，然后一次一人降到下一个保护站。亚历克斯当然不这样。他偏爱同时下降，即两人用一股绳的两头，同时往下溜。这需要小心协作，因为如果其中一人忘记自己正在对抗搭档，从绳子上解出来，另一个就会掉下山。我俩就是以这种方式吊在一个满脸胡子的年轻人两侧，那个年轻人看上去随时可能冲坠。

"如果你愿意，可以踩那个挂片，"亚历克斯说，"然后你就可以够到这个点。"

那个家伙很迷茫。他没有表现出知道是亚历克斯·霍诺德在指导他，但是他知道。每个人都认识亚历克斯。如今，世界上可能没有攀岩者认不出他。长脖子，大眼睛，大耳朵，以及总穿那套黑裤子和红 T 恤，他非常好记。那个家伙跟我爬这一段的状态很像，可能更糟，因为他的一条腿像在"踩缝纫机"——抖得十分厉害。亚历克斯感觉到他的这名学生即将掉落，就荡过去给他指出每个可能的支点。在亚历克斯的细致指导下，那个家伙颤颤巍巍地爬过那一段，但一定还是很害怕，因为爬到下一个挂片时，他用手指头钩住了挂片孔。

"嘿，哥们儿，不要那么钩，如果滑了，可能会拉断手指。最好这么捏。"亚历克斯说着伸出手指，像捏某人的耳垂一样捏起手指。

"就是一点个人建议。"我主动插话。那家伙没说一句话，所以我想给他一个台阶，让他有机会说句"好的，谢谢，我会搞定的"，以防他觉得亚历克斯指导太多。有些攀岩者不愿别人告诉自己怎么爬。

整个场景让我觉得有点匪夷所思，因为几分钟前，亚历克斯还告诉我，他害怕跟这些人交流。我本来以为亚历克斯会紧闭嘴巴，但他却热情地——至少在我看来有点过度热情——帮助一个完全不认识的人。

第二天，我坐在一棵矮栎树下的一块石头上，看着天色慢慢变暗，享受从优胜美地瀑布飘来的凉爽水雾。几分钟内天就要黑下来了，但是我不着急回峡谷底部。我想多思考一会儿下方的线路——高400英尺、难度5.6的"蒙吉内拉"。我能徒手攀登它吗？

过去这些年，我对徒手攀岩做了大量的思考，它已经融入我的血液。在某种意义上，我发现自己和亚历克斯在2004年的处境相似。我花费大量时间搜索、研究和记述我生命中最伟大的徒手攀岩者——巴伯、巴卡尔、克罗夫特、波特和亚历克斯。对这个主题研究得越深入，徒手攀岩就越吸引我。我不停地问自己，如果把恐惧搁在一边，我能徒手攀爬什么线路。

我一直在跟麦金农——就是安排亚历克斯做脑部扫描的那位作家——聊天，发邮件。他告诉我，在跟亚历克斯去过南加州后，他回到温哥华的家里，"准备推进自己大脑的极限"。他从跟亚历克斯的合作中得到的启发是，照他的话说，我们都有一点"亚历克斯魔法"。我们可能无法随心所欲地关掉恐惧，但就像麦金农在《鹦鹉螺》杂志中写到的，"通过有意识地锻炼，逐渐反复地暴露在害怕的事物中，我们每个人都可能鼓起自己未被发现的勇气"。

麦金农许多年都没有徒手攀登过了，但在回家几天后，他去一个当地的岩场徒手攀爬了两条5.7的线路，"只是为了记住那种感觉"。那种感觉一定很上瘾，因为我到优胜美地后没多久再次跟他通话时，他说他还在徒手攀岩，难度已经到5.9。亚历克斯魔法对我也有些吸引力。对徒手攀岩思考得越多，我越想亲自爬一爬。

这一年春天，我的攀岩生涯进入第32个年头，我不会自称徒手攀岩者，但确实认为徒手攀岩是这项运动的必要组成部分。我一般每岩季徒手攀登一两次自家附近的一座岩壁——500英尺的教堂平台，冬天则通常做些徒手攀冰。当向导时，我的一大问题是保护点放得太稀疏，可能就像在徒手攀岩。美国高山向导协会的考官在"空跑"这一项给我的分数勉强及格，但我仍然忍不住这么做。

在冬天，我想到在优胜美地没有搭档，也没有太多时间，所以应该做一些徒手攀岩。我甚至列出了线路清单，其中几条我之前徒手爬过。"蒙吉内拉"也列上了，而且是整个清单上唯一一我没爬过的线路。刚刚过去的几个小时，我带绳独攀了这条线路，方式跟滑轮自保攀登有所不同。我从线路底部开始，把GriGri连接到一根直径8毫米的细绳上给自己做保护，绳子连接着每个绳距底部的保护站。爬到每个绳距的顶部后，我下降下去，取出保护装备，然后再滑轮自保爬上去。这意味着爬两趟线路，我觉得很好，因为我在为徒手攀岩练习动作——就像亚历克斯在"搭便车"上做的一样，只是线路难度低了7个数字。

我跟亚历克斯提起我在考虑徒手攀登"蒙吉内拉"时，他告诉我尽管去爬，即使我还没爬过这条线。他从不吝啬鼓励别人推进自己的极限。但我庆幸没有直接去徒手攀爬，因为在离地300

英尺、接近顶部的位置，我遇到一个翻屋檐的动作，我没想到，一条5.6的线路上会有这么困难和考验心理的动作。在这处难点，唯一的大点是头顶天花板中的涨手点。我把手卡进裂缝，大拇指指尖贴到小拇指根部，弯曲手指，将手卡牢。这是个牢固的涨手点，但在我的头后面，把脚踩高到面前岩壁上的一些小凸起上时，我的整个身体倒悬着。我吃惊地发现，自己几乎横在空中。

转头往右后方看去，马上有了暴露感，我想象没有绳子做这个动作是什么感觉。上一个保护点在身下20英尺，如果冲坠，我将掉落两倍的距离，再加上绳子延展的长度——这条8毫米绳的延展性很大，我至少会冲坠50英尺，掉落过程中至少撞到一两个平台。我会受重伤，很可能会死——后果不堪设想。但是，无论我有多疲惫，这根即使比我小拇指还细的尼龙绳，也会极大地改变我对自己处境的认知。它把必然的死亡推到一边，推到视线之外。无论多么虚幻，绳子给我提供了一种必要的心理安慰，让我能够在令人头晕目眩的高空中冷静地将生命悬在卡进裂缝的一只手上。

这正是徒手攀岩与其他极限运动的不同之处。如果巨浪冲浪者或极限滑雪者摔了，他可能会死，也可能不会。但在徒手攀岩时掉落，必死无疑。虽然我不可能知道从吓人的高度掉下，无助地在空中坠落是什么感觉，但它仍然让我有种恐怖的真实感。我无数次做噩梦，梦见自己摔死。心理学家称，这是最常见的一种梦。从高空掉落摔死是人类原始的恐惧，跟被鲨鱼咬死、被活埋并列。所以我到底在想什么？我为什么要无绳攀登这条线？好吧，我想的是自己能做到，不会脱落。我将从战胜本能的恐惧中获得某种心理上的回馈。

所以我坐在"蒙吉内拉"线路顶部的石头上，努力计算成功的概率。顶绳攀爬的话，我觉得自己可以连续 1 000 次不掉。头上有绳子确保安全，而且在远低于我能力极限的地形上，很容易爬好，很容易在舒适区流畅、准确、专注地做动作。如果我能带着绳子爬 1 000 次不脱落，我估计我成功的概率将高于 99.9%。

但没有绳子呢？在翻屋檐时我慌了怎么办，就算只有一点？成功率会降到 99% 以下吗？如果我害怕了，会不会不敢动弹，甚至随意做一些自我毁灭的事？

1987 年夏天，马萨诸塞州福克斯伯勒的沙利文体育场举行感恩而死乐队的演唱会。散场后，我坐在体育场外一条马路的护栏旁。一个年轻女子从停车场开车出来，车经过时，我仔细看了她一眼。她趴在方向盘上反复眨眼睛，仿佛看不清路。她脸色通红，泪流满面。不管遇到什么事，她显然不适合开车。她向左转弯，一辆巡逻警车正好从另一个方向驶来。我紧盯着她，很好奇她会如何避开那辆警车。只见她突然向侧方打轮，向警车冲去。两辆车都开得不快，所以她伤得不重，但她后来变得歇斯底里，他们就把她绑到轮床上，用急救车拉走了。我忘不了这件事，是因为我看见她猛打轮，就像故意要撞警车。

这让我想起电影《安妮·霍尔》中的经典一幕，杜安（由克里斯托弗·沃肯扮演）对艾维·辛格（由伍迪·艾伦扮演）说：

> 有时夜里在路上……开车……看见两点车灯朝我靠近，我突然有急打方向盘、撞上迎面驶来的汽车的冲动。我期待那种碰撞。玻璃炸裂的声音，满地横流的汽油燃起的火焰。

艾维回答："好的，那我不得不……我不得不马上离开，杜安，因为我，我该回地球了。"

站在高处的边缘，比如屋顶，或者悬崖顶上的观景台，你有没有过奇怪的想跳下去的感觉，就像深渊在召唤你，引诱你跳进空无？如果你和毁灭之间只剩抓住石头的一只手，你能确信自己百分之百不会松手吗？在我问自己这个问题，试图量化不可量化的事情时，我在想，这种对自杀的恐惧，对我们实际上可能无法控制自己的行动和思想的恐惧，是不是人们本能地恐惧徒手攀岩的关键原因。

不亲身体验，我无法知道是否会有魔鬼引诱我松开屋檐中的涨手。这不就是亚历克斯魔法的一部分吗？但是我也知道，应该向亚历克斯学习的经验中，真正的精髓不仅是勇于面对自己的恐惧，而且要认真地、有规划地一步步执行。这就是我为什么先侦察"蒙吉内拉"线路，而不是直接去徒手攀爬。这也是为什么我要倾听大脑中那个细微的声音，它告诉我什么可以做，什么不可以做，它让我在这些年活着。那个细微的声音也告诉我，仰角上的涨手不安全。

汤米在美国阵亡将士纪念日那个周末过来了，但很快又要离开。亚历克斯抓住机会，拖着他用5个半小时爬了一趟"搭便车"，创造了这条线路上新的速攀纪录。"亚历克斯火力十足。"第二天我们一起徒步前往"黎明墙"的起点时，汤米告诉我。他说前一天爬"搭便车"时，他努力想象自己是在徒手攀岩。"老实讲，我真的无法理解。"

"你们讨论过这个问题吗？"

"在这个节骨眼上，我什么都不想说。我以前多次表示怀疑，告诉他我对整件事的想法。现在我更想着，'无论如何他都会去徒手攀登酋长岩'，我能做的就是努力提高他成功的概率。这意味着尽量不要干扰他的心理。我不想他在攀岩的时候，因为别人的不理解而自我怀疑。"

我们来到东南壁底部名叫"壁龛"的巨大凹陷处。"黎明墙"和其他几条著名线路——"沉默之墙""麦斯卡力陀"和"南海"都从这里起步，我4条线都完整爬过。汤米和我找到一块平地，背靠岩壁坐下。"黎明墙"的仰角角度非常大，我们甚至能看到它从眼前延伸出去。一个带着红色防雨篷的吊帐挂在大约1 200英尺的高度。

"我在那个营地待过好几个月，"汤米说，"几个难点绳距就在它上面。"我们能够看见一个人正在吊帐上方攀爬，另一个人可能在平台里侧保护他。他们在进行器械攀登，已经在岩壁上爬了好几天。

我问汤米，他觉得亚历克斯掉落的概率是多少。"你觉得他掉的概率能不超过1%吗？"

"不可能，"他回答，"我觉得有10%，如果非要给个数的话。"

"那么高？"

"是的，我知道你算过。如果他爬30次'爆裂光板'掉过3次，那他在那个位置掉落的概率就是10%。并且那不是线路上唯一难爬的、不牢靠的点。如果让我现在去徒手攀登'搭便车'，我更担心上面的一些路段。我爬过15到20次'爆裂光板'，从没掉过，但一直觉得自己在靠运气爬'抱石难题'，昨天我就在那儿掉了。亚历克斯在我上面给我指导动作，但我做空手道踢腿时没蹬住点。"

"你觉得他为什么会掉那么多次？他不擅长爬光板？"

"可能不是。再次重申，我认为亚历克斯攀爬的里程是世界上其他任何人的两倍还多……包括过世的。'爆裂光板'似乎成了他的心魔。"他停顿一会儿，然后补充道，"我想，不待在这里对我是件好事。我真不想亲眼看他爬。"

汤米开始吹口哨。我想知道他这个习惯是不是跟亚历克斯学的，或者相反。我认识的人中只有他俩吹口哨。

酋长岩草地的背后，默塞德河岸边有棵橡树。树干直径有四五英尺，说明树龄在200年左右。浓密的树冠在葱绿色的草地上投下巨大的阴影，但是有几块地方，因为人们坐得特别多，草稍微少一点，且都趴在地上。背靠树干，你可以将整座酋长岩尽收眼底，从左侧的西壁，绕过"鼻子"，沿东南壁一直延伸至马尾瀑布和东支脊。从20世纪50年代旧金山"垮掉的一代"到60年代的嬉皮士、岩石大师、琼戈一族，再到岩猴，人们总是在这棵树下坐着，望向高处，欣赏这座宏伟的岩壁。在攀岩者眼中，它是一棵特别的树，不仅因为树的根部撒过一些迪恩·波特的骨灰。

由于春汛，河流淹到了一部分草地，但我还是在树下找到一块干燥的地方，架起望远镜，然后坐进营地椅中。从岩壁最顶上开始，我移动望远镜向下查看岩壁，直到发现亚历克斯和切恩吊在"抱石难题"上方的保护站上。去年秋季亚历克斯离开峡谷时，已经连续攀爬"搭便车"的这处技术难点大约15次，一次都没脱落。我知道今年春天他又爬过几次这一段，其中两次是从头到尾完攀整条线路，据我所知，他还没有在上面掉过。

你可以尝试攀爬一条线路上百次，在做同一个动作时脱落上百次。但只要成功一次，你可能从此以后每次都能做到。为什么会这样？当你明明有能力做一个动作，是什么心理导致你无法一次完成？在做处于或接近能力极限的攀岩动作时，有一种难以形容的武士精神，一种抓一个点时必须调动的狠劲。没有那一点额外的劲头，你的手指会一次次摸到那个点，但就是抓不住，有时感觉像是故意不抓住。这种现象在攀岩圈非常有名，我们甚至有个描述它的术语："滑手"。

但是，一旦你向自己证明，你能做到那个动作，甚至完攀整条线路，心里就仿佛打开一扇小门，那种你能做到、你能成功的信念，会产生一种强烈的积极想象。高尔夫球手非常善于使用这种技巧击球，想象球滚进球洞的画面，就有更高的概率将球打进。演员吉姆·卡里讲过自己用积极想象获得事业成功的故事。1987年，在成名之前，他给自己写了一张 1 000 万美元的支票，备注栏里写着"演出费"。他一直把这张支票放在钱包里带在身上，直到1994 年终于拿到让他走红的角色。

某种意义上，亚历克斯爬"搭便车"也是这么做的。他花大量时间演练线路动作，部分原因就是为了记住动作顺序，了解动作的复杂之处，这将让他在无绳攀爬时有最大的犯错余地。而在做难点动作时每成功一次，他的心理盔甲上就能增添一些链环，进行终极攀登时，这副盔甲将为他防身护体。

所以，看见亚历克斯在接近"抱石难题"顶部的位置荡下岩壁时，我不得不眨眨眼睛，确保自己没有看错。距离太远，我看不清他是在哪个动作上掉的，但前一秒他还在岩壁上，下一秒他就坐在了安全带上。他在绳子上吊了一会儿，然后回到岩壁重新攀爬，爬到保护站。几分钟后，他和切恩沿线路同时下降。

他快降到底时，我收起自己的东西，徒步去岩壁底部见他。我在树林中找到一根树枝，徒步时当拐杖挂着。

"你看上去像童子军的领队，"亚历克斯笑着说，"嘿，很漂亮的 T 恤，你去圣米歇尔山了吗？"

"我没去，这是我儿子威尔送我的，他刚刚参加了他们高中组织的一个法国交流项目。他说那是他在法国最喜欢的地方。他给我带了这件 T 恤，还有一些圣米歇尔山特产的盐，应该是从当地库房免费拿的。"

"很有意思，"亚历克斯说，"我能想象出来。我还是个孩子时去过那儿，记得我爸妈给我买了一个小型玩具弩。"

"你那时候多大？"

"好像是 4 岁。"

"你能记住那么小时候的事？"

"记得，很奇怪吧？"

是有点奇怪，因为亚历克斯在其他场合告诉我，他几乎记不清少年时代的任何事。

徒步下山的路上，亚历克斯停下看手机。我本来以为他在发信息，直到他说："哇，特朗普刚刚让美国退出《巴黎协定》。真让人郁闷。"这个消息刚刚公布。亚历克斯看起来十分沮丧。

"你知道他会这么干，对吧？"

"我知道他们都这么说，但还是抱着希望。"

亚历克斯不会过多谈论环保，但这是他最坚定的信念之一。特德·赫瑟，就是那个分享给他能源报告的家伙，现在在为霍诺德基金工作，他告诉我，亚历克斯最近写了一张 5 万美元的支票，帮助在埃塞俄比亚启动一个草根太阳能新方案。这是我第一次听说这件事。如果没跟特德一起攀岩，我永远不会知道。没有媒体报道，亚历克斯的社交媒体上也没有发帖。

"你在上面爬得怎么样？"

"一切顺利。"亚历克斯说。他要么是忘了在"抱石难题"的脱落，要么是选择不去想它。"线路状况很好。我用镁粉做的所有标记都在，而且完全是干的。条件非常理想，我想就这样了吧，我应该不会再回去检查了。"

他听上去为终于完成线路准备感到轻松，但是这些年来无数次上下酋长岩，已经对他的身体造成影响。他双眼呆滞，眼角的鱼尾纹比我印象中更深。几天之前，我坐在他房车的副驾上时，他又做了一次指力板训练，当时他坦言自己极度疲劳。"每次徒步去酋长岩顶，我的双腿都像灌了铅一样。"他说他整个冬天都感觉很累，有许多天他都不满意自己的攀爬表现。但是他确实有一周的"超凡"体验。一路上我都在想，他如何能够掐准时间，在感觉超凡的那天去爬。每有一位在奥运会上创造个人最佳成绩的运动员，就有十多位运动员没有在必要时刻调整到最佳状态。但亚历克斯徒手完攀"搭便车"比赢得奥运奖牌的机会更渺茫。他在努力追求的事，就好比在两栋相距29.5英尺的摩天大楼之间创造跳远的世界纪录。

我们沿着山路漫步下山，酋长岩就在身后，我突然想到，也许比以往任何时候都深刻地领悟到，走在我前面的这个家伙其实跟我们其他人一样，只是我们不爱承认这一点。他有偏头痛，特别爱吃甜食。他有时会感觉步履沉重。虽然不好意思承认，但他偶尔也会意外冲坠。

"桑妮还在这里吗？"我问。

"不在，她昨天离开的，回我们在拉斯维加斯的房子去了，其实是我要求她离开的，她也不介意。"

"光板爬得如何？"我问亚历克斯。

"非常不稳，我还是总觉得脚会滑。但同时也会想，每次都站住了。"

我没有说出自己的想法。事实上，不是每次都站住了。

走到我的车那儿时，我们看见汤姆·埃文斯和几个人坐在草地东侧的一棵树下，用一个巨大的望远镜打量岩壁。毫无疑问，他们刚刚看了亚历克斯从"搭便车"上下降。汤姆已经70多岁，爬过5次酋长岩，做了个名叫"酋长岩报道"的网站，用图片和日更博客记录酋长岩上的攀登。他是亚历克斯的朋友，自从十多年前亚历克斯第一次走进峡谷，他就在草地上观察和记录亚历克斯在酋长岩上的每一次攀登。亚历克斯告诉我，汤姆知道计划，并且已经问过亚历克斯在爬之前能不能告诉他，让他能拍照。

"他怎么知道的？"我问。

"因为他不傻。"亚历克斯回答。

在汤姆·埃文斯进入峡谷之前，我就已经开始在酋长岩上攀岩。他开始做网站后，我非常讨厌知道有人在底下盯着我爬，然后写来放到网站上。我知道汤姆获得了广泛的支持，不懂为什么其他人和我的感受不同，我感觉那就像让一个陌生人进入自己的卧室。知道自己被人观看削弱了攀爬酋长岩的魔力。我非常不支持他的这项工作，之前一直没看过他的网站。直到最近我才去看了，主页上有免责声明，写着如果不想被拍就通知他一声，他不会去打扰。我意识到，自己现在做的事情跟汤姆做的一模一样。

开到麦克家时，我们看到亚历克斯的房车旁边停着一辆蓝色小型掀背车。"哇，我妈来了。"亚历克斯说，看上去有点吃惊。

我们发现她在前廊跟两个朋友吃午饭。亚历克斯和我拥抱了他妈妈，然后她给我们介绍两个从法国来旅游的同伴。迪尔德丽·沃罗尼克（离婚后她改回自己的娘家姓）又高又瘦，手指跟她儿子的一样有特点，但不像亚历克斯的那么肥，而是又长又细，指节明显。我记得亚历克斯曾经告诉我，他妈妈一直在弹钢琴。我第一次见到她是在 2013 年，她那时来新罕布什尔攀岩。出发之前，她给美国高山俱乐部的会员写了一封邮件："我是亚历克斯·霍诺德的妈妈，也是一名攀岩者，今年夏天想去东北部爬一爬，希望找一些搭档。"

去年 11 月，在亚历克斯第一次尝试徒手攀登"搭便车"的几天前，我跟迪尔德丽去攀岩。感觉有点神奇，因为她不知道儿子的计划，我也没有提，但在我们攀岩的前一天晚上，她给我讲了她第一次，也是仅有的一次看儿子徒手攀岩的故事。她和亚历克斯在东海岸自驾，去参加家庭聚会，路上，当时 17 岁的亚历克斯问她能不能在山瓦岗停一下，这是纽约城外卡茨基尔的一个热门攀岩区域。他们在著名悬崖"走进陷阱"下面徒步，亚历克斯突然不见了。迪尔德丽看看山道上下，不知道他能去哪里。后来她终于抬头看见正吊在头顶岩壁上的亚历克斯。"快下来。"她高喊。"我没事，妈妈。"亚历克斯回答。

"看着他不带绳子爬那么高是什么感觉？"我问迪尔德丽。

"嗯，我不得不强迫自己相信他的判断，因为我对这种情况没有任何判断力。我当时想，'算了，他明显知道自己在做什么，由着他去吧。'"

第一次徒手攀岩后的这些年间，亚历克斯慢慢成长为一名无人可及的攀岩者，他从没在重大攀登之前告诉过妈妈。当然，迪尔德丽事后总能听到关于他的攀登的消息，她还细心收集报纸、杂志和互联网上关于儿子探险的报道。做成的剪贴簿被亚历克斯的朋友们称为他的"荣誉殿堂"，现在还放在迪尔德丽家中的咖啡桌上。我很好奇，父母在听说孩子无绳攀爬了一座 2 000 英尺的峭壁时，心里会怎么想？

"长舒一口气，类似这种心情，"她说，"也会想：'哇！我儿子做了这个？'他完成了这些杰出的、不同寻常的事，其他人都做不到的事。这是一种荣誉。但我也希望他不去做。"

我为他们四人拍了张合影。亚历克斯和迪尔德丽在用法语对话，我的法语很糟，但听起来像是迪尔德丽问亚历克斯，愿不愿意跟他们一起去徒步。"好的，好的。"他用法语回答。亚历克斯完全没说他即将做的事，他妈妈也没问。但是在我跟他们道别时，她向我投以询问的眼神。几天前，吉米告诉我，迪尔德丽已经想到了。她知道。

可怜的母亲。我一边想，一边跳上租来的车，留下亚历克斯陪他妈妈和她的朋友。

我在福雷斯塔租房的地产商在举办一场音乐节，乐队就住在我的公寓内，所以第二天我必须搬走。我打了公园的预订电话，看有没有奇迹发生，或许营地、帐篷小屋或酒店房间能空出来一间，但跟预料中一样，完全没有空的。今天是 6 月 2 日，周五，公园里挤满游客。优胜美地提前 6 个月开放预订，为了订到一间房，你要在可以登记注册那一刻迅速拨打电话。我想自己只剩一个选择，那就是回到年轻时经常睡的一个山洞。

往包里装睡袋和枕头时，我的手机响了。

"看来他要爬了，我一两个小时内上去。"吉米发来短信。亚历克斯那天早上去抱石，下午跟他妈妈和他妈妈的朋友去徒步。他之前告诉我，爬之前会休息整整两天。他妈妈还在峡谷中。我本以为他在妈妈走之前不会去爬，因为他妈妈跟桑妮一样，会给他带来心理负担，而他不会想带着这种负担出发。也许他就是等烦了，我想。

现在我不想睡石头底下了。因为运气不好的话，我会被逮到，赶出公园。灵机一动，我拨通埃尔波特尔一家酒店的电话，它就在峡谷外。他们有顾客取消预订，房价是210美元一晚。说完"我要了"，曾经花107美元在优胜美地度过一整个攀岩季的老马克爆了句粗口。

半个小时后，我把车停在酋长岩草地西侧的停车区，靠近我计划第二天早上观看亚历克斯攀岩的地点。我站在驾驶座门外，开着车门，拉开一罐啤酒。汽车电台中播放着芝加哥的《如果你现在离开我》，我看着余晖慢慢爬上酋长岩西壁，循着林线之上的"搭便车"向上看，发现一队攀岩者正在"猛犸阳台"搭吊帐过夜。我想起在酋长岩上的吊帐里度过的数十个夜晚，我用擦满镁粉的手拿着一罐酒，背靠岩壁，觉得石头像火炉一样散发热量。我们过去经常用胶布和坏睡垫的泡沫包着大型手提收音机，在岩壁上一路拖着，整天都听104.1频道的老鹰电台——正是我此刻听的这个电台。我想知道现在还有没有人一边攀岩，一边听电台，譬如"猛犸阳台"上的人现在是不是正在听芝加哥，他们早上醒来将目睹奇异的景象。

我试着想象亚历克斯在岩壁上的样子，但内心又不愿去想，反而冒出一幅画面。亚历克斯从"粪堆"底部附近的树林中大步走出，他满脸红光地走到我身边，给我一个大大的拥抱。我看看周围，附近没人。我趴在前臂上，泪水滑过脸颊，滴在车顶上。

2017年6月3日，亚历克斯醒来时箱子里一片漆黑。好的，出发去爬。但拿起手机后，他失望地发现才凌晨两点半。他翻个身，接着睡了。两个小时后，闹钟响起。他双腿摆到床边跳下床。站定之后，他感觉状态不是太好。昨晚睡下时头痛，现在还有点，可能是因为前一天下午一直在看《霍比特人》。不知道为什么，白天看电影经常让他头痛。或者也可能是过去两天徒步时说太多法语累的。

他打开车顶灯，前一天晚上准备好的早餐就在台面上——一碗堆着奇亚籽、胡麻和蓝莓的燕麦片。他从小冰箱里取出一盒火麻奶浇在上面，捧着碗坐进副驾，把碗放在大腿上。这种燕麦片是他特意留着今天早上吃的。过去几天，他一直在吃优胜美地杂货店里卖的另一种燕麦片，他不太喜欢那个口味。因此，吃到一半就失去胃口时，他非常吃惊——他吃早餐通常都是狼吞虎咽。

亚历克斯爬进驾驶座，慢慢倒车驶入丢箭路。右转弯进入橡树道，慢慢驶过优胜美地幼儿园门口的两个减速带。一分钟后，他进入通向酋长岩的环路。

来到小路起点，天仍然很黑，所以他戴上头灯。他背了一个黑色小包，里面装着攀岩鞋、粉袋、水瓶和一块巧克力。他穿着一双磨破的接近鞋、他的哈克贝利·芬裤子、红色T恤和一件薄抓绒帽衫。快到岩壁底部时，他听到一阵骚动，抬头看见一只熊正在拨动灌木，朝"鼻子"线路下方的固定路绳走去。亚历克斯看着上方 3 000 英尺的垂直岩壁，对自己说，真是个大岩壁。然后他坐下来，穿上攀岩鞋。几分钟后，他将粉袋系在腰上，在手机上打开收藏的播放列表"极恨摇滚"，找到第一个脚点，开始慢慢向上攀爬。

他刚刚离开地面就听到树林中传来叮当声。3 个攀岩者从树下冒出，往岩壁上看。"爆裂光板"的第一个绳距上有个人，穿着红T 恤和裤脚参差不齐的黑裤子，没系绳子。

"天哪，"其中一个说，"他真的要爬了。"

凌晨 5 点 35，一个小点出现在丛林上方。我坐进营地椅，感激身上蓬松的外套、帽子和手套。车上的温度计显示，气温不到15 摄氏度，草地上弥漫着雾气，体感还要更冷一些。高高的草上沾满露水，我膝盖以下都被打湿了。时间还早，所以没有游客，公路上很安静。唯一的声音是高处的风声，岩壁上的亚历克斯应该能感受到微风吹拂。我拉上兜帽，尽量忽视周围的蚊群，透过望远镜的目镜搜寻亚历克斯。在取景器里找到他时，他已经离开地面 150 英尺——深入死亡区域。他稳定地向上攀爬，我需要不停地调整望远镜的角度，才能让他留在视野中，观察范围大概是直径 100 英尺的岩壁。

他的左屁股后有个小红坠，是他把帽衫卷起来系了腰上。他既没有穿上它，也没有把它留在下面，这让我觉得有点奇怪。我从埃尔波特尔开车上来时，天是灰的，黎明时的天总是这样，但今天一直都是灰蒙蒙的。高空中有朵乌云挡住了太阳。

12 分钟后，亚历克斯翻上第 4 个绳距的小平台。他伸手解开左脚的鞋带，拉下鞋后跟，又拉下右脚的鞋后跟。再往上是第一个光板难点绳距。上个秋季让他无功而返的那个动作就在上方50英尺的位置。亚历克斯向下直直看着望远镜的镜头。我怀疑他能看见我，但还是紧盯他的双眼。跟往常一样，这双眼睛睁得很大。我将这个细节用短信发给彼得·格温，他已经回到华盛顿《国家地理》总部，更新那个谷歌文档。重新在望远镜里找到亚历克斯时，我回想起川口塔上的往事。这么多年后，我仍在努力将攀登的独特体验分享给他人——只是现在我在镜头的另一侧。我们说是为自己的灵魂攀爬，但事实上，对于大多数人而言，跟他人分享才让自己的经历有意义。

米凯伊站在我旁边，他穿了件三色棉质帽衫，正用架在三脚架上的大摄像机拍摄。几周之前，他在滑雪时拉伤膝盖，走路有点跛，所以不能到岩壁上拍摄。

去年秋季那次尝试后，亚历克斯经过深思熟虑，决定在难点绳距不放摄影师。吉米和亚历克斯过去几周一直在讨论这些细节，不久前达成一致意见，决定只让吉米和切恩到线路顶部拍摄——亚历克斯在这个区域从来没有掉过。当然，亚历克斯攀爬光板和"抱石难题"的近景对于电影十分重要，所以他们合计出一个折中方案：吉米把相机固定在岩壁上，在亚历克斯攀爬时远程控制这些相机拍摄。整条线路的大部分路段，包括所有困难路段，亚历克斯都不会看到摄影师。但我还是怀疑他能不能屏蔽盘旋在他周围的虚拟存在。他能进入让他找到重要的流畅状态的禅定吗？第一次尝试之后，整个冬天，以及一周前我们在他房车中闲聊时，他多次向我提到：他宁愿我们不在酋长岩底下，或者附近。虽然他看不见我们，但知道我们在观看他的一举一动也会让他分心。

亚历克斯现在处于典型的左右为难的境地。毕竟拍摄这次攀登是他的主意，并且他仍然想让自己生命中最伟大的成就被拍下来。退出游戏，让吉米空等一场，为时已晚。

我感觉他在那个平台上站了半个小时，但他重新穿上鞋子时，我看了下手机，发现仅仅过去两分钟。这将是个漫长的早晨。亚历克斯再次出发，翻上一个小屋檐，抹脚进入难点。

"我看不了这个。"米凯伊说着，从摄影机旁走开。

没关系。他在重大徒手攀岩开始时总会这样，需要花点时间才能找到流畅状态，才能相信自己会发挥出最好的攀爬水平，开始忘我地爬。如果滑了呢？那就是做事情的代价。在以往的每次重大徒手攀岩中，他都通过用力抓点来弥补身体的僵硬。他的手指非常有力，有时甚至要注意别拉断点。但现在的问题是：没有手点。除了相信脚，别无选择。

但他去年秋天在岩壁上发现一个小褶皱，跟活页笔记本的页边穿孔差不多大。它甚至算不上一个点，几乎像个镁粉记号——提示你手放哪里。他很高兴找到那个点，因为即使不能抓，知道指尖下有点东西也让人欣慰。现在，这个点就在他面前。但他没把手放上去，而是伸到高处，食指和拇指穿过挂片孔，像比 ok 一样捏在一起，小心翼翼地不让手指碰到挂片。他的理由是，只要没抓挂片，就不算作弊。几天前我们一起爬完光板后，他下去试那个动作时，决定采用这个折中方案。我们一起徒步下山时，他告诉我："我在第 5 个绳距的第一个光板难点那儿尝试了这个新方法。也就是在我秋季放弃的那个烂脚点上做动作时，我把手指捏在挂片孔中，可以不碰挂片做成。"

"漂亮，就像你在半穹顶上把手指放在锁孔中间那样，是吧？"

"是的，一模一样。但如果掉了的话，我肯定会折断手指。"

"啊……"

"是的，总比摔死强。"

亚历克斯往上看，十分感谢没有摄影师吊在上面。这一次他是孤身一人。

他慢慢将重心推到那个烂脚点上，手指悬浮在挂片孔中，像在玩做手术的游戏，正设法取出病患手肘的骨头。他抬起左脚，有一两秒的时间，身体展开，像跳台滑雪运动员一般做出雄鹰展翅的姿态。他将重心转移到右脚，左脚抬到同一个点上方，迅速换脚。下一秒他抓到大点，通过了难点。这一串光板动作大约耗时 20 秒。在相当于两次深呼吸的短时间内，地球上恐怕没有人像他那样命悬一线。即使只是打个喷嚏，也可能成为他做的最后一个动作。

他快速向上爬过一块鲜艳的绿色苔藓，进入曲折的方解石带，这部分路线像条白色巨蛇，蜿蜒向上。在第 6 个绳距下方的大台阶上，他左手抓住一个大点，然后换到右手，倾身向左，慢慢放低重心，左脚踏住岩壁，颠了一下，落下蹲住，右膝弯起，像瑞士军刀上收起的刀刃。

"那可不好玩。"我默默说。米凯伊在我旁边几英尺处，仍然背对岩壁。即使远隔半英里，我们也能看出，亚历克斯动作僵硬。但是他过了难点。不到 3 分钟，他就将两个光板难点甩在身后，这些动作困扰了他多年。他摸爬到上方的平台，坐下来，用接下来的两分钟解开鞋带，放松脚趾。他没注意到，头顶的岩石上刻着"奴隶"一词。

福雷斯特·奥尔瑟尔做了个梦，梦到自己醒了，但其实仍然在梦中。他从睡袋中瞧出去，跟一个悄悄经过的攀岩者对视一眼，后者的绳子将福雷斯特和搭档杰夫压在岩壁上。就在这个梦变强烈时，福雷斯特醒了过来，看见一个人影正在往平台移动。哦，天哪，他来了，他心想。

然后他看见红 T 恤和黑裤子，他很清楚那是谁。天哪，那是亚历克斯。虽然 Camp 4 的每个人都在谈论这场徒手攀岩，但亲眼见到这一幕还是令他目瞪口呆。

"你们看上去累死了。"亚历克斯说。

"绝对没有，哥们儿，"福雷斯特申辩道，"我们没在平台上拉屎❶，我们有便桶。"

福雷斯特可能还没睡醒，也可能因为刚刚做的噩梦，或者只是因为他满脑子想的都是大便；毕竟作为一个传染病专家，他已经研究了数十年粪便。他穿着独角兽连体衣，正在完成全国经典线路的"独角兽首攀"，但亚历克斯非常专注，没有注意到这个。

"我不是这个意思，不好意思，我只是说你们看起来很累。"亚历克斯说。

整个对话持续了一两分钟。杰夫后来回忆说，亚历克斯没有表现出在干大事，他说话的语气和耷拉着肩的样子都显得非常随意。"如果是在拍一部电影，他们也许会要求他站直一点，看起来更像超级英雄一点。"他说。

亚历克斯经过的时候，杰夫不知道该说什么好。爬得高兴？

---

❶ 英语里 poop（大便）一词也有"累垮（某人），使（某人）筋疲力尽"的意思，这里福雷斯特误解了。

祝你好运？放松点？这些似乎都不合时宜，所以他选择沉默。

进入"中空岩片"的常规方法是一边让搭档放绳，你一边抹脚横移过一个光板。这叫借力横移，类似钟摆，只不过你不用荡来荡去。这两个技巧在大岩壁攀登中都很常见，常用于通过裂缝系统之间的空白区域。马克·哈顿和马克斯·琼斯最早尝试自由攀登酋长岩的这个区域（1979 年，除去其中的 300 英尺，他们自由攀登了其他所有路段，很了不起），他们发现向下倒攀一条困难的细缝可以避开那段借力横移。亚历克斯一直觉得这个绳距特别困难，因为他的手指太粗，不适合爬这段裂缝，尤其是底部。有次跟梅森·厄尔一起爬这段的时候，他意外脱手了。

虽然自由攀岩者不愿承认，但在横移或倒攀时，很容易借到绳力。如果搭档放绳慢一点，一点点的拉力就能防止你滑脱。

1979 年，在科罗拉多州埃尔多拉多峡谷的"精巧杠杆"线路上，约翰·巴卡尔就发生过一次广为流传的事故。他当时刚爬完这条线，在离地 20 英尺处有个比较独特的动作，要蹿起来抓屋檐边缘的一个大点，动作难度大概在 5.12。他觉得自己爬得特别稳，回到地面上后，决定徒手攀爬这条线。在难点处，他蹿出去，轻松抓到那个把手点。但没有意识到，第一次做这个动作时，绳子给了一点拉力，减轻了他向外摆荡的幅度。现在没了绳子，他向外摆荡到整个身体完全水平的程度，手从把手点上滑脱。他脚先着地，落在乱石堆中仅有的一块平地上，然后又沿一个大光板向下翻滚 90 英尺。终于停下时，他撑地坐起，心想，天哪，我没事，但下一秒就被一块石头砸中背部，当场晕倒，那块石头是他滚下山时带下来的。

从数字上看，"恶魔宽缝"是"搭便车"上最简单的绳距之一。路书上将它画成了一条笔直的黑线，难度标的是5.11a。但是熟悉这条线路的攀岩者都知道，它之所以叫"恶魔"，是因为它以生吃活人出名。宽缝是指宽度太大、无法使用标准涨手技巧的裂缝。手掌展平或者横置拳头通常能在宽度小于4英寸的裂缝中卡牢。再大一点，你就要创造性地使用叠手、涨臂和卡肘等动作。宽缝和常规裂缝之间最大的区别是，爬宽缝时无法吊在一只手臂上移动另一只手臂，这意味着在做两个上肢动作之间，要用下肢卡牢自己。宽缝攀登就像背着重包在陡峭的山坡上冲刺。线上路书Mountain Project为"恶魔宽缝"给出的攀爬建议是带上足够多的塞子，原因是筋疲力尽时，你可能需要在裂缝中建临时保护站吊住自己。

亚历克斯非常幸运，因为他有一双46码半的脚，挤进42码的鞋里后，T字卡进"恶魔"中刚好合适。攀岩者称之为"踵趾涨"。他一次又一次地将右脚尽量抬高，侧着卡进缝里，卡住左臂，抬起重心，站起来。没有安全带的妨碍，他的左半边屁股顺畅地在裂缝里滑动。他像一条蛇，有条不紊地向上蠕动，直到屁股在左侧岩壁上找到马桶座大小的一个小平台。亚历克斯趁机欣赏周围的风景，思考现在离他只有100英尺的"抱石难题"。

7点53分，他摸爬到酋长岩尖塔下方的一个凹坑处，酋长岩尖塔是一个150英尺高的平顶塔，像一根竖起的拇指，从主岩壁上伸出。他到得很及时，因为正好要大便。他在塔尖后面找到一个不碍事的地方，拉到了裂缝中。这感觉非常糟糕，他希望下一支队伍到来之前，天会下雨——大雨。但是不得不拉，因为他不能冒着在难点拉裤子的风险。

在"抱石难题"下面的最后一个大平台上，亚历克斯脱下鞋子和 T 恤。那天第二次，他向下直视望远镜镜头，然后拉下裤子——米凯伊戏称为"正面全裸"——撒了一泡尿。之后他坐下，取出提前存放在平台上的水瓶，喝了口水。7 分钟后，他提上鞋子，穿上 T 恤，站起来，像在起跑线上的百米选手一样，摇摇手臂。往手背上涂完镁粉后，他看上去蓄势待发，但又坐了下去，再次脱掉鞋子。

"我看不了这个。"米凯伊第二次躲开。

几分钟后，亚历克斯站在"搭便车"难点下方的最后一个好脚点上。和线路上其他困难路段不一样的是，这里只有一种攀爬方法。而比如光板，就有多种可能，亚历克斯即使弄错一个动作，也有信心通过。又比如"耐力夹角"上有个涨手动作——左手拇指朝上，右手拇指朝下，他在对应的点上做了标记，但他也练习过所谓的"反手"攀爬这个绳距，意思是故意出错手去抓点。他告诉我爬起来并没有难很多。"搭便车"上有数千个动作，虽然已经记住了其中的大多数，但亚历克斯相信自己能一边攀爬一边破解许多动作。进入流畅状态时，他的身体有时比意识更知道该如何攀爬。依靠这种本能，他能对动作顺序做出巨大优化。但"抱石难题"不能这样，这部分有且只有一种通过方式，要像亚历克斯在福雷斯塔给我详细描述的那样爬。他知道如果搞错动作，如果他的拇指按错橡皮擦大小的那个点，他的脚将可能从承受他身体重量的小凸起上滑脱。手点很烂，要是脚也滑脱，他必然会掉下山。

因为是单筒望远镜，我要眯起左眼，用右眼看，眯了 3 个小时后，有点头痛。于是我抬起左手蒙住左眼，我的手掌在出汗，脸上感觉有点潮湿。望远镜带给我一种在屏幕上观看亚历克斯的错觉——就像看 YouTube 视频。但我怦怦跳动的心脏知道，我看到的无比真实。我肯定是看向了别处，因为我不记得看见他做那个空手道踢腿的动作，只记得再看他时，他像舞蹈演员一样水平伸着左腿。他搞定了"抱石难题"——2 100 英尺的高空中，5.13a 的难点，两天前他还在上面掉过。几秒钟后，8 点 23 分，他爬上"抱石难题"上方的平台，转身朝向我们，双手举过头顶。这个举动有点不符合亚历克斯的一贯作风，但他在跟见证这场攀登的我们沟通。他在分享喜悦。

最后几个绳距像是夺冠后的绕场奔跑。亚历克斯在"搭便车"上练习了很长时间，长到许多支点感觉就像老朋友。我喜欢这个动作，当他空手道下劈般在完美的裂缝中涨手、涨指攀爬时，他一遍遍地想。在他欣喜地向上移动时，半英里之下，峡谷谷底像列车组模型一样延伸。行驶在环路上的车辆像火柴盒，古老的黑色橡树像一棵棵西兰花，点缀在酋长岩草地上。默塞德河在太阳的照射下闪闪发光，懒洋洋地沿着草地向沟口流淌。高高的黄金草在微风中摇曳，草地像波浪一样起伏。过去 9 年，这段攀登一直在亚历克斯的脑中回放。他感觉就像自制动作电影中的英雄，而在某种意义上，他确实是。几英尺之外，吉米吊在绳子末端，相机镜头对准亚历克斯。

上午 9 点 28 分，亚历克斯爬上最后一块大石头，酋长岩的徒手首攀用时 3 小时 56 分。没有欢呼的人群，没有喷洒的香槟，没有热情追捧的记者问他，完成最伟大的攀登是什么感觉。亚历克斯走到离岩壁边缘几英尺处，脱掉 T 恤和鞋子。他站在岩壁顶部，眯眼看着早上的太阳，手臂垂在身体两侧，从指尖到大力水手般的小臂涂满镁粉。

亚历克斯后来在 Instagram 上发了张照片，照片上他和吉米在岩壁边缘几英尺处抱在一起。吉米双臂环抱亚历克斯，闭着眼睛，嘴巴大大张开，就像在呐喊。亚历克斯直直站着，几乎高出吉米一头，他咧嘴笑着，一脸高深莫测。部分配文是："我十分激动，@吉米可能更多的是欣慰，他的电影有个好结局。"

10 点，《国家地理》的网站发表我的报道，公布了亚历克斯历史性的攀登。消息马上疯传。

我引用了汤米·考德威尔的说法，他称这次攀登为"徒手攀岩的登月"。

彼得·克罗夫特说："这次攀登后，我真的看不出下一步是什么。这是典型的大跳跃。"

后来《纽约时报》写道，亚历克斯徒手攀登酋长岩应该被誉为"史上最伟大的运动成就之一"。

但是也有一些批评者。《国家地理》Facebook 页面上这条报道的链接下，迅速显示出 2 000 多条评论，我吃惊地发现，很多都是负面的。

蠢货们喜欢这种混球，这就是岩馆的老鼠们出去野攀不戴头盔的原因。你们不应该去外面爬，你们会在岩壁上冲坠 20 英尺，拍碎自己的脑袋，我可不想因为要帮忙把你们摔烂脑袋的尸体搬下岩壁，毁掉下一个攀爬日。

如果他摔下山，谁会为取回他的尸体买单？他的父母？作为一个负责的纳税人，一想起要为这种蠢货买单，我就十分恼火。

　　……运动员们说得就像他们会以某种方式造福人类，这种话我已经听腻了。虽然这个成就本身极其惊人，但它完全没有意义，世界不会因它发生任何改变……为什么不把那些时间和精力用在对他人有益的事情上？

也有数百条评论来自亚历克斯的粉丝和支持者。

　　学着去爱这里所有的抱怨狂，诋毁这个家伙的成就，是因为他们嫉妒有人愿意去冒险，而他们只能坐在家里捧着薯条评判其他人。

亚历克斯从不看这些评论。

11点29分，我听到一声熟悉的口哨声。不一会儿，亚历克斯从树林中走出来，快步走过我等他的那一小块草地。他的哈克贝利·芬裤子和T恤上满是镁粉。亚历克斯给了我一个最温暖的拥抱。我拍拍他的肩膀，退后一步观察他的表情。他在发光。这一幕跟之前我脑海中想象的画面一模一样。十分诡异。

亚历克斯在一块石头上坐下，我坐在他旁边的泥地上。天很热，蚊子围着我们嗡嗡地飞。我注意到他的嘴唇上方有一道细细的黑线，是胡须。他不属于那种毛发长得快的人，我不禁想，他有多久没剃过胡子了。我低头看他的鞋，鞋带从塑料壳里脱了出来，还断过，被他临时绑了回去。亚历克斯从背包里掏出一个苹果，问我有没有水。我递给他我的水壶。

"所以，一切都很顺利？"我问。

"相当完美。除了我不得不在尖塔后面上个大号，感觉很糟糕。但这也是迫不得已的事情。我希望一段时间之内没人去爬'艾克斯卡利伯剑'那条线。一想到要徒手攀爬难点，我就吓得想去大号。"

我们坐在通往"粪堆支脊"的小路边大约100英尺处。带着绳子和装备上上下下的攀岩者都往我们的方向看。现在，全世界都在报道亚历克斯的成就，攀岩者们从手机上就可以读到。"嘿，亚历克斯，很高兴你没死。"一位路过的攀岩者喊道。

远处，一群人正在爬岩壁上最热门的一条线路——"下班之后"。这是优胜美地最容易的多段线路之一，也在我要徒手攀登的线路清单上。但迄今为止，我一条都没爬过。

我问亚历克斯在攀爬过程中除了思考动作外，还想了什么。他说在比较简单的路段上，他已经开始考虑他的下一个目标——完成难度为9a（相当于5.14d/5.15a）的线路，比世界上最难的线路9c低两个级别。刚完成历史上最伟大攀登的亚历克斯，期待变成世界上最优秀的运动攀岩选手之一——大约排名前50，这让我觉得有点荒谬。但是9a刚好比亚历克斯当前的最高攀爬水平难一个级别，他需要借助绳子才能完成。而更高的攀爬难度将打开更多的徒手攀岩项目。"想象一下，如果我像亚当·翁德拉那样强，我能完成什么样的攀登。"有一天，亚历克斯在吊指力板的间隙对我说。

"所以，游戏还会继续？"我问。

"一直以来，我为徒手攀登酋长岩而努力是一种策略——越过它向前看，思考前面是什么，还有什么事情让我兴奋。所以我感觉这只是一个普通的半天。我想去吃午饭，到阴凉处待着，然后可能要吊会儿指力板。"

"一般人徒手攀登完酋长岩后，可能会休息一个下午。"我回答。

"但是我每隔一天就要吊指力板，今天是要训练的日子。"

一个小时后，我在麦克家门口，坐在亚历克斯房车门外一个底朝天的独木舟上。鸟儿在头顶橡树的树枝间啁啾掠过。优胜美地瀑布在远处咆哮，人们太习惯它的存在，因而很少留意它。丢箭路上没有新闻车，没有粉丝团，没有前来道贺的公园管理员，只有亚历克斯和我。桑妮正在去机场的路上。亚历克斯登顶后不久就给她打了电话，她哭了。"我很难过自己不在现场的唯一原因是，我想看你笑，那种不经常出现的咧嘴傻笑，"她说，"但透过电话我能听出来。"

我坐在那里，看着亚历克斯。他光着双脚，赤裸上身，只穿一条鲜红色的短裤，双手吊在指力板上。因为他每隔一天就要吊指力板，今天是要训练的日子。

作者手记

《国家地理》杂志委托我报道亚历克斯·霍诺德徒手攀登酋长岩，在这个过程中我有了写这本书的想法。杂志文章定于 2019 年 3 月发表。本书中的一些内容和那篇文章有重合。

这些年来我为《攀登》《男士》《国家地理》和《户外》杂志撰写了一些作品，这本书也用到了其中一些文章，有些我逐字摘选进了书中。

其他资料来源包括电影、YouTube 视频、社交媒体、线上论坛、播客、图书、文章、新闻报道和无数的聊天、采访。很多时候，行文中已经标明信息出处，无论是杂志、书籍还是个人，都已经在使用时标出。引用中出现的一些材料取材自这些年来报道亚历克斯的许多文章，出处都已说明。但有一处例外，亚历克斯说自己是一个"瘦高难看的"少年，他是引用了约瑟夫·胡珀给《男士》写的文章——《亚历克斯·霍诺德的极致冷静》（"The Radical Calm of Alex Honnold"）。

本书中的有些故事发生在许多年前。第二章我主要凭记忆重现我的少年时代。这些故事我讲了数十年，也尽最大努力准确讲述，但记忆会有欺骗性。

第三章参考的材料包括约翰·朗的《尘土中的故事》(*Stories from the Dirt*)、沃伦·哈丁的《死命向下》、特里普·加布里埃尔1983年发表在《滚石》杂志上的文章《峡谷男孩》("Valley Boys")、伯尔·斯奈德1986年发表在《旧金山观察家报》上的专题报道《蝙蝠人沃伦·哈丁的一生》("The Life of Warren 'Batso' Harding")，以及格雷格·尼科尔斯发表在《男士》上的《毒品湖传奇》("The Legend of Dope Lake")。朗和迪恩·菲德尔曼给我分享了很多他们对巴卡尔和岩石大师的回忆，为我提供了很多写作素材。对于想要深入了解优胜美地攀岩历史的读者，他们合著的《岩石大师：70年代的加州攀岩者和50年代的优胜美地》(*The Stonemasters: California Rock Climbers in the Seventies and Yosemite in the Fifties*) 不可错过。我也从 SuperTopo 的各个论坛搜集到很多材料，这是个很容易让人逛入迷的论坛。

第四章参考了两篇关于亚历克斯的专题文章：亚历克斯·劳瑟为《登山家》写的《越来越不孤独》("Less and Less Alone")，以及塞思·赫勒发表在《岩与冰》上的《顶峰上的景色》("A View from the Top")。亚历克斯在塔拉克山上滑坠的故事，主要来自他和他妈妈的讲述，也参考了当时的新闻报道。这一章（包括整本书）的写作也得益于亚历克斯与大卫·罗伯茨合著的自传《孤身绝壁》。亚历克斯在塔拉克山上滑坠后的日记文字（"滑坠，摔断手……被直升机救援……"）直接摘自这本书。本书中的一些对话也摘自《孤身绝壁》，比如亚历克斯徒手攀登完半穹顶，在下山途中与徒步者的对话。

关于优胜美地早期的历史，包括马里波萨部队的故事，取材于拉斐特·邦内尔的著作《优胜美地的发现和 1851 年的印第安战争》，本杰明·马德利的《一场美国式种族灭绝》和丹尼尔·杜安发表在《纽约时报》上的文章《名字中包含什么？》（"What's in a Name"）。我跟马德利和杜安交谈过，跟加州大学默塞德分校的蒂妮·马特洛克教授通过信，确认过这些内容的真实性。

锡达·赖特、詹姆斯·卢卡斯和杜安·罗利的许多文章，提供了许多关于亚历克斯、约翰·巴卡尔和迈克尔·里尔登的宝贵信息。赖特在《攀登》杂志的专栏"赖特的爆料"，是岩猴故事的重要素材。

第五章参考了我在大川口塔远征的日志，以及打印出来的 Quokka 的全部网页，这是我父亲在我远征期间保存下来的。我也从那时为《攀登》杂志写的文章中获取了很多素材。珍妮弗·洛-安克尔的优秀著作《别忘了我》（*Forget Me Not*）写到大航海峰和大川口塔远征，为本书的写作提供了很多帮助。本章的一些对话引自我们当时制作的影片《大川口塔：垂直一英里》（*Great Trango Tower: A Granite Mile High*），可以在 YouTube 上观看。

第六章取材自我在婆罗洲远征中写的日志，以及我为《男士》写的文章《婆罗洲的深渊禁地》（"Borneo's Forbidden Chasm"），另一个重要参考资料是理查德·康诺顿的著作《降入混沌》，以及当时救援期间的无数新闻报道。

关于迪恩·波特的大部分内容都来自多次访谈他的两位好友迪恩·菲德尔曼和吉姆·赫斯特。我也看了 YouTube 上无数关于迪恩·波特的视频，包括《艾格峰跳伞》（*Eiger Jump*），里面有波特在"深蓝海洋"线路上背伞徒手攀岩的精彩镜头。书中"像浮游生物一样生活"的表述，引自马特·萨梅特为《线上户外》撰写的佳作《迪恩·波特如何成为人人喜爱的翼装飞行高空扁带速攀者》（"How Dean Potter Became Everyone's Favorite Wingsuited Slacklining Speed Climber"）。

第八章的很多材料来自约瑟夫·胡珀，他跟我分享了写作《亚历克斯·霍诺德的极致冷静》时的笔记。这些材料对我重现汤米·考德威尔和凯文·乔治森登顶"黎明墙"的故事很重要。关于"黎明墙"这部分内容的其他参考资料包括汤米的自传《攀岩人生》、安德鲁·比沙拉特为《岩与冰》杂志和他自己的网站EveningSends.com 写的许多文章、约翰·布兰奇发表在《纽约时报》上的大量关于这次攀登的文章、伯尔·斯奈德发表在《旧金山观察家报》上的哈丁专题报道、哈丁的著作《死命向下》、1970 年11 月 CBS《晚间新闻》广播。

第九章的主要资料来源是 J. B. 麦金农，他不遗余力地帮我理解亚历克斯在南加州医学院做的脑部扫描。重现这个故事时，我在很大程度上依赖对麦金农的采访，以及他发表在《鹦鹉螺》杂志上的文章《世界上最伟大徒手攀登者的奇怪大脑》（"The Strange Brain of the World's Greatest Solo Climber"）。简·约瑟夫博士和约瑟夫·勒杜为我详细解释了这方面的课题研究。对于想深入了解杏仁核的读者，勒杜的著作《焦虑》（Anxious）是必读书。

最后三章的故事，包括摩洛哥的攀登和优胜美地的两次攀登，都取材于我做现场报道时记的大量笔记。大部分对话都是采访或聊天的文字记录。对于转述给我的故事，我基于受访者记忆中的谈话将其重现。在一些场景中，我无法记笔记或录音——比如跟亚历克斯一起爬酋长岩时。也有许多次跟亚历克斯闲聊时，为了尽可能让对话真实、自然，我会特意不记笔记。这种情况下，我会在事后尽早凭记忆记下笔记。如果不确定自己的记忆是否准确，我会跟相关的人进行事实确认。比如亚历克斯第二次尝试徒手攀登酋长岩时，有几个攀岩者在他出发时说"哦，天哪，他真的要爬了"，这话是别人转述给我的，但我找亚历克斯确认过。这个场景也出现在了 J. B. 麦金农给《纽约客》写的《亚历克斯·霍诺德的完美攀登》（"Alex Honnold's Perfect Climb"）中。

致谢

本书能够呈现在读者面前，最大的功臣非我的朋友、"疯狂小子"杰夫·查普曼莫属。如果你喜欢这个故事，请向杰夫致谢，他花了大量时间编辑、分析我的手稿，给我提供反馈意见。他的洞见有时是神来之笔，让我禁不住振臂高呼，就像我刚刚徒手登顶酋长岩一样。非常感谢你，杰夫，希望有一天我能回报你的帮助。

我也很感谢《国家地理》杂志，以及我的编辑彼得·格温，是他委派我去报道亚历克斯·霍诺德历史性的徒手攀登酋长岩。没有《国家地理》的支持和对这个故事重要性的信念，就不会有这本书。同样，我要向吉米·金表达深深的谢意，是他找我合作，邀请我加入他的项目。他和妻子伊丽莎白·柴·瓦沙瑞莉联合执导电影《徒手攀岩》，讲述了亚历克斯这场不可能的攀登，阅读本书的人都不该错过。

没有亚历克斯·霍诺德，就没有故事可讲。谢谢你，亚历克斯，感谢你的友谊，感谢你保持真我，感谢你的激励和支持，感谢你相信我能把这本书写好。感谢卡桑德拉·"桑妮"·麦坎德利斯坦率地跟我分享故事，跟我一起攀岩，甚至照顾我的儿子托马斯。

我还要感谢亚历克斯的妈妈迪尔德丽·沃罗尼克跟我分享亚历克斯小时候的故事。（并且祝贺迪尔德丽，在66岁创造攀登酋长岩的最高年龄纪录。）

写这本书的大纲期间，我参加了一个小组讨论，碰巧坐在作家弗吉尼亚·莫雷尔身边。感谢弗吉尼亚将我引荐给她的图书代理吉莉恩·麦肯齐。吉莉恩不仅跟我志趣相投，而且工作出色，帮我为这本书找到完美的编辑和出版商。我也要感谢吉莉恩在麦肯齐-沃尔夫公司的合伙人柯尔斯滕·沃尔夫，以及他们的助理艾莉森·德弗罗。

吉莉恩将我介绍给达顿公司的斯蒂芬·莫罗时，我感到非常荣幸。从我们第一次坐下聊天那一刻，他就明白这本书该是什么模样，甚至比我更清楚。在我们一起打磨手稿的一年半中，他一直引导这个项目，始终相信它会成功，这让我能写下去。在这个过程中，斯蒂芬也成为我的好朋友，我可以肯定地说，没有他的专业和热情，这本书的质量将大打折扣。我还要感谢达顿公司的约翰·帕斯利、克里斯汀·鲍尔、阿曼达·沃克、马德琳·纽奎斯特、利安·彭伯顿、艾琳·切蒂，以及企鹅兰登书屋销售团队的每个人，你们让我感受到一加一大于二的团队力量。

我还要感谢汤米·考德威尔、彼得·克罗夫特、约翰·朗、迪恩·菲德尔曼、曼迪·芬格尔、本·斯莫利、克里斯·韦德纳、莫里·伯德韦尔、特德·赫瑟、科林·黑利、麦克·高蒂尔、埃米莉·哈林顿、布拉德·哥布赖特、彼得·莫蒂默、尼克·罗森、吉姆·赫斯特、米凯伊·谢弗、巴勃罗·杜拉纳、马特·欧文、戴夫·奥尔弗里、切恩·伦佩、克莱尔·波普金、约瑟夫·勒杜、简·约瑟夫、亨利·巴伯、尼克·瓦伦达、福雷斯特·奥尔瑟尔和杰夫·鲍尔，你们都慷慨地拿出自己的时间，帮助我更好地理解亚历克斯·霍诺德，以及书中的其他人物。

非常感谢提供照片素材的所有人：科里·里奇、奥斯汀·西亚达克、迪恩·菲德尔曼、克莱顿·博伊德、弗罗斯特一家、菲尔·巴德、卡梅伦·劳森、贾里德·奥格登、蒂姆·肯普尔和弗兰克·胡佛。

我从这些年来合作的多位编辑身上学到很多东西，他们教我如何用书面文字讲故事，帮我成长为更好的写作者。他们是：杜安·罗利、艾莉森·奥修斯、迈克·本奇、杰夫·拉奇、迈克尔·肯尼迪、马特·萨梅特、道格尔德·麦克唐纳、乔纳森·塞恩加、布拉德·维纳斯、格雷森·谢弗、凯文·海恩斯、约翰·伯明翰、亚历克斯·巴塔恰尔吉、史蒂夫·拜尔斯、麦克·伯努瓦。

格雷格·蔡尔德、杰夫·拉奇、约翰·克利马科、肖恩·平卡姆、吉姆·泽勒斯以及我的岳父阿兰·丘审阅了原稿，并给予重要反馈。他们让这本书变得更好。感谢他们付出的时间和支持。

我还想感谢攀登圈的所有成员，尤其是这些年来跟我搭档攀爬的人。他们是（对于那些应该出现在这份名单里但被我漏掉的人，我在此提前表示歉意）：西蒙·阿尔格伦、贝克·本特、克里斯蒂安·乔治、本·斯皮斯、罗布·弗罗斯特、兰迪·拉克利夫、泰勒·汉密尔顿、克里斯·达文波特、皮特·马斯特森、吉米·苏尔特、斯科特·李、弗雷迪·威尔金森、马克·里奇、达斯廷·科米尔、肖恩·洛韦、布鲁斯·奥斯特勒、查理·汤森、弗兰克·卡勒斯、汤姆·伯特、肖恩·平卡姆、伊莱·西蒙、沃伦·霍林格、杰瑞·戈尔、埃德·法布拉瑞、安迪·德·克勒克、戴维·哈姆林、杰夫·拉奇、约翰·克利马科、约翰·卡托、基特·德洛里斯、勒南·奥兹图尔克、黑兹尔·芬得利、詹姆斯·皮尔逊、布雷迪·罗宾逊、彼得·克罗夫特、克里斯托弗·埃里克森、皮特·阿瑟斯、卡什·里格比、希拉雷·纳尔逊、里克·阿姆斯特朗、克里斯·菲根绍、海迪·维尔茨、萨姆·伊莱亚斯、卡梅伦·劳森、帕特·阿门特、尤金·费希尔、史蒂夫·施奈德、迈克·彭宁斯、杰夫·霍伦堡、兰斯·莱姆考、布拉德·汤姆林、李·史密斯、布拉德·邦德、特德·赫瑟、斯宾塞·萨洛瓦拉和鲍勃·斯诺弗。

有几位攀登者需要特别提到：贾里德·奥格登和凯文·陶是我最好的搭档，我的大部分远征都是跟他们一起；克雷格·蔡尔德是我"疯狂小子"时代的偶像，后来变成我的导师、搭档和朋友；康拉德·安克尔为我打开全职攀岩的大门，指导我，建议我在婆罗洲远征中带上亚历克斯·霍诺德。在我还是个年轻的攀岩者时，亚历克斯·洛就是我的偶像，尽管我们在大川口塔上闹崩，我仍然认为跟他一起攀登是我的荣幸。亚历克斯·洛慈善基金会和孔布攀登中心是他精神的延续。

过去 22 年来，要不是得到北面品牌的支持和鼓励，我的攀岩事业将会走上一条完全不同的轨道。首先，我要感谢凯蒂·拉梅奇、克里斯·西尔维娅、梅芙·斯隆、凯文·霍根、安迪·科坦特、兰登·巴塞特、马克·海德、比尔·布朗、汤姆·赫布斯特、托德·斯佩托、史蒂夫·伦德尔在内的整个运动员团队；尤其感谢我的好朋友，已故的安·克齐克。

感谢我的姐姐，埃米·辛诺特·德安妮巴莱，她在 1996 年为我带来第一份官方杂志约稿，帮我开启写作之路。我的母亲苏珊娜·辛诺特在我小时候就不断告诉我，我很特别，注定会做伟大的事情。我已故的父亲威廉·辛诺特让我做事有干劲，工作有原则，并爱上了户外运动。他会尽力掩饰喜悦之情，但我知道，如果他拿到这本书，一定会非常骄傲。

一些作家的作品为我讲好这个故事提供了很大帮助，感谢他们：大卫·罗伯茨、杜安·罗利、安德鲁·比沙拉特、亚历克斯·劳瑟、J. B. 麦金农、约瑟夫·胡珀、丹尼尔·杜安、约翰·布兰奇、本杰明·马德利、詹姆斯·卢卡斯、朱莉·埃利森、塞思·赫勒、锡达·赖特、马特·萨梅特、特里普·加布里埃尔和伯尔·斯奈德。

攀岩者之间总说我们"活在梦想中"，并且总是嘲讽地说出来，表明攀岩生活的麻烦，尤其是下了岩壁之后。没有人比我的家人更明白这一点。在攀岩热情和承担丈夫、父亲的责任之间找到平衡，一直是我人生中最大的挑战。我乐意承认，我并不是总能做好。但我希望这本书将来有一天能够帮助我的孩子——威尔、马特、莉拉和托马斯——理解这项运动为何对我如此重要。

最后，我要感谢我的妻子汉普顿，她是迄今为止给我最多支持的人，没有她我完不成这本书。作为编辑、知己、妈妈、运动员、探险者、最好的朋友和我的道德基石，她的贡献不可估量。她是我攀登人生高峰的最佳搭档。

地名译名对照表

（按正文出现顺序）

酋长岩 El Capitan

杰克逊洞 Jackson Hole

大蒂顿山 the Tetons

恩内迪沙漠 Ennedi Desert

梅鲁峰 Meru

怀特山脉 White Mountains

教堂平台 Cathedral Ledge

强卡邦 Changabang

大川口塔 Great Trango Tower

无名塔 Nameless Tower

塔霍湖 Lake Tahoe

内华达山脉 the Sierra Nevada

塔拉克山 Mount Tallac

伯克利山 the Berkeley Hills

圣加布里埃尔山 San Gabriel
Mountains

塔奎兹 Tahquitz

弗拉唐厄尔 Flatanger

汉舍伦洞 the Hanshelleren Cave

半穹顶 Half Dome

曼德尔科格尔山 the Mandlkogel

哨兵岩 Sentinel Rock

图奥勒米 Tuolumne high country

弗兰肯朱拉 Frankenjura

小屋穹顶 Cottage Dome

莫哈韦沙漠 the Mojave Desert

欧文斯河谷 the Owens River Gorge

斯塔尼斯劳斯河 the Stanislaus River

瓦沃那隧道 Wawona Tunnel

新娘面纱瀑布 Bridalveil Fall

亚美利加河 American River

圣华金河谷 San Joaquin Valley

弗雷斯诺河 Fresno River

菲茨罗伊峰 Fitzroy

艾格峰 the Eiger

精致拱门 Delicate Arch

讲台岩 the Rostrum

六枪手北峰 the North Six Shooter

月华拱壁 Moonlight Buttress

锡安峡谷 Zion Canyon

天使降临 Angels Landing

维琴河 Virgin River

迪纳利山 Denali

汗腾格里峰 Khan Tengri

加舒尔布鲁木一号峰 Gasherbrum I

乔戈里峰 K2

阿克苏 Aksu

巴芬岛 Baffin Island

极地太阳塔峰 Polar Sun Spire

山姆福特峡湾 Sam Ford Fjord

哈得孙湾 Hudson Bay

格陵兰岛 Greenland

托尔峰 Mount Thor

阿斯加德峰 Mount Asgard

弗兰肯斯坦悬崖 Frankenstein Cliff

空中花园 Hanging Gardens

希普顿塔峰 Shipton Spire

大航海峰 Great Sail Peak

邓戈冰川 the Dunge Glaciers

赫拉穆克山 Mount Haramukh

锡亚琴冰川 Siachen Glacier

巴尔托洛冰川 the Baltoro Glacier

4810 峰 Peak 4810

阿克苏峰 Rocky Aksu

特弗根峰 Trollveggen

巴吉拉蒂三号峰 Bhagirathi III

乌利巴霍塔 Uli Biaho

猫耳峰 the Cat's Ears

密阳峰 the Mystery Phallus

贾奴峰 Jannu

希夏邦马峰 Shishapangma

阿玛达布朗峰 Ama Dablam

孔布冰瀑 Khumbu Icefall

西库姆冰斗 Western Cwm

马特洪峰 the Matterhorn

K7 峰 K7

基纳巴卢山 Mount Kinabalu

洛之谷 Low's Gully

查尔库萨山谷 Charakusa Valley

羌塘高原 the Chang Tang Plateau

皮特凯恩岛 Pitcairn Island

苏拉威西海 the Celebes Sea

科罗拉多黑暗峡谷 Colorado's

Black Canyon

加拿大落基山脉 Canadian Rockies

贝伯尔峰 Mount Babel

迪基峰 Mount Dickey

不列颠哥伦比亚海岸山岭 the Coast Range of British Columbia

沃丁顿山 Mount Waddington

沃特金斯峰 Mount Watkins

恩内迪高原 the Ennedi Plateau

邦纳维尔盐碱滩 the Bonneville Salt Flats

戴克墙 the Dike Wall

埃尔多拉多峡谷 Eldorado Canyon

威奇托山 the Wichita Mountains

穆桑代姆半岛 the Musandam Peninsula

霍尔木兹海峡 the Strait of Hormuz

安纳普尔纳峰 Annapurna

托雷峰 Cerro Torre

镜子湖 Mirror Lake

格凸大洞 Getu Arch

中教堂峰 Middle Cathedral

大阿特拉斯山脉 High Atlas Mountains

伊比利亚半岛 Iberian Peninsula

塔基亚峡谷 Taghia Gorge

塔古吉米特峰 Tagoujimt n'Tsouiant

乌季达峰 Oujda

阿汉瑟河 the Ahansal River

多洛米蒂山 the Dolomites

塔乌季达峰 Taoujdad

食人魔峰 the Ogre

皇家石拱 the Royal Arches

惠特尼山 Mount Whitney

华盛顿立柱 Washington Column

泰纳亚峰 Tenaya Peak

飘带瀑布 Ribbon Fall

彩虹拱 the Rainbow Arch

默塞德河 the Merced River

粪堆岩壁 Manure Pile

饼干岩壁 Cookie Cliff

彩虹墙 the Rainbow Wall

努子峰 Nuptse

洛子峰 Lhotse

马尾瀑布 Horsetail Fall

山瓦岗 Shawangunks

圣米歇尔山 Mont Saint-Michel

走进陷阱悬崖 the Near Trapps

攀岩线路与绳距译名对照表

（按正文出现顺序）

线路名：

搭便车 Freerider

新维度 New Dimensions

双十字 Double Cross

打开的书 Open Book

寂静 Silence

奶油球 Butterballs

亚哈 Ahab

斯特克－萨拉泰 Steck-Salathé

鱼 Fish Crack

饼干墙 Nabisco Wall

暂禁 Moratorium

巴卡尔－耶里安 Bachar-Yerian

心脏 El Corazon

量子力学 Quantum Mechanic

暴风雨 Tempest

鹰之路 Eagles Way

宇航员塔 Astroman

加州 the California

天堂 Heaven

深蓝海洋 Deep Blue Sea

哈丁槽 Harding Slot

常规"北面" the Regular North Face

管道 Pipeline

闪电裂缝 the Lightning Bolt Cracks

怪物 Chud

西梁 West Rib

伟大而秘密的表演 the Great and Secret Show

伟大的航行 Grand Voyage

垂落线 Dropline

合理 Within Reason

不合理 Without Reason

爪挂 Clawcicle

阿布鲁奇山脊 the Abruzzi Ridge

捷克直上 the Czech Direct

深层恐惧 Stratosfear

金色之门 Golden Gate

厄尔尼诺 El Niño

猛鬼吓人 Lurking Fear

寄生虫 Easy Rider

西壁 the West Face

鼻子 the Nose

东支脊 the East Buttress

黎明墙 the Dawn Wall

东平台 the East Ledges

闪亮之路 El Sendero Luminoso

大学墙 the University Wall

浪漫武士 the Romantic Warrior

巨蛇岩脉 Snake Dike

异域 the Alien

北支脊直上 the Direct North Buttress

暗流 Les Rivières Pourpres

巴别塔 Babel

哥斯拉 Godzilla

迷失在美国 Lost in America

超级滑道 Super Slide

平静之子 Serenity Sons

完美探险 the Excellent Adventure

北面 the North Face

领悟 Realization

大逃亡 the Great Escape

萨拉泰墙 the Salathé Wall

临界质量 Masse Critique

惊喜 the Surprise

常规线路 the Regular Route

发型和态度 Hairstyles and Attitudes

黄道带 Zodiac

泽亚塔蒙塔 Zenyatta Mondatta

土生土长的儿子 Native Son

橘子之旅 Tangerine Trip

太平洋墙 Pacific Ocean Wall

共产主义者 Kommunist

外部界限 Outer Limits

饼干魔兽 Cookie Monster

暮光区域 Twilight Zone

鞋子支脊 Shune's Buttress

霍恩宾沟槽 Hornbein Couloir

蒙吉内拉 Munginella

沉默之墙 the Reticent Wall
麦斯卡力陀 Mescalito
南海 South Seas
精巧杠杆 Clever Lever
艾克斯卡利伯剑 Excalibur
下班之后 After Six

绳距名：

圆桌平台 Round Table Ledge
耐力夹角 Enduro Corner
抱石难题 Boulder Problem

恶魔宽缝 Monster Offwidth
摇滚拦路虎 Rocker Blocker
爆裂光板 the Freeblast
感恩平台 Thanksgiving Ledge
方解石横移 the Dike Traverse
欺骗之书 the Book of Deception
特氟龙夹角 Teflon Corner
50 美分 the Half Dollar
猛犸阳台 Mammoth Terrace
中空岩片 the Hollow Flake

图书在版编目（CIP）数据

就要付出一切：攀登者的世界 /（美）马克·辛诺
特著；李赞译 . -- 上海：文汇出版社，2023. 10
ISBN 978-7-5496-4046-1

Ⅰ . ①就… Ⅱ . ①马… ②李… Ⅲ . ①亚历克斯·霍
诺德 – 传记 Ⅳ . ① K837.125.47

中国国家版本馆 CIP 数据核字 (2023) 第 114027 号

就要付出一切：攀登者的世界

作　　者/	［美］马克·辛诺特
译　　者/	李　赞
出版统筹/	杨静武
责任编辑/	何　璟
特邀编辑/	蔡　笑　余梦婷
营销编辑/	陈　文　朱雨清
装帧设计/	李照祥
内文制作/	王春雪

出　　版/ **文匯** 出版社
　　　　　上海市威海路 755 号
　　　　　（邮政编码 200041）

发　　行/	新经典发行有限公司
电　　话/	010-68423599　邮　　箱 / editor@readinglife.com
印刷装订/	河北鹏润印刷有限公司
版　　次/	2023 年 10 月第 1 版
印　　次/	2023 年 10 月第 1 次印刷
开　　本/	880×1230　1/32
字　　数/	280 千
印　　张/	12.5

ISBN 978-7-5496-4046-1
定　　价/　79.00 元

敬启读者，如发现本书有印装质量问题，请与发行方联系。

版权登记图字 09-2023-0522